本系列丛书为国家自然科学基金项目"全球化背景下中国农民合作组织发展：运营模式、治理结构与比较研究"（项目号：71020107028）和"农业产业组织体系与农民合作社发展：以农民合作组织发展为中心的农业产业组织体系创新与优化研究"（项目号：71333011）的成果。浙江大学"农林经济管理"国家重点（培育）学科对成果的出版给予了资助。特此致谢！

本书还得到国家社科基金青年项目"农村土地产权制度改革进程中的土地流转平台建设及运行机制研究"（项目号：13CGL090）资助。

Micro Foundation of Agricultural Industry System:
Construction of Rural Land System

农业产业组织与农民合作社研究系列丛书编委会名单

主编： 黄祖辉　张晓山　顾益康

编委： 苑　鹏　徐旭初　郭红东　程恩江

　　　　潘　劲　金少胜　梁　巧

农业产业组织与农民合作社研究系列丛书

农业产业体系的
微观基础：
我国农村土地制度建构研究

黄宝连　著

ZHEJIANG UNIVERSITY PRESS
浙江大学出版社

总　　序

我国农村始于 20 世纪 70 年代末 80 年代初的家庭联产承包责任制改革,赋予了农民比较稳定的土地承包经营权,调动了其生产积极性与创造性,促进了农业与农村经济的迅速发展。但随着改革开放的深入,社会经济环境的变化以及传统村集体经济组织的逐步衰弱,其在产前、产中、产后的统一服务功能不断弱化,农民的农业生产逐步陷于小规模、分散化的困境与挑战。这种挑战主要表现在三个方面:一是小规模、分散化的农业家庭经营难以实现农业的集约化、专业化和规模化生产;二是小规模、分散化的农业家庭经营难以实现农业的产业化经营和纵向链条延伸;三是小规模、分散化的农业家庭经营难以适应日益激烈的农产品市场竞争。最终导致多数农户很难再依靠农业生产获得体面的收入,大量的农业剩余劳动力开始流向城镇和非农产业,现代农业发展举步维艰。

面对此困局,从 20 世纪 90 年代开始,以山东省潍坊市为代表,出现了农业产业化经营的新的生产经营方式,取得了相当不错的经营效益,随后以"公司＋农户"为主导的农业产业化经营模式开始被各地政府提到重要议事日程进行宣传推广。但这种模式在应用推广的过程中也逐步暴露出一些问题,主要体现在:农业企业与众多分散农户打交道的交易成本非常高;农业企业与农户不是利益共同体,两者的关系比较脆弱;农业企业较强势,容易侵占农民合法收益,农民与企业间市场地位和信息获取不对称。我校农业经济管理系的不少师生也正是从这一时期开始关注农业产业化问题的研究。

在这一时期，我们首先对农业产业化经营的概念、实质、关键问题等进行了初步剖析（李长江、袁克忠、袁飞，1997；傅夏仙，1999），提出了自己的初步思考（和丕禅、郭红东，1997；周洁红、柴彭颐，1999）。在介绍国外农业产业化的先进经验的同时（柴彭颐、周洁红，1999），也开始关注浙江农业产业化的发展实践（黄祖辉、郭红东，1999），注意到了实践领域中存在的"公司＋农户"、"农户＋农户合作中介组织＋市场"等丰富多样的农业产业化形式（黄祖辉、郭红东，1997；郭红东、和丕禅，1998），试图对这些农业产业化的模式进行梳理，对农业产业化的指标、实现途径进行探索（罗庆成、潘伟光、朱允卫，1998；周洁红、柴彭颐，1998）。应该说这个阶段，我们关于农业产业化的理论研究小有收获，也协助政府部门回答了应该制定怎样的农业产业化支持政策的问题（周洁红、柴彭颐，1999；郭红东、黄祖辉、蔡新光等，2000）。

由于以"公司＋农户"为主导的农业产业化经营面临着一些固有的内在缺陷，被认为能更好地代表和维护农民利益的农业合作社组织得以从20世纪90年代中后期开始获得重新宣传和引入，并从21世纪初逐步在浙江等地开始试验推广，这就给我们展开相关问题的深入研究提供了很好的实践动力。同时，浙江大学农业现代化与农村发展研究中心（教育部人文社科重点研究基地）、浙江大学中国农村发展研究院（国家"211工程"、"985工程"重点建设单位，以下简称中心、研究院）的相继成立，更是给我们的理论研究提供了很好的科研平台与制度保障。

从21世纪初开始，中心、研究院师生的研究首先讨论了农民进行生产经营合作的必然性和农民合作社发展的变革态势（黄祖辉，2000），介绍了合作社组织的思想宗旨（林坚、王宁，2002）与本质规定性（徐旭初，2003），辨析了国内对农民合作组织的认识误区（黄祖辉、Olof Bolin、徐旭初，2002），促使国内理论界和实践领域开始正确认识农民合作组织，极大地推动了农民专业合作经济组织的发展（黄祖辉、徐旭初，2003）。随后，在理论上深刻揭示了农民合作组织发展的影响因素（黄祖辉、徐旭初、冯冠胜，2002），尝试以浙江为基础解析农民专业合作组织的实践情况（郭红东、黄祖辉，2001），剖析农户参与合作组织的意愿（郭红东、钱崔红，2004；郭红东、方文豪、钱崔红，2005)，分析影响农民参与合作组织行为的因素(郭红东、蒋文华，2004)，考察合作组织在实施农产品质量控制等方面的作用(卫龙宝、卢光明，2004)，并尝试基于政府的立场，提出农民专业合作经济组织应如何发展完善与创新的思路(郭红东，2002；郭红东，2003；郭红东等，2004)。应该说，在这个阶段，对于农民专业合作组织的理论研究工作奠定了中心、研究院在国内合作社理论界的基础地位，也促使浙江省农业厅等相关政府部门与我们展开深入合作，推动农民专业合作社在浙江省的立法工作。为此，中心、研究院一方面积极宣传介绍以北美为典型的国外合作社实践经验(郭红东、钱崔红，2004a；郭红东、钱崔红，2004b)，系统梳理国外最新的合作社研究理论成果(郭红东、钱崔红，2005)，同时，中心、研究院也与政府部门合作，高规格举办了农民合作组织的制度建设和立法安排国际学术研讨会(2005)，阐述了合作社的制度与立法问题，并进行了国际间的比较(徐旭初、黄祖辉，2005)，为《浙江省农民专业合作社条例》的起草和最终出台奠定了扎实的理论基础。《浙江省农民专业合作社条例》的立法经验也直接推动了《中华人民共和国农民专业合作社法》的出台(徐旭初，2005)，中心、研究院的老师也为《中华人民共和国农民专业合作社法》的出台做出了重要贡献。浙江省和全国农民专业合作社的立法实践反过来也进一步推进了中心、研究院对于合作社组织制度安排等主题的深入研究，中心、研究院师生先后探讨了合作社的产权安排(徐旭初，2006；林坚、黄胜忠，2007)、治理结构(黄祖辉、徐旭初，2006；邵科、徐旭初，2007)等问题，并尝试用交易费用理论等厘清合作社与投资者所有企业的边界(林坚、马彦丽，2006)，解释合作社组织的集体行动逻辑(马彦丽、林坚，2006)。

　　这一阶段，中心、研究院的师生也没有忽视对农业产业化经营问题的理论探索。有些研究者在尝试使用契约理论分析、解析农业产业化经营的契约与组织形式问题(黄祖辉、王祖锁，2002；吴秀敏、林坚，2004)，有些研究者展开了对农业(农产品)行业协会问题的研究，通过对国外相关发展经验的介绍(黄祖辉、胡剑锋，2002)，对行业协会的特征、促进农业产业化经营的价值进行解析(郭红东，2002；胡剑锋、陆文聪，2004)，试图提出我国农业行业协会的建设思路(胡剑锋、黄祖辉，2004)。更核心的研究主题一方面来自于从农户视角研究农业产业化经营问题（陆文聪、西爱琴，2005），聚集关键的农业龙头企业与农户的订单安排等利益联结机制问题（郭红东，2002；郭红东、蒋文华，2007）；另一方面从农业龙头企业自身的发展维度，如治理结构安排、核心竞争力培育等进行理论聚焦（辛焕平、和丕禅、娄权，2006；彭熠、和丕禅、邵桂荣，2005；彭熠、和丕禅、邵桂荣，2006）。应该说，通过这段时间的努力，中心、研究院研究者清晰地认识到，要想进一步推动农业产业化发展水平的提升，既需要充分利用民间资本助力农业产业化（彭熠、黄祖辉、王健，2005；彭熠、和丕禅、李勇，2006），又需要嵌入于供应链视角发展农业产业化（张静、傅新红，2007），更需要协调发挥行业协会、公司、合作社等组织在农业产业化中的作用（郭红东、蒋文华，2007），其中农民专业合作社的作用尤为基础和关键。

随着 2007 年国家《农民专业合作社法》的颁布实施，中心、研究院师生进一步提高了对农民专业合作社重要性的认识，成立了中国农民合作组织研究中心（CCFC），创设了中国农民合作社研究网（www. ccfc. zju. edu. cn），强化了对合作社组织的理论研究。首先，正如 2008 年中心、研究院与国际劳工组织、农业部经管司（经管总站）等单位共同举办的"中国农村改革 30 年：中国农民合作经济组织发展国际研讨会"所达成的会议共识，研究者清晰地指出了与西方传统合作社的发展环境、成员与组织特征相比，中国当下的农民专业合作社发展有了新的形势（徐旭初，2008；徐旭初、邵科，2009；徐旭初、吴彬，2009），中国的农民专业合作社发展开始嵌入于供应链管理的环境（徐旭初，2007），合作社的本质性规定在中国发生了不同程度的飘移（黄祖辉、邵科，2009），新形势下的农民专业合作社发展面临多重困难与挑战（张忠根、王玉琳，2009），多类型的农民合作组织在中国具有存在的必然性（黄祖辉，2008），但仍然需要坚持市场化、专业化的合作社发展价值取向（黄祖辉、邵科、徐旭初，2010）。

其次，中心、研究院师生将更多的研究精力投入到对农民专业合作社组织制度安排与发展成长问题的研究。在组织制度安排上，治理结构与运行机制主题（黄胜忠、徐旭初，2009；吴彬、徐旭初，2013）、组织效率（绩效）问题（黄祖辉、梁巧，2009；黄祖辉、邵科，2010；黄祖辉、扶玉枝，2012；扶玉枝、黄祖辉,2012)是研究者重点聚焦的问题,产生了一批有分量的成果(黄胜忠、林坚、徐旭初,2008;黄祖辉、扶玉枝、徐旭初,2011;黄祖辉、扶玉枝,2013)。在组织发展成长上,中心、研究院师生重点关注了合作社成长、服务功能实现与纵向一体化经营的影响因素(郭红东、楼栋、胡卓红、林迪,2009;刘颖娴、郭红东,2012;黄祖辉、高钰玲,2012),注意到了农民专业合作社存在的融资难问题正在影响着组织的发展壮大(郭红东、陈敏、韩树春,2011),一些合作社在资本的控制下呈现出功能弱化的趋向(崔宝玉、李晓明,2008;崔宝玉、张忠根、李晓明,2008),当前需要允许农民专业合作社尽快开展信用合作试点(徐旭初,2011)。中心、研究院师生也非常重视基于成员视角研究成员参与行为的特征、影响因素,观察成员参与对合作社满意度等的影响(郭红东、杨海舟、张若健,2008;郭红东、袁路明、林迪,2009;蔡荣、韩洪云,2012;黄祖辉、高钰玲、邓启明,2012;邵科、徐旭初,2013)。

由于农民专业合作社的发展壮大,合作社在农业产业发展中的功效逐步显现,除了带领农户参与大市场、应对供应链的集体行动(黄祖辉、梁巧,2007;施晟、卫龙宝、伍骏骞,2012),其在农业生产标准化推广、技术贸易壁垒应对等方面的作用也不断凸显(赵建欣、崔宝玉、祁国志,2008;周洁红、刘清宇,2010),农民专业合作社正在改变农户的生产行为和收益情况(蔡荣,2011;蔡荣、韩洪云,2012)。

总体而言,面对不同于经典模式、反映中国时代特征的农民专业合作社发展(徐旭初,2012),中心、研究院师生借鉴委托—代理理论、交易成本理论等理论(梁巧、黄祖辉,2011),围绕农民专业合作社的组织制度安排、成员参与、产业带动等层面进行了非常有价值的探索,成为国内研究农民专业合作社的重镇。

实际上,最近十年来,中心、研究院老师在农业产业组织与农民合作社领域展开理论研究的同时,也培养了一批优秀的从事相关研究的博士生。以郭红东(2005)为代表,一些硕士、博士研究生围绕农业产业化主题分析了农业龙头企业与农户订单安排及履约机制等问题。以徐旭初(2005)为代表,另一批硕士、博士研究生围绕合作社主题对农民专业合作社的制度等进行了理论解析。而随着《中华人民共和国农民专业合作社法》的颁布实施、农民专业合作社的快速发展，中心、研究院硕士、博士研究生对农民专业合作社的理论研究更为深入，这套"农业产业组织与农民合作社研究系列丛书"正是其中的一部分代表性成果。

我们希望，在 2012 年全国农民专业合作社达到 68.9 万家，实有成员 5300 多万户，各类产业化经营组织超过 30 万个，带动农户达 1.18 亿户的新形势下，这批专著的出版能够进一步推动理论界的相关问题研究进展，吸引更多学人关注和参与分析讨论，也进一步促进农民合作社和其他农业产业组织的实践发展。同时，我们也意识到，即将出版的这几本专著由于各种主、客观原因，还存在一些问题和缺陷，因此殷切期盼读者能够提出批评指正，促使我们这些年轻的学人能够在未来的理论与实践研究中改进提高。

本系列丛书的出版得到了浙江大学国家"985 工程"三期项目的支持，得到了国家自然科学基金重大国际（地区）合作研究项目"全球化背景下中国农民合作组织发展：运营模式、治理结构与比较研究"（项目号：71020107028）和国家自然科学基金农林经济管理学科群重点项目"农业产业组织体系与农民合作社发展：以农民合作组织发展为中心的农业产业组织体系创新与优化研究"（项目号：71333011）的资助，在此一并表示感谢。我们还要感谢浙江大学出版社的编辑们为本系列丛书的出版所付出的辛勤劳动。

本专著还得到了国家社科基金青年项目"农村土地产权制度改革"进程中的土地流转平台建设及运行机制研究（编号：BCGL090）资助。

黄祖辉

2013 年 12 月于浙大华家池

目　录

第一章　新型工农城乡关系的农业产业支撑

工农城乡关系是一个国家、一个地区经济社会发展中必须处理好的重大关系。城乡二元结构的形成是农业社会向工业社会转变过程中的普遍现象。随着封建时代自给自足的传统工农城乡关系逐渐解体,我国初步形成了现代意义上的工农城乡关系。新中国建立以来,由于城乡分割的体制和政策所造成的城乡在体制、机制和发展水平方面的巨大差距,已成为制约我国经济长期持续发展一系列矛盾的根本症结。

第一节　二元结构理论下的工农城乡关系

一、二元经济结构理论的工农城乡关系

(一) 工农城乡关系形成过程

依据西方二元结构理论,正是由于农业和工业两部门劳动生产率的差异,形成了二元经济结构,而且因农业部门的剩余劳动力向现代非农业产业部门的流动,使两部门劳动边际生产力趋于相等,进而促使二元经济结构转换,城乡二元结构会最终消失。

工业革命之前,城市与乡村之间的经济关系并未有根本性的区别,但是到了大工业以后,城市与乡村之间的经济关系发生了根本性的改变。这种改变对于不同国家的社会关系影响是不同的。发达资本主义国家具有较强的

1

吸纳农村剩余劳动力能力，社会关系并未产生明显的冲突；广大发展中国家因无法消除过剩的农村劳动力，城乡之间的社会关系尖锐，城乡二元结构矛盾十分突出。

(二) 主要研究成就

20 世纪 50 年代以来，随着诸多专家学者注重研究经济增长模式和现代化道路，特别是发展中国家或地区的经济增长模式和现代化道路，二元结构的概念和理论，逐步形成、发展和完善。早期的理论既关注二元经济结构，也研究二元社会结构，随后完全转向研究二元经济结构，但是到了 70 年代以后，二元结构的研究延伸并且拓展到经济以外的政治、文化、社会等各个领域，其概念和理论很快引起国际社会的关注和认同。本书着重依据二元结构理论分析我国的二元经济结构和二元空间结构。

荷兰经济学家 J. H. 伯克最早提出二元结构思想，亦即二元社会结构理论。J. H. 伯克认为，印度尼西亚在 19 世纪摆脱荷兰殖民统治后，是一个典型的二元结构社会。在 J. H. 伯克研究的基础上，Benjamim H. Higgins 描绘了发展中国家的二元社会结构。虽然 J. H. 伯克和 Benjamim H. Higgins 作出了开拓性的研究，但其研究仅仅是静态化的二元论，关于城乡传统部门和现代部门之间的内在关系和联系机制，两人均未能很好地揭示。

随后国际上许多学者都对二元结构现象进行了研究，尤其以美国经济学家、诺贝尔经济学奖获得者 A. Arthur Lewis 的二元经济结构理论最为瞩目。Lewis 提出了工业化带动论，认为发展中国家存在两大经济部门，即工业发展的现代部门和维持生计的传统部门，两部门在资本运用、生产方式、生产规模、生产率、收入水平五方面完全不同。按照 A. Arthur Lewis 的假设，农村存在大量剩余劳动力，边际生产率 MPV 为零，劳动报酬低于城市，在理想状态下，农村劳动力向城市不断转移。这种转移诱发了城乡的产业结构演变，生产效率得到提高，经济发展加快，城市化水平得以提高。当城乡之间的两部门劳动边际生产率 MPV 逐步相等，城乡间的劳动报酬也达到平衡，劳动力转移结束，城乡经济得到均衡发展，城乡经济结构失衡状态消除。这就是著名的刘易斯劳动力转移模型。

G. Ranis 和 J. H. Fei 两人补偿和修正了刘易斯劳动力转移模型，提出费-拉模型。"费-拉"模型将二元经济结构的演变划分三个阶段：(1) 农村劳动边际生产率等于零阶段,劳动力转移不影响农业总产出。(2)随着农村劳动力的减少,农业劳动力边际生产率得以提高,虽然依然低于城市其他行业但是已经大于零,农村劳动力持续向城市转移;由于劳动边际生产率大于零,导致农业总产出下降,农产品价格上升,工业部门工资上涨,工业利润下降,劳动力需求下降。(3)随着农业劳动生产率的不断提高,城乡劳动生产率达到相等,农业剩余劳动力全部被工业部门吸收。由上述过程,"费-拉"模型得出,只有工农业同步发展,不断提高农业劳动生产率,才能保证农业劳动力持续向工业部门转移,最后消除二元结构。

20世纪60年代后期,美国经济学家Jorgenson运用新古典主义分析方法,假定农业生产部门是土地和劳动的函数,工业生产是资本和劳动力的函数,提出农业生产达到了人口最快增长所需的农产品数量时,农业部门就会出现剩余劳动力,并开始向工业部门转移,并且转移速度取决于农业剩余增长速度,与农业技术亦呈正相关关系,实现二元结构转移。随后,Harris和Todaro两人将失业问题引入二元经济结构模型,认为解决农村劳动力剩余和城市失业问题的途径是发展农村经济,提高农民收入(见表1.1)。

表1.1 二元经济结构理论

代表人物	主要贡献
J. H. 伯克	二元社会结构理论,印度尼西亚是一个典型的二元结构社会
Benjamim H. Higgins	描述了发展中国家的二元结构社会的特征
A. Arthur Lewis	刘易斯劳动力转移模型,工业化带动论
G. Ranis & J. H. Fei	补偿和修正了刘易斯劳动力转移模型,提出费-拉模型,提出二元经济结构的演变划分为三个阶段
Jorgenson	农业生产产生农业剩余劳动力
Harris & Todaro	将失业问题引入二元经济结构模型

(三) 理论主要贡献

可见,在给定的经济制度和社会制度条件下,上述理论从资源配置角度分析了城乡二元转换的路径,更强调劳动力转移,而且当其边际生产率相等时,城乡二元结构演变为一元结构。随着理论的不断发展,二元经济理论逐渐接近现实,得出农业剩余产生剩余劳动力的结论,说明了并非农业无限供给劳动力,农业发展是劳动力转移和城乡二元转换的前提条件。这将成为广大发展中国家解决二元结构转换的理论基础。

二、二元空间结构理论的工农城乡关系

区域经济学和城市经济学的引入,形成了"区域上的二元结构"思想,即二元空间结构理论。20 世纪 50 年代,以法国经济学家费朗索瓦·佩鲁最早提出的非均衡增长学说和布代维尔为代表学者提出的增长极理论最为著名。

非均衡增长学说认为,经济增长是以不同的强度首先出现在一些增长点或增长极上,不会同时出现在所有地方,通过不同的渠道向外扩散,对整个经济产生不同的积极影响。通过将"增长中心"的空间概念纳入增长极理论,布代维尔(1957 年)等人认为,增长极是地理空间上的集聚的城镇,增长极的空间集聚与推动将增长极与极化空间、城镇联系起来,确定了增长极的确切位置。正是从空间分析地域经济的相互关系,增长极理论为发展中国家的经济开发奠定了理论依据。同年,通过"扩散效应"和"回波效应"两个相反方向的过程,缪尔达尔经济发展理论被引入了二元结构理论,从而既阐释了城市中心区的促进作用,也解释了地域发展不平衡的原因。也就是说,市场作用更倾向于增加城乡间的不平衡(见表 1.2)。

表 1.2　二元空间结构理论

代表人物	主要贡献
费朗索瓦·佩鲁	非均衡增长学说
布代维尔等	将"增长中心"的空间概念纳入增长极的理论
缪尔达尔	城乡"累积性因果循环"、城乡"马太效应"提出"中心—外围"空间结构理论
弗里德曼	提出"核心—边缘"理论

三、工农城乡关系的测度方法

(一) 二元对比系数和二元反差指数的经济学含义

二元对比系数是农业与工业比较劳动生产率的比率,其大小随二元经济

结构的强度反向变化,系数越大,两部门的差距却越小,反之亦然;二元反差指数是二、三产业比重与劳动力比重之差的绝对值,其值大小与二元经济结构的强度变化一致,指数越小,两部门的差距也越小,反之亦然。

（二）二元对比系数和二元反差指数的计算方法

二元对比系数和二元反差指数的计算公式分别表述如下:

$$R_i = \frac{P_{agr}/L_{agr}}{P_{indser}/L_{inder}}, \quad C_i = \mid P_{indser} - L_{indser} \mid$$

其中,上式中的 R_i 代表二元对比系数,C_i 代表二元反差系数,P_{agr} 代表农业产值比重,P_{indser} 代表工业服务业产值比重,L_{agr} 代表农业就业比重,L_{indser} 代表工业服务业就业比重。二元对比系数在 0～1 之间,其经济含义如表 1.3 所示。

表 1.3　二元对比系数的经济含义

系数大小 R_i	经济含义
$R_i = 0$	第一产业比较劳动生产率为 0,经济二元性最显著
$R_i = 0.31\sim0.45$	发展中国家通常的二元对比系数
$R_i = 0.52\sim0.86$	发达国家一般的二元对比系数
$R_i = 1$	第一产业和第二、三产业的比较劳动生产率相同,二元经济转化为一元经济

在 20 世纪 80 年代初期,我国建立以家庭联产承包责任制的农村基本经营制度,到 20 世纪 80 年代中期,我国农业生产力大幅提高,农业生产出现剩余。此时,按照西方理论,我国二元结构会逐渐消失。但是,当时我国并未出现农村劳动力向城市现代工业部门转移,其原因在于我国特定的户籍制度限制了农村人口的自由流动。因此,必须将制度环境因素考虑进来,以探讨改善制度环境下的城乡二元经济结构转换路径。

第二节　我国工农城乡关系的特征与根源

工农城乡关系,是现代化建设进程中要处理好的一个重大战略问题。改革开放以来,特别是党的十六大以来,我国工农城乡关系向着科学化方向演进,但由于历史等诸多原因,工农城乡关系不协调仍然是我国当前面临的最大经济和社会结构矛盾。尤其在加快推进工业化、城镇化过程中,农业产业体系滞后的问题越来越突出,导致农业根基不稳。

一、我国工农城乡关系演进的阶段特征

为更清晰地揭示二元经济结构演变特征,本书依据二元经济结构理论,在三个测度指标,即比较劳动生产率、二元对比系数和二元反差指数,选取二元对比系数和二元反差指数来测度新中国成立以来我国城乡二元经济结构演进过程,并绘制出我国城乡关系经历了几次波动的示意图。(图 1.1)

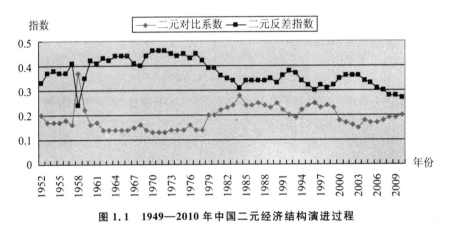

图 1.1　1949—2010 年中国二元经济结构演进过程

数据来源：根据《中国统计年鉴》历年数据、《中华人民共和国 50 年统计资料》整理。

从图 1.1 看出,新中国成立以来,除特殊年份外[①],我国城乡关系经历了几次大的波动,结合我国新中国成立以来的发展情况来分析,这种波动趋势与特定历史阶段基本是相符合的。1949—2010 年中国二元经济结构演进过程大致可以分四个阶段：形成与固化阶段、缩小与平稳阶段、徘徊与严峻阶段及拉大与改善阶段。

(一) 形成与固化阶段(1949—1978)

这一阶段的城乡二元经济结构从新中国成立初期就形成,而且一直处在二元经济结构高强度,在长达 30 年的时间里,我国一直处在城乡悬殊的二元

---

① 1958—1961 年我国遭受了特大自然灾害,加之当时特定的国家政治,这次灾害给我国造成极大的损失。

经济结构状态。尤其是 1962—1978 年的 16 年期间,R_i 一直处在 0.13 – 0.14 低水平固化不动,C_i 一直处在 0.4 以上高水平固化不动,对应的是我国城乡二元经济结构长期强差异状态。

新中国成立的前 30 年时间内,国家选择了以优先发展重工业为目标的战略。但是,当时的国情与发展重工业战略严重不符,经济发展水平不高、劳动力及资本的稀缺等,都决定了我国无法靠城市自身来发展重工业。国家以行政计划的强硬手段,动用行政能力,推行了一套旨在为工业化发展提供原始资本积累的制度安排。统购统销、人民公社运动、户籍制度等城乡隔离、完全脱离市场机制的制度安排相续强力推行,以剥夺农村发展城市重工业[①]。从而,城乡二元制度结构形成并长期固化,城乡差距明显拉大。

在这段较长时期内,工业得到最大限度的发展,建立了比较完善的工业体系,现代工业部门生产效率得到极大的提高。依据二元经济结构理论,这个阶段应该是大量农业劳动力流向现代工业部门,从农业中脱离出来,提高农业劳动生产率,推进整个经济发展,以消除二元经济结构状态的时期。但是,统购统销、人民公社运动、户籍制度等城乡隔离制度的实施,阻止了工业化发展大量吸收农业剩余劳动力的能力。出现了第一个五年计划期间大量吸收农村人口的高潮很快停止的现象,尤其在 1958 年实施人口登记制度以后[②],人口自由在城乡间迁徙被严格的制度限制起来。因此,二元经济结构的理论论述与中国现实情况截然不同。

(二) 缩小与平稳阶段(1978—1984)

这一阶段内,我国城乡二元经济结构从 1979 年开始明显缩小,R_i 一直处在 0.2 以上的,C_i 一直处在 0.4 以下,尤其是 1984 年,R_i 提高到 0.28 的历史新高,C_i 降低到 0.31 的历史新低,城乡二元经济结构得到最大限度的改善。

1078 年以后,我国全面实施以家庭联产承包制为核心的农村基本经营制度,推进农地产权制度改革,促使土地的所有权与承包经营权相分离,极大提高了农业经营主体的积极性,农村经济得到较快发展。同时,在这一时期,国家提升了主要农产品的统购统销价格,鼓励发展农业,刺激农民耕种的积极性。

---

① 林毅夫、蔡昉、李周等.中国的奇迹:发展战略与经济改革(增订版).上海三联出版社,1994
② 《中华人民共和国户口登记条例》(1958 年)

这一时期，农村经济得到较快发展，城乡关系得到改善，第一产业比较生产率得到提高。依据农业发展是农业劳动力向城市转移前提条件的判断，这一时期有一部分人跳出农业，转移到城市。然而，统购统销、户籍制度等城乡分割的制度却限制了劳动流转的自由，第一次农村劳动力向城市流动的高潮很快被阻止了。

（三）徘徊与严峻阶段（1984—2002）

在这一阶段，我国城乡二元经济结构长期处在低水平徘徊。尤其是在1985—1999 年较长的时期内，R_i 一直处在 0.22 以上，C_i 一直处在 0.4 以下。但是，2000 年以后，R_i 降到了 0.2 以下，并逐年下降，二元经济结构开始严峻起来，并持续到现在。

这一阶段前期，由于农地制度改革的激励作用逐渐减缓，农村经济发展处在平稳增长阶段，城乡二元经济结构徘徊不前。但是到了 1985 年以后，国家改革的重点由农村转移到城市，为保障城市改革顺利进行，政府采取了倾向城市发展的各项政策，尤其是积极财政政策、城市社会保障等，刺激城市经济连年快速增长，城乡二元经济结构开始严峻，并形成了显著的"核心—边缘"二元空间结构发展模式。

另外，1985 年以后，尤其 1992 年邓小平南方讲话后，沿海地区经济得到飞速发展，工业化、城市化加速发展，乡镇企业"异军突起"，大量吸纳了农村劳动力，城乡差距得到一定的缩小。

（四）严峻与改善阶段（2002 年至今）

这一时期的 R_i 一直处在 0.16～0.18 之间低水平状态，城乡二元经济结构强度依然很大，城乡收入差距不断扩大。2002—2010 的 8 年间，城乡人均收入差距的相对比重从 3.11∶1 扩到 3.33∶1，绝对差距从 5227.2 元增加到 13090.0 元。2010 年有所缓解，城乡人均收入比缩小为 3.23∶1。不过，2009—2010 年间，R_i 提高到 0.2，城乡收入差距出现了缩小，二元经济结构严峻状况得到一定程度地改善。

2002 年以来，在城市化和城乡一体化的推动下，随着一系列支持农村发展的政策，政策开始偏向农村，农村正迎来历史发展的新机遇。但是，由于长期以来的城乡巨大差距，农村基础薄弱，政策功能的发挥需要一定过程，因而短期内很难实质性地缩小城乡收入差距，城乡收入差距扩大的势头总体仍未得到遏制①。城乡二元经济结构的转换是一个长期的过程。

二、我国工农城乡关系演化的现实悖论

由上述城乡关系演进的四个阶段分析看出，新中国成立以来的城乡二元经济结构自形成以来，经历几次波动，城乡差距较大是常态，只在个别年份或短期内得到缩小。二元经济结构理论由于没有考虑到制度环境及国家行政干预的影响，仅仅在完全市场假设条件下才成立的理论，与中国的现实情况截然相反。集中体现为要素不断流动，价值实现在城乡之间流动却不公平。

我国二元经济结构有特定的历史背景和现实情况，表现出不同于国际情况的特征。

在二元经济结构理论里，经济发展源于资源的优化配置、制度激励和产业结构的优化升级，在工业化的推动下，资源和要素向城市集中，不仅推动了城市经济的发展，也加快了农村的发展，进而推动城乡一体化和这一经济的发展。二元经济结构理论是建立在要素流转不受任何制度基础上的，然而，中国的城乡发展虽然伴有要素的城乡流动，中国特殊的要素流动过程却造成城乡差距的不断拉大。究其原因在于，要素不断流动，价值实现在城乡之间流动却不公平。

改革开放前，行政制度安排下的工农产品"剪刀差"是要素流动的主要表现。据学者估计，1953—1978 年，通过"剪刀差"，农业为工业化提供资本积累资金达 5100 亿元，约占同期农业净值的 1/3②。另一方面，国家通过征用，将大量的农地转为国有。此外，为防止大量农村人口涌向城市增加工业化发展成本，同时为推进农产品统购统销政策顺利进行，人民公社和户籍制度相继形成，彻底堵死了农村劳动力向城市转移之路。

改革开放后，新型的生产要素流动的"剪刀差"表现出来并不断显现，主要体现在城乡之间劳动力工资与社保的不平等，土地要素流转价值的不平等。从劳动力要素来看，农民工和城市工的平均工资差异 55.2% 是由歧视性

---

① 陈锡文. 城乡收入差距仍扩大. http://money.163.com/11/0130/19/6RLUFKCN00253B0H. html,2011-01-30

② 许经勇. 中国农村经济制度变迁六十年研究，厦门大学出版社，2009：36

因素造成的，直接歧视和制度性保护歧视分别占据工资差异的 36.2％ 和 19.0％[①]。从土地要素来看，1986—2007 年期间，城市建成面积扩大了 3.5 倍，年均新增占用耕地 285 万亩。仅 1979—2000 年间，通过征用土地，政府从农民手里转移不低于 20000 亿元[②]。1989—2003 年间，由于政府行政性资源配置不当，约造成 21.7％ 的耕地受到损失[③]。

可见，由于新旧"剪刀差"存在，随着要素向城市流转，仅仅带来了城市的发展，而广大的农村却未得到应有的发展。同时，要素流动一直是单向的，只向城市流动，却很少有要素向农村流动，要素流动存在一种单向性问题。于是，出现了在城市经济较快大发展的同时，农村经济迟缓不前的现象，中国城乡二元经济结构不断被强化。

三、我国工农城乡关系形成的体制根源

新中国成立以来，我国对工农关系、城乡关系的调整，主要是在农业养育工业、农村支持城市这一大政策下进行的。这种调整有其历史必然性。在一穷二白的基础上，在自力更生的条件下，它对推进工业化、城镇化，巩固和建设社会主义事业具有巨大作用。从 1984 年开始，我国采取倾向城市发展的一系列政策，随着二元土地制度、户籍制度以及附属其身的社会保障制度等建立，二元工农城乡就得以形成并固化。但在客观上形成了城乡二元结构，导致农业发展明显滞后于工业发展，农村发展明显滞后于城市发展。

在完全竞争市场环境的假设下，传统的二元经济结构理论认为，要素流动不仅带来城市的繁荣发展，同样带来农村经济的发展。但是，中国的现实却没有按照该理论发展。在计划经济体制下，城乡要素流动不仅没有带来农村经济的发展，反而形成更大的城乡差距。表象来看，城乡差距拉大是城乡的要素流动，但是，深入分析表明，城乡二元体制延续是根源，城市偏向政策是推手。

研究表明，城乡二元体制的实施，不仅为工业化发展提供原始积累，也为工业化发展降低了成本。长期以来我国选择重工业优先发展战略之路，是城

---

① 谢嗣胜、姚先国.农民工工资歧视的计量分析.中国农村经济,2006(4)：49—56
② 陈锡文.为《中国城市化：农民、土地与城市发展》作的序,北京：中国经济出版社,2004
③ 谭荣、曲福田.中国农地非农化与农地资源保护：从两难到双赢.管理世界,2006(12)：50—66

乡割裂的体制根源。而城乡割裂的体制又是城乡差距拉大的根源(林毅夫，2002)。为不增加城市人口负担，减轻重工业发展压力，国家制定严格的户籍管理制度，严格限制农村人口向城市转移。从 1953 年起，国家制定政策对农地进行征用①。1958 年户籍制度的建立，将居民与居住地固定化，并限制人口自由流动。这个二元体制，虽然历经修改，却一直沿用到今天。农村改革仅仅是农地经营制度的完善，并未消除城乡之间隔离的体制。虽然农产品价格"剪刀差"逐渐削弱，但是，受歧视性户籍制度、土地制度，以及围绕着户籍形成的福利、就业、住房等制度体系，长期没有改变。"三农"问题的形成及难以根本解决的原因，除历史遗留因素外，主要是由于在实施国家工业化战略中，选择了工业和城市偏向政策，以及保障这种偏向政策能够得以实施的城乡二元制度②。因此，要实现二元结构的根本转换，就要坚持推进城乡统筹发展，实施有利于"三农"的一系列政策，构建新型工农城乡关系。

依据城乡二元空间结构理论，当增长极发展到一定程度后，会向周边扩散带动区域的整体发展。但是在中国，形成了城市与农村空间上的割裂与分离。改革以来，市场经济改革促使既得利益集团主体之间相互竞争而推行经济制度改革，但是，城乡居民之间却因政治地位的不平等不能进行相互竞争，只能是政策的被动接受者，城乡二元制度一直延续。政治地位的不平等表现为：一是选举权和被选举权的缺失，二是结社(组织)权的缺失(同春芬，2006)。

总之，在城市部门掌握着更多的资源，而制度和政策又相对倾向城市的情况下，城乡之间的差距必然会拉大。我国城乡二元经济结构转换的根本出路在于实施城乡一体化政策，构建新型工农城乡关系，就是对旧的工农城乡关系的变革，必须通过深化农村改革、创新体制机制来消除障碍，为构建新型工农城乡关系提供动力源泉和体制保障。当前亟待推进土地产权制度、户籍制度、公共服务及政府体制等方面的一体化改革。

四、改革开放以来处理工农城乡关系的实践与经验

新中国成立以来，尤其是改革开放三十五年来，我国工农城乡关系经历了

①　《中央人民政府政务院关于国家征用土地办法》，1953 年。
②　刘影、池泽新.新型工农城乡关系：研究进展与评述.江西农业大学学报(社会科学版)，2013(6)：27-261.

一个从差距趋向缩小到又急剧扩大,再到走向统筹协调发展的过程,其中的基本经验值得总结提炼,对形成新型工农城乡关系具有重要的现实指导意义[①]。

(一) 坚持发展经济,夯实工农城乡物质基础

经济关系是工农城乡关系的最主要组成部分,是城乡运动规律的核心规约者,它决定着城乡关系的运动发展。1958—1978 年,在隔绝分离的城乡二元结构下,出现了背离经济建设中心、违背城乡运动规律的现象,使我国的城乡关系在 20 年的时间里呈现出僵化、沉闷和不协调状态,严重制约了我国经济社会发展。十一届三中全会以后,党和国家以解放生产力和发展生产力为目标,先后进行了城乡经济政治体制改革,使城乡隔绝分离的状态逐步被打破,工农关系、城乡关系逐步走向交流融合和一体化发展,工农关系、城乡关系出现良好的发展态势。

(二) 坚持改革创新,增强工农城乡发展活力

十一届三中全会之后,改革创新已成为破解城乡二元结构,增强工农、城乡发展活力的根本动力。首先,调整工业化发展战略,把农业发展和农村面貌的改变作为现代化建设的根本问题。其次,改革经济运行机制,推动资源配置开始由计划向市场转变。再次,改革农村社会经济体制,建立农村家庭联产承包责任制,清除部分制约城乡人口自由流动的体制性障碍。改革使城乡关系由隔绝分离逐步走向交流融合,城乡经济焕发出勃勃生机和活力。1985 年以后,改革重心向城市转移,城乡改革不同步,城乡制度创新不系统,城乡投入不均衡。为此,2002 年国家又开始了以建设社会主义新农村和实现城乡一体化为目标的农村改革发展,着力破除城乡二元结构,实现农村经济社会快速发展和城乡关系协调融合。可见,改革创新不仅是城乡经济社会发展的根本动力,而且也是我们处理工农关系、城乡关系的根本手段。

(三) 坚持农业产业化战略,发展现代农业

实践证明,农业产业化能够促进城乡产业的协作与联合,改变工农业的分割局面,能够促进城乡关系的协调与和谐,改变城乡发展的失衡状态。一是农业产业化以产业组织为中介,以利益联结机制为保障,实现了农业生产、

---

① 锺瑛.改革开放以来我国工农关系、城乡关系的转化,http://www.iccs.cn/contents/401/12417.html,2011 - 12 - 05

加工和销售一体化经营,促进了城乡之间、工农之间的良性互动与协调发展。二是农业产业化以生产专业化、管理企业化和服务社会化为特征,这为农业提供了借鉴和运用城市企业组织经济活动的方式的机会,从而缩小了工农之间的差别。三是农业产业化扩展了城乡消费市场的流通渠道,推动了城乡消费的一体化。四是农业产业化为工业和服务业发展创造了更多的需求,从而增强了城市工业发展的后劲。五是农业产业化的规模化经营逐渐打破了行政地域界限,形成了众多跨地域的城乡经济组织,从而加强了跨区域城乡之间的协作关系。六是农业产业化实现了产业经营链条中各主体利益的有效结合,使他们都积极参与农业产业化的经营和管理,从而增强了城乡企业农户之间以及工农业之间的协调关系。

（四）坚持统筹城乡,促进均衡一体化发展

城乡统筹发展的实质就是要把城市和农村的发展纳入国民经济与社会发展全局之中,统一研究,统一规划,共同发展,彻底改变重工轻农的城市偏向,真正实现工农协调发展和城乡经济社会一体化,这是几十年来我们处理工农关系、城乡关系问题的基本经验,是新时期解决工农关系、城乡发展问题的重大创新,我们必须在全面建设小康社会中作为根本原则来坚持,必须在处理现代化进程中的工农关系、城乡关系时作为基本方针来遵循。

（五）既坚持宏观调控又坚持发挥市场的决定作用

家庭联产承包责任制和社会主义市场经济体制的确立,以及制度变革使城乡资源逐步自由流转,城市和农村都得到了极大地发展,社会总体生产效率不断提高。但市场经济的马太效应,使得城乡关系日趋不协调。为此,国家实施强有力的宏观调控,使更多的资源逐渐进入农村,带动了农村经济社会的发展和农民收入的增加。市场是实现城乡资源优化配置与提高城乡资源利用率的有效手段,宏观调控是避免市场对城乡资源、城乡产业、城乡各经济主体行为的调节存在盲目性的有力保障。

总之,坚持以城乡一体化为目标,继续推进城乡市场化改革,着力清除阻碍城乡资源自由流动和优化配置的所有体制性障碍,才能为工农关系、城乡关系的和谐融合创造有利的体制环境,才能形成新型工农城乡关系。相对于城乡一体化其他问题,建立现代农业产业体系更为迫切。这是新型工农城乡关系的依赖基础和实现路径。

第三节　新型工农城乡关系下农业产业体系的发展

一、新型工农城乡关系的内涵

工农城乡关系是泛指存在于城市和乡村之间的相互依存、相互矛盾、相互影响、相互制约的普遍联系和互动关系。城乡二元经济结构理论认为，城乡关系转换的关键环节是城乡之间要素的自由流动和资源自由配置，直到城乡劳动边际生产率相等时，城乡之间可实现互动、均衡发展，城乡二元结构消失。但是，通过对新中国成立以来城乡关系演进过程的分析看出，二元经济结构理论与中国现实相差甚远。

为改变我国城乡二元结构，消除城乡差距，党的十六大第一次提出统筹城乡经济社会发展的战略构想，开启了破除城乡二元结构体制的历史进程。2004年至 2012 年，党中央、国务院连续发出关于"三农"问题的 9 个 1 号文件，有力地推进了新型工农城乡关系的构建。相对于过去城乡割裂的发展政策，城乡统筹发展就是要把城市、农村的发展同时考虑，推动城乡经济社会一体化发展。从实质上讲，城乡统筹是城乡经济社会发展达到了城乡地位平等、开放互通、优势互补、共同繁荣、和谐发展的一种经济社会发展水平和状态。

在城乡统筹发展的基础上，党的十八届三中全会通过的《中共中央关于全面深化改革若干重大问题的决定》明确提出，必须健全体制机制，形成以工促农、以城带乡、工农互惠、城乡一体的新型工农城乡关系，让广大农民平等参与现代化进程、共同分享现代化成果，即"以工促农、以城带乡、工农互惠、城乡一体的新型工农、城乡关系"。这个表述被称为新型工农城乡关系。

这是十六大以来我党在探索和解决工农、城乡关系方面的又一重大决策，为统筹城乡、实现城乡发展一体化提出了目标、指明了方向[①]。

二、新型工农城乡关系的特征

现阶段的工农城乡关系仍然表现出农业基础薄弱、城乡居民收入差距拉

---

① 张廷银.加快形成新型工农、城乡关系.大河网.http://www.ha.xinhuanet.com/xnc/2013-01/07/c_114273943.htm

大、工业化和城镇化与农民工市民化相脱节、农村公共资源配置不足等特征。新型工农城乡关系主要有三个实现：工农协调和融合发展；城乡协调、融合和一体化发展；农民就业非农化与人口化的协同推进。形成新型工农城乡关系的目的是"工农互惠、城乡一体"。

相对于城乡统筹发展，新型工农城乡关系更强调建立在平等交换、工农互惠原则的基础上构建新型工农城乡关系，更强调政策主动向农业农村倾斜。具体体现为三个"一体化"：

一是城乡规划一体化。即打破城乡分割的管理体制，在产业、城镇、基础设施等方面协调城乡空间布局，逐步缩小城乡差别。实现路径是以发展规划为引擎，综合考虑生态环境的合理承载容量、各地区之间的协同、当代与未来合理的开发时序、资源的有限性与再生能力等关系整体利益和长远发展的根本性问题。

二是基本公共服务一体化。即在道路、通讯、水电以及教育、科技、医疗卫生、体育、文化等方面的基本公共服务，实现城乡一体化均衡配置。实现路径是"坚持把国家基础设施建设和社会事业发展重点放在农村"①：首先，加大改革力度，扩大公共财政覆盖农村的范围，全面提高农村公共服务水平，加快建设农民幸福生活的美好家园；其次，加快健全农村基本公共服务制度框架，逐步提高农村基本公共服务的标准和保障水平；再次，加强农村公共设施建设，提高农村基础设施和社会事业发展水平；最后，建立以城带乡联动机制，推动城市优质资源向农村延伸。

三是要素流动一体化。即消除城乡要素交换不平的"剪刀差"体制，解决农村土地征用补偿标准低、农村资金大量流入城市和工业项目、农民工贡献大而待遇低等问题。实现路径是：首先，要改革征地制度，加强农民土地权益保护，调整土地出让收益分配关系，按照"取之于地、用之于地"的原则，提高对农民的征地补偿标准，提高用于农业基础设施建设的投入比重；其次，改善农村金融服务，破解"三农"发展的资金制约，积极发展农村新型金融机构，鼓励大中型银行开展涉农贷款批发业务、小微型银行开展零售业务；同时，推进城乡劳动力同工同酬同保，并逐步实现同城同待遇。

---

① 党的十八大报告公告

三、新型工农城乡关系的农业产业支撑

(一) 现代农业产业体系是推进农业农村发展的核心和重要支撑

加快构建现代农业产业体系是推进传统农业改造、发展现代农业的核心和重要支撑。只有建立起了高度发达的现代农业产业体系，才能改变单家独户小而全、自我封闭、自我循环的小生产发展状况，促进农业的专业化分工和社会化大生产；才能改变农民以世代使用的传统要素投入为主的生产模式，加快现代科学技术运用于农业的广度和深度；才能改变农业的规模化、商品化、市场化、集约化程度低的状况，促进农业发展方式的根本转变；才能改变农业主要以生产初级原材料为主的低附加值状况，大力延伸农业的产业链条，提高整个产业的整体效益；才能使农业在面向国内外大市场、满足更多消费者需求的过程中形成持续的竞争力。同时，只有将现代物质条件、现代科学技术、现代经营形式、现代发展理念都融入现代产业体系中，这些要素才能充分发挥作用。

实现新型城镇化离不开农业现代化的支撑①。现代农业是按照城乡经济一体化、城乡社会均等化的制度安排建立起来的农业产业体系。这种体系打破了城乡二元经济结构和二元管理体制，有利于要素在城乡之间的合理流动和有效配置，有利于农业和非农产业之间的系统整合和协调发展，有利于城乡社会均衡发展。农业现代化在增强农村经济实力的同时，可促进城镇化的道路走得更加具有可持续性。城镇化也绝对不是要消灭农村也不是弱化农业，相反，城镇化扩张中更需要农业现代化的支撑。新型城镇化与美丽乡村建设可以也应该由现代农业支撑。

(二) 现代农业产业体系是推进工业化城市化的必然要求

加快构建现代农业产业体系也是推进工业化城市化的必然要求。工业化是一系列基本的生产函数连续发生变化的过程，不仅包括工业本身的现代化，而且包括农业的现代化。没有高度发达的现代农业产业体系作为支撑，

---

① 2013年3月27日至29日，中共中央政治局常委、国务院总理李克强先后到江苏、上海考察。李克强总理在考察中明确指出，适度规模经营可以提高土地、劳动力效率，更好更多地提供农产品，对新型城镇化形成强有力的支撑。

不仅农业现代化无法完成,而且工业的现代化也难以持久。在我国工业化、城镇化发展的背景下同步推进农业现代化进程,除了要用现代科学技术和装备武装农业、用现代经营形式管理农业外,核心是构建具有竞争力的现代农业产业体系①。当今世界上凡是实现了农业现代化的国家,均形成了分工发达、紧密相连的现代农业产业体系。

　　加快构建现代农业产业体系还有利于突破传统的把农业作为单纯的第一产业的观念,把农业生产、加工、销售、服务、资源开发等产业作为一个有机的整体,树立包括产前、产中、产后的大产业观念,这有利于突破传统的把农业只是作为单纯的食品和原料供给的观念,通过开发农业的多种功能,大大拓展农业产业发展的广度和深度。

(三) 新型工农城乡有利于现代农业产业体系的发展

　　新型工农城乡为现代农业产业发展创造良好的发展环境。现代农业的发展需要依托工业化城镇化的加快发展。

　　工业化城镇化能为现代农业发展创造条件。新一轮城镇化将给农业产业化发展提供更加广阔的发展和需求空间。一是城镇化可增加农产品的市场需求。新型城镇化的发展促进了城镇人口的增加,直接增加了农产品的市场需求空间,尤其是绿色农产品需求,对农产品的消费需求直接增加为现代农业的发展提供了市场支撑。二是城镇化将带动农村富余劳动力转移就业,为发展农业适度规模经营创造有利条件。三是城镇化畅通农产品物流。城镇化会带来基础设施的更加完善,畅通农产品物流交通,为农产品的运输提供极大便利。四是城镇化带动城市资金、技术、信息、人才等现代生产要素向农业农村领域延伸,实现城乡要素平等交换,城镇化红利将成为农业现代化发展的长期原动力。

---

① 张克俊.现代农业产业体系的主要特征、根本动力与构建思路.华中农业大学学报(社会科学版),2011(5),(总95期):22－28

第二章 现代农业产业体系的
土地制度基础

　　土地自古以来就是一种生产资料。在农村大部分人的生活来源主要依靠土地,且对于大多数农民工来说,土地同时也作为一种生活资料体现出它的重要性。因农民随时可能失去不稳定的非农就业,所以土地对农民而言是名副其实的最后生活保障。土地制度公平性体现在土地给农民所提供的保障功能上。从古至今,土地制度都有保障当事人经济利益的功能,这种经济利益不仅体现在收益上,还体现为潜在的土地价值。如果有关当事人的经济权益得不到保证,那么这种土地制度必然不是有效的,也没有长久存在的基础。

第一节　现代农业产业体系的主要特征

　　现代物质条件、现代科学技术、现代产业体系、现代经营形式、现代发展理念、新型农民既是构成现代农业的主要框架,又是改造传统农业需要把握的重点内容。

一、现代农业产业体系的基本内涵

　　现代农业产业体系实际上就是农业产业的体系化和农业产业现代化的结合,体系化强调产前、产中、产后整条农业产业链的协调发展,而现代化则注重现代产业理念在农业领域的具体实现,现代化是现代农业产业体系的本质内涵,它是产业体系化的前提和内在动力①。

目前尚未形成统一的现代农业产业体系概念。根据研究目的,本研究采用张克俊(2011)提出的概念,即现代农业产业体系是为满足特定市场需求和实现最大产业价值,关联效应较强的各种农产品的生产、经营、市场、科技、教育、服务等主体通过分工合作建立横向功能产业体系与纵向产业链体系,并通过利益联结机制形成纵横交错、一体化、网络化的有机系统②。

二、现代农业产业体系的主要特征

(一)具有专业化、社会化的产业组织

结合农业产业的体系化和农业产业现代化为一体的现代农业产业体系,是一个由大量专业化、社会化组织构筑起来的网络,适应了现代农业发展要求。现代农业产业体系由现代农业的专业化、社会化、产业化服务组织来协调完成,从而使农业生产者能够节约交易成本、获取外部经济效应。

从国际经验来看,组织化程度愈高,现代农业产业体系愈发达。美国农业合作社吸纳农民数约占农业人口的90%,合作社销售农产品占总销售量的1/3。现代农业产业体系是一个有机联系、纵横交错的一体化、网络化系统,而每一个生产经营主体只是网络中的一个节点。从纵向看,各个环节之间既相互分工又紧密联系、环环相扣,形成一个有机整体;从横向看,各产业相互作用形成了的子系统,均有若干生产相同农产品的企业、农户以及相关机构聚集在一起,既相互竞争又相互合作,形成了农业产业集群。

(二)具有高级化、集成化的产业要素

现代农业产业体系的构成要素既包含初级要素,更注重高级要素投入及要素的合理利用。相对于传统农业生产体系,现代农业产业体系的构成要素是良种、化肥、熟料制品等现代生产资料,是熟练劳动力、人才、职业农民、企业家等现代生产经营者,是农用机械等现代生产工具,以及现代科技、金融、信息和管理。通过把现代要素组装到农业产业体系之中,并实现优化配置、

① 刘涛.中国现代农业产业体系构建:模式探索与路径选择.河北师范大学学报(哲学社会科学版),2012(7)
② 张克俊.现代农业产业体系的主要特征、根本动力与构建思路.华中农业大学学报(社会科学版),2011(5)

有机集成，才能实现高效率。显然，高级要素的来源在很大程度上难以由农业部门内生，需要由工业和服务业等部门提供，表现出明显的集成化趋势。

（三）具有多元化、复合化的产业功能

新的需求驱动生产经营者对农业进行多方位、多层次开发，把农业自身内在的多功能潜质转变为现实的能够满足人们更高需求的产品和服务，从而大大扩展了农业产业的发展空间。基于满足人们消费结构的变化对农业功能开发提出的新需求，现代农业产业体系输出的不仅仅是满足吃穿等基本要求的功能，还输出文化旅游、生态屏障、自然景观、生物能源、教育体验等多元化的功能，已经成为一个能满足人们多元化需求的可持续发展的系统。

（四）具有市场化、契约化的产业分配

市场机制是实现利益合理分配最有效、成本最低、矛盾最少的手段，能够满足参与主体利益要求的分配机制，能使生产者、加工者、销售者和服务者之间有机联结在一起。现代农业产业体系涉及各方利益关系，因而只有建立公平合理的利益分配机制，在追求产业整体利润的同时获取各方的平均利润，才能使现代农业产业体系高效、有序、稳定运转。同时，在以市场化为基本利益分配的前提下，通过合约、利益返还等契约化方式分配建立长期稳定合作关系，以弥补市场滞后性、波动性及风险性等本身局限。

第二节　现代农业产业体系的土地供给

现代农业产业体系所具有的产业组织、产业要素、产业功能及产业分配等特征，其实质就是以企业制度为基础的规模化生产经营。在构建现代农业产业体系中，养殖业、林果业、初级加工业已经初具规模，现代农业产业体系雏形基本形成，难点是种植业，尤其是粮食产业化的实现。种植业产业化的基础是农村土地制度，农村土地制度创新对农业产业体系的产生和提升具有基础性的供给作用。

一、农业产业体系对农村土地制度创新的现实需求

（一）优化土地资源配置的需要

基于农业基础地位，农业经济的发展一直都处于国民经济发展的首位。

自改革开放以来的丰富实践充分证明,土地问题及其相应的制度安排在我国的改革与发展中具有关键性作用。在基本国情基础上推进的城乡一体化发展中,农村土地制度创新是目前经济发展与社会转型中的热点问题之一。理论界展开了人们的讨论,各地创新实践不断,理论和实践充分说明,农村土地制度创新的基本路径采用的是市场机制对农地资源进行配置,构建新型农村土地产权制度。解决问题关键是在不使农民失去农地这一保障的前提下,正确引导农村劳动力流动,同时有效解决农民粗放经营,提高农地利用效率。

(二) 农业规模化经营的需要

经济学强调,通过经营规模的扩大能使企业平均成本降低,从而提高收益。这就是规模经济。这一原理应用到农业就是要发展适度规模的耕地集中经营。通过规模耕地的集中经营,可以采取机械化经营和专业化运作,降低农业经营成本和生产风险,增加农业产值。现行的农村经营制度是以家庭为单位,并以家庭成员的基础平均分得土地,结果土地琐碎化经营比较严重,无法实现规模化经营,农地的利用效率较低。因此,必须通过农村土地制度创新,加强土地流转,实施适度规范化经营。

(三) 提高农民收入的需要

在我国,土地不仅具有经济职能,也具有社会功能。但是,长期以来,农业天然投资回报率低且风险较大,大量农村劳动力仍然滞留在土地上,农民的生产热情较低且技术投入少,农民一直难以富裕起来,无法通过增加产值而获得更多的农业经营收入,农业也难以转型升级。农民收入提高和社会保障稳定的需要也促进农地流转市场的形成和发展。通过农村土地制度创新,将土地社会功能剥离,加快土地流转,并将农民从土地的束缚中解放出来,才能形成新型农业产业体系。

二、农业产业体系对农村土地制度创新的方向引导

(一) 土地配置市场化

依据二元结构理论,消除城市割裂的状况关键是实现资源和要素的自由流动。这就决定了城乡统筹的关键是要素市场的统一,按市场规律自由流动。因此,要通过改善要素流动的制度环境,实现市场化的要素配置新机制。在各种要素中,土地要素的自由流动是关键。

阻碍土地流转的制度障碍是二元土地政策，国家对农地实行行政配置。现行土地制度规定，城市土地归国家所有，农地归集体所有，国家可以通过征用的方式，将农地转为城市用地，但农村用地却不能进入市场。同时实行城乡统筹土地制度，通过建立市场化配置土地资源的新机制，不仅可以实现土地要素在城乡之间、部门之间的自由流动，提高土地资源配合效率，还可以实现农地的财产权利。

（二）土地功能统一化

统筹城乡土地制度的目标就是完善土地制度功能。长期以来，我国土地制度功能不完善，土地产权长期模糊，并且缺乏保护，没有给予土地关系利益相关者进行决策和实现利益的能力。

城乡统筹的关键是保障要素按照市场机制进行配置。因此，农地制度改革的核心就是要完善农地的制度功能，保障实现产权人或利益相关者的决策权和经济利益，激励当事人的经济行为和创新动力，约束侵权人的投机行为，优化配置土地资源。

（三）土地产权同等化

产权理论表明，产权制度是市场机制的基础和前提。产权的作用主要体现在优化配置资源、保障权益和激励约束等方面。土地财产权利决定了土地保障功能的实现，不同的土地产权制度，决定了土地制度，土地权利的范围决定了土地制度约束功能。因此，土地权利同等化，是城乡统筹土地制度的基础。

但是，我国现行的土地制度导致了农地与城市土地的不平等，农地产权的缺失，形成事实上的二元土地制度。因此，实现土地保障功能，建立同等的产权制度是前提。

（四）土地规划健全化

实现市场在城乡土地配置中的关键作用，必须在土地规划的空间和时间范围内实现。因此，完善和健全土地规划，实现土地规划的制度化、规划化、法制化，是农地流转制度改革的重要内容。

三、农村土地制度创新对农业产业体系的深度影响

（一）促进农业规模经营

通过土地制度创新，加快农地建立快速流转，使农地逐步集中，可以有效

解决农地家庭承包中平均分配所造成的农地规模较小的问题。近年来,现实已证实,零星化小规模的种植已跟不上社会改革和经济发展的步伐,必须根据规模经济原理,形成农地流转市场,根据市场信息去选择最佳的生产要素投入组合,并为农业规模经营和农业科技创新创造有利条件。

(二) 促进农业结构调整

通过土地制度创新,加快农地建立快速流转,按照效益最优的原则创新配置农地,使生产要素合理流动,也有利于实现专业分工,因地制宜地生产各种经济作物。农地流转市场的发展,有助于形成良好的土地市场管理氛围,优化国土资源利用。市场体制使信息可以横向传递,实现农地流转市场的不断完善,使得政府可以根据农地市场的信息,用经济杠杆进行有效调节,实现农地资源的优化配置。同时,基于利益的驱动,市场机制也使得各市场主体之间能更主动地监督市场交易行为,形成良好的土地市场管理氛围。

(三) 确保农民收入长效增长

农地的有偿流转,使农地资源逐步集中到有资金、有能力的大户或农业企业手中,实现了农地规模经营,大大降低了单位成本,实现了双赢的局面,即流出农地的农户通过有偿转让获得了收入,而取得流入农地的经营者通过规模经营,同样增加了收益。同时,农地流转市场的形成,促进了农村剩余劳动力向非农产业转移,农民通过进城务工、创业等形式,为其实现致富提供了更广阔的空间和可能,也为城镇的中小企业发展提供了丰富的劳动力资源,进而为城镇化的建设和发展提供了助力。

三、农村土地制度创新与农业产业体系的协同效应

从上述分析中可以看出,农村土地制度创新与农业产业发展间是相辅相成的关系。一方面,农村土地制度创新是农业产业发展的一个重要条件;另一方面,农村土地制度创新又能有效地促进农业产业发展,与此同时农业产业发展的各项条件为农村土地制度创新提供了可能。但是,从根本来看,农村土地制度创新对农业产业体系的形成和提升具有基础性的供给作用。

(一) 土地的规模供给是农业产业体系形成的必要条件

全球农业发展的趋势是创建产业区结构下的规模化、专业化集群。在近乎完全竞争的市场中,小农户进行技术创新的固定资产投资成本、弥合知识

和经验技能差距成本以及弥补缺少外部条件的成本都会随之上升,通过区域专业化与规模化可以克服这些发展障碍。农业产业集群中专业化与规模化之所以引申出土地利用的专业化规模,主要是由于土地经营中机械与技术对土地利用面积的不可分性和配套性产生的规模效益。

（二）土地资产的流动性是农业产业体系的前提和催化剂

农业产业集群的聚集特征具有与土地资产流动性密切相关的特征。第一,土地资产的直接聚集。首先,由于土地经营的专业化规模化需要,土地须经产权人投资于特定的农业经营领域,既可以是法律权利的流转,也可能是土地利用方向的改变;其次,土地作为融资手段为集群企业和农户的专业化生产提供资金,并投向集群产业。第二,土地资产的间接聚集。即由于农业产业集群导致劳动力从农业产业向非农产业转移,农业土地的归并、流动,形成了产业集群的专业利用与规模化。

（三）土地是国家支持农业产业集群的物质中介

农业产业集群以规模化、特色化、专业化的新的资源组织形式提供了农业产业结构调整的途径,各国通过宏观调控手段引导农业发展的集群模式,其作用点多以土地为中介展开和传导,包括直接调控和间接调控。直接调控包括三个方面,一是在土地规划法中详细划分农业用地用途,并在分区管制的基础上作出农业集群产业区用地规划,行政程序是土地用途转用申请。二是政府通过公共投资为农业产业区的土地开发、整理提供补偿资金。三是集群享受国家对农业的高额补贴。农业产业集群下的集群企业和农户自然享受财政补贴的公共支持。在间接调控方面,实施免征农业税的财政政策,提升了集群内农业经营主体的价格竞争力。

第三章　农村土地制度变迁的绩效分析

农村土地制度涉及农民、集体、国家等多方面的利益关系,是农村社会经济的核心制度。新中国成立以来,我国农村土地制度经过不断调整和转化,经历了从农民所有农民经营、农民所有集体经营、集体所有集体经营和集体所有家庭经营等重大历史性变革,必将对我国形成新型工农城乡关系产生深刻的影响。

第一节　地租理论与我国农地制度创新

一、地租理论的发展

(一) 地租理论的内涵

马克思主义认为,地租是土地使用者由于使用土地而缴给土地所有者的超过平均利润以上的那部分剩余价值。马克思按照地租产生的原因和条件的不同,将地租分为三类:级差地租、绝对地租和垄断地租。前两类地租是资本主义地租的普遍形式,后一类地租(垄断地租)仅是个别条件下产生的资本主义地租的特殊形式。进一步根据级差地租的表现形式,马克思把级差地租又分为级差地租Ⅰ和级差地租Ⅱ。

西方经济学把地租定义为物主将其所有的土地、房屋或任何财产租给他人使用所获得的报酬,并不一定专指出租土地而获得的租金。按照这个定义,把地租分为契约地租和经济地租两类。契约地租又称商业地租,是指物主将土地或其他财物出租给承租者,承租者按租赁契约支付给物主之租金。经济地租又称理论地租,有广义和狭义之分。广义上讲,经济地租是指人们使用任何生产要素所获得的超额利润。狭义上讲,经济地租是指人们利用土地所获的超额利润,即土地总收益扣除总成本的剩余部分。一般所谓地租,是针对狭义地租而言的。

（二）地租理论的分类

绝对地租是指土地所有者凭借土地所有权垄断所取得的地租。绝对地租既不是农业产品的社会生产价格与其个别生产价格之差,也不是各级土地与劣等土地之间社会生产价格之差,而是个别农业部门产品价值与生产价格之差。因此,农业资本有机构成低于社会平均资本有机构成是绝对地租形成的条件,而土地所有权的垄断才是绝对地租形成的根本原因。绝对地租的实质和来源是农业工人创造的剩余价值。

关于级差地租,马克思认为资本主义的级差地租是经营较优土地的农业资本家所获得的,并最终归土地所有者占有的超额利润。级差地租来源于农业工人创造的剩余价值,即超额利润,它不过是由农业资本家手中转到土地所有者手中了。形成级差地租的条件有三种：①土地肥沃程度的差别；②土地位置的差别；③在同一地块上连续投资产生的劳动生产率的差别。马克思按级差地租形成的条件不同,将级差地租分为两种形式：级差地租第一形态（即级差地租Ⅰ）和级差地租第二形态（即级差地租Ⅱ）。级差地租Ⅰ,是指农业工人因利用肥沃程度和位置较好的土地所创造的超额利润而转化为地租（即由前两个条件产生）级差地租Ⅱ,是指对同一地块上的连续追加投资,由各次投资的生产率不同而产生的超额利润转化为地租。

级差地租Ⅰ和级差地租Ⅱ虽各有不同的产生条件,但二者的实质是一样的,它们都是由产品的个别生产价格低于社会生产价格的差额所产生的超额利润转化而成。级差地租Ⅰ是级差地租Ⅱ的前提、基础和出发点。

垄断地租是指由产品的垄断价格带来的超额利润而转化成的地租。垄断地租不是来自农业雇佣工人创造的剩余价值,而是来自社会其他部门工人创造的价值。

分离地租是关于非农业用地的地租在土地所有权与土地经营权相分离的条件下,不论租用农地或非农地都须支付地租。马克思论述的非农业用地的地租,是指建筑地段和矿山地段的地租。建筑地段地租是指工商业资本家为获得建筑多种建筑物所需土地而支付给土地所有者的地租。建筑地段地租同农业地租的明显区别在于,农业中土地的肥沃程度和位置对级差地租有决定作用,而对于建筑地租,则是位置起着决定作用。同时,由于垄断价格对建筑地租起着很大作用。矿山地租指工业资本家为取得采掘地下矿藏的权利而向土地所有者支付的地租。由于矿山的数量有限,也存在着经营的垄断,使矿产品必须按劣等生产条件决定的生产价格出售,因而优、中等矿山可以取得超额利润而转化为矿山地租。

(三) 地租理论的发展

地租是一个历史范畴,在不同的社会形态下,由于所有权性质的不同,地租的性质、内容和形式也不同,体现着不同的生产关系。在封建制度下,地租反映的是地主剥削农民(农奴)的生产关系。地租包含了直接生产者(佃农)的全部剩余生产物。封建地租表现为三种形式:劳役地租(即地主直接占有农奴的剩余劳动)、实物地租(由农奴将剩余生产物以实物形态缴予地主)和货币地租(农民将生产物出售,以货币形态将大部分所得缴予地主)。资本主义地租是从封建地租中产生的,它以货币地租为主要形式。

资本主义地租所反映的是土地所有者(地主)和产业资本家共同剥削工人的经济关系。社会主义地租反映的是在国家、集体和个人三者利益一致的前提下,对土地收益的分配关系;同时也是国家用于调节社会生产与分配的经济杠杆。

在资本主义生产方式的农业中,面积相同质量不同的土地,租地农业资本家向土地所有者交纳地租数量也不同,这就表现为级差地租。马克思假定农业产品和工业产品一样,是按照生产价格出售的。因为只有在这个前提下,农业资本家才能获得平均利润,从而才肯投资于农业。由于土地资源的稀缺性和资本主义土地经营权的垄断,一部分农业资本家租种了优、中等地,就会排斥其他资本家再利用它,其他资本家只能在劣等地上进行耕种。在平均利润率规律作用下,种植劣等地的资本家也要求获得平均利润,这样,农产品的社会生产价格就必须由劣等地农产品的个别生产价格来决定。农业资本家把等量资本投资在优等地和中等地上,比投资在劣等地上可以获得更多的农产品。那么优等地和中等地的个别生产价格低于劣等地农产品的个别生产价格决定的社会生产价格,因而在平均利润之外,还可以获得超额利润,这些超额利润转化为级差地租,交纳给土地所有者。

土地作为生产条件,它质量优、劣的差别只是产生级差地租的自然条件或基础,不是产生级差地租的原因。因为生产条件的差别在任何生产部门都存在,但是一般不存在对使用较好生产条件的垄断,因而不能像种优、劣等地那样形成持久性的超额利润。在农业中,只有当土地自然条件的差别同时与土地经营的垄断结合在一起的时候,级差地租才会形成。

二、我国农地制度创新

地权问题在我国主要表现为,在国家所有制和土地集体所有制下,集体土地所有权实际上对内是公有,对外则是私有,具有明显的"独占性"。因此,马克思主义绝对地租理论完全适合于我国国情。级差地租Ⅰ主要应归集体经济组织所有;而考虑到联产承包责任制下农户追加农地投资,级差地租Ⅱ主要应由承包农户所有。马克思地租理论对我国土地制度理论创新而言,主要体现在各阶段的土地政策和法规方面。新中国成立以来农地制度经历了四个不同的变迁历程,展现出从私有到公有、从产权统一到产权分割的基本演变态势(见表3.1)。

从承包期限看,1984年1号文件提出土地承包期从农地家庭承包经营制实施初期的5年延长到15年,1993年再延长至30年。为切实维护农民土地利益,并促进农地快速流转实现适度规模经营,在2008年中共中央十七届三中全会上,提出了现有土地承包关系要保持稳定并长久不变的政策。

从流转制度看,1988年,第七届全国人大第一次会议修改了《宪法》,提出土地使用权可以依照法律的规定转让。2001年12月30日中央下发《中共中央关于做好农户承包地使用权流转工作的通知》,对农地流转的原则、主体及形式作了具体规定。2005年3月1日,《中华人民共和国农地承包经营权流转管理办法》对流转当事人、流转合同、流转形式、流转管理进行了明确规定。2007年3月16日,《中华人民共和国物权法》规定土地承包经营权人有权将土地承包经营权采取转包、互换、转让等模式流转。2010年中央1号文件指出,加强土地承包经营权流转管理和服务,健全农地流转市场,发展多种形式的适度规模经营。

表 3.1　改革以来我国农制度创新的重要政策法规

时间	关键词	政策法规
1984 年 1 月	承包期 15 年不变	中共中央《关于一九八四年农村工作的通知》
1993 年 11 月	承包期 30 年不变	中共中央、国务院发布 11 号文件
1997 年 8 月	叫停农地"两田制"	国办《关于进一步稳定和完善农地承包关系的通知》
1998 年 8 月	实施土地用途管制	《土地管理法》土地审批权收归国务院和省两级政府
2001 年 12 月	允许农地合理流转	中共中央《关于做好农户承包地使用权流转工作的通知》
2002 年 8 月	农地家庭承包立法	《农地承包法》的出台,自 2003 年 3 月 1 日施行
2004 年 10 月	严格控制农地转用	国务院《关于深化改革严格土地管理的决定》
2006 年 8 月	土地政策参与调控	国务院《关于加强土地调控有关问题的通知》
2007 年 10 月	期满可继续承包	《物权法》,农地承包经营权和宅基地使用权为"用益物权"
2008 年 10 月	农地承包长久不变	中共中央《关于推进农村改革分展若干重大问题的决定》
2010 年 1 月	农地流转市场	中共中央国务院《关于加大统筹城乡发展力度进一步夯实农业农村发展基础的若干意见》
2013 年 11 月	农村集体建设用地入市	十八届三中全会通过《中共中央关于全面深化改革若干重大问题的决定》,允许农村集体经营性建设用地出让、租赁、入股,实行与国有土地同等入市、同权同价

第二节　不同阶段农村土地制度变迁的特征

一、农民所有农民经营制

　　新中国成立之前的很长时期内,中国农村土地产权制度是建立在封建土地私有制基础上的,地主占有了大部分土地,拥有土地的所有权,土地的使用权则是租佃制的形式,土地的所有权与使用权基本上是分离的。由于大量土地集中为地主所有,农民处于被剥削状态,不仅难以保证土地的生产效率,社会矛盾也日益激化。农村土地产权制度的这种失衡状态，需要从根本上进行制度变迁。

我国近代革命的主体是农民，革命的核心在于农民拥有土地，即土地革命。为满足长期以来农民对土地占用的强烈愿望，最大限度地调动农民革命、建设的积极性，新中国成立之初，农村土地制度采取的是农民平均分得土地，并占有土地，实行土地产权自由流动，农民自由经营农村土地所有权和经营权高度统一于农民，即完全的土地私有制。土地改革实质上是一项以意识形态为引导的强制性制度变迁，是对中国农村土地产权制度的重大调整，巩固了新生政权。

1950年，《中华人民共和国土地改革法》颁布后，国家允许土地买卖、典当、出租、赠予等交易行为，赋予农民包括农地的所有权、经营权、收益权等在内的全部产权。这一根本变化极大地解放了长期被封建剥削制度束缚的农业生产力，广大农民的积极性空前高涨。这一制度的时间从1949年开始，至1953年发生变化。

二、农民所有集体经营制

农村土地农民所有农民经营制度的安排在满足农民占有土地的同时，很快暴露出不足，集中体现为个体农民拥有的生产工具不足，并缺乏生产资料和资金。因此，迫切需要把农民组织起来，开拓促进农村经济发展的新出路。在满足农民占有土地的情况下，为弥补生产工具不足和资金缺乏的困境，结合当时实际，主要采取初级合作社集体经营土地。1953—1956年，采取了土地归农民所有，由初级合作社集体经营土地。

显然，这一变化是依据当时情况，具有诱导式制度变迁的特征。通过这一制度变化，在一定程度上克服了前一阶段小农经济所表现出的缺陷，农业生产得到进一步发展。但是，这一过渡性的制度始终不是社会主义所向往的公有制，在偏好和意识形态趋势下，很快向土地集体所有集体经营制度演变。

三、集体所有集体经营制

虽然新中国成立初期形成的土地制度实现了农民"耕者有其田"的长久愿望，获得农民对新中国的支撑，也表现了私有土地制度调动农民生产积极性的效率优势。但不利的一面亦很快就显现出来了：一是贫富差距拉大，农村中出现新的阶层；二是土地平均分配之后，由于生产资料不足和劳动力缺乏，部分家庭生产比较困难，农业生产效率没有得到根本提高。

因此，土地农民私有制既不符合以马克思主义为主流的意识形态，也没有极大地提高农业生产。这就决定了土地农民私有制只能是一个过渡性的制度安排，不可能成为新中国始一而终的土地产权制度。由于受极"左"思想的影响，过度强调农民互助合作，在初级合作社的基础上，以强迫性土地产权制度变迁的方式，党开始在较短时间内实施从初级社过渡到高级社，即人民公社。

1957—1958 年，是实施高级社集体土地所有权阶段。这一阶段废除土地私有制，土地由农民所有转变为农业合作社集体所有，土地经营采取集体统一经营，农村集体土地所有制由此确立。在随后的长期时间内，直到 1977 年，伴随着"大跃进"和人民公社化运动兴起，农村土地由集体所有、集体经营，土地公有化程度越来越高。

这一制度变迁是典型的强制性全国层面的土地制度变化，并伴随着户口制度实施，巩固强化了制度形态。之所以在当时条件，我国可以实现由农民私有制快速演变为集体所有制，主要一个原因是农民通过无偿获得的方式取得土地所有权，是执政党兑现革命时期的承诺而赋予农民的一项特权，亦是为巩固新生政权的权宜之计。在这种前提下，农民很自然地服从了执政党的政策。

四、集体所有家庭经营制

从 1958 年开始的人民公社化运动，严重打击了农民生产的积极性，经济效率的严重低下，再加上天灾人祸，农村经济陷入了困境，农村土地产权制度再一次失衡，长期的失衡导致意识形态产生危机并发生变化。

随着"文化大革命"的结束、"四人帮"的垮台以及对"两个凡是"的批判，党形成了新的意识形态，逐渐把土地使用经营权发包给农民，实行以农民家庭为单位的分户承包经营，农户成为集体经济组织内部一个相对独立的经营主体，实现土地由集体所有、家庭经营的"两权分离"制度安排。1982 年中央 1 号文件正式肯定了土地的农民家庭承包经营制度。1983 年中央 1 号文件称家庭联产承包责任制是"我国农民的伟大创造"。这标志着家庭联产承包责任制正式成为农村改革的一项重要战略决策,中国开始了新一轮的农村土地产权制度变迁。1984年,全国近99％的生产队实行了家庭联产承包责任制。

1978—1993年,全国实施第一轮的土地承包。通过土地制度改革,调动了农民的生产积极性,激发了土地和劳动力的潜力,成功地推动了农村经济的持续高速增长。1993年以后,为了稳定土地承包关系,全国开始第二轮土地承包,落实土地承包期"再延长30年不变"的政策,同时,农户间承包的土地可以以转包、转让、入股、租赁等形式流转。党的十七届三中全会提出,农村土地承包关系长久不变。党的十八届三中全会提出,农民依法获得的农村土地承包经营权可以转包、转让、入股、租赁等形式流转,可以抵押和担保等。

家庭联产承包责任制是一种特殊土地产权制度安排形态,即没有改变土地集体所有制而又发挥了家庭经营的优势,土地制度的政治效益和经济效益得到统一,实现了新的平衡,很好地兼顾了政府、农民等各方预期因而易于被政府和农民所接受,制度变迁的成本较低。随着市场经济深入推进,尤其新时期城乡统筹发展、新型城镇化战略实施等,家庭联产承包责任制这一中国独创的土地产权制度不断完善,从承包经营权从所有权分离,到承包权从承包经营权分离,产权形态也从"二元"演变为"三元",甚至"股权化"。

第三节　农村土地制度变迁的绩效分析

一、农村土地农民所有制的绩效分析

1949—1956年,我国实行农村土地农民所有制。其中,1949—1953年是完整的农民私人土地所有权阶段,实现了农村土地从封建地主所有制向农民所有制的转变;1953—1956年是初级合作社发展阶段,实行的是土地归农民所有,但由集体合作经营。通过这一制度变化,在一定程度上克服了前一阶段小农经济所表现出的缺陷,农业生产得到进一步发展。同时,具有积极的政治效益,即兑现了对农民的土地承诺,全国约3亿无地或少地的农民无偿获得了约7亿亩耕地和大批生产资料,获得了农民新的支持。

1949—1956年,我国农业总产值从279.84亿元增加到515.425亿元,年

均增长 9.18％,其中,1949—1950 年的增幅最大,达到 17.52％。1957—1977 年,农业总产值虽然也在增加,但年均增长率 4.45％,比 1957 年之前增幅下降,而且一些年份出现农业总产值的负增长。1949 年前全国粮食总产最高的年产量只有 2774 亿斤,土改开始后的 1952 年粮食总产量增长到 3278.2 亿斤,超过 1949 年前最高年产量的 18.1％。1952 年的全国农业总产值比 1949 年增加了 48.5％[①]。

二、农村土地集体所有制的绩效分析

1957—1977 年,我国实行农村土地集体所有制。其中,1957—1958 年是高级社集体土地所有权阶段;1958—1977 年,"大跃进"和人民公社化运动兴起,农村土地由集体所有、集体经营,土地公有化程度越来越高,最终形成了农村土地集体所有制,实施集体统一经营。

这一制度将国家政治偏好和意识形态置于经济社会发展之上,并通过国家意识掩饰了政府制度目标和农民个人的目标之间的差异。但是高级社集体土地所有权由于过度强调农民互助合作,从初级社过渡到高级社的时间较短,在一定程度上挫伤了农民的生产积极性。"大跃进"和人民公社化的土地制度完全脱离了当时农村生产力发展的客观实际,严重挫伤了农民的生产积极性。1959 年和 1960 年比上年分别降低了 12.39％和 8.26％。国家自 1962 年开始纠正工作中出现的偏差,恢复农民的自留地和家庭副业,取消公共食堂和部分供给制。

1957—1977 年,实行农村土地集体所有制实际上是高度集中的"政社合一",忽视了农民利益。据统计,截至 1978 年,全国平均每人占有的粮食大体仍相当于 1957 年的水平,当时有 2.5 亿人没有解决温饱问题[②]。

三、家庭承包经营制度的绩效分析

1978 年以后,我国实行农村集体所有制下的家庭承包经营制度。十一届三中全会以后,我国农村实行土地的家庭联产承包责任制,即把土地使用经

---

① 中国统计年鉴.北京:中国统计出版社,1983
② 周其仁.发展的里程.成都:四川人民出版社,1987

营权发包给农民，实行以农民家庭为单位的分户承包经营，农户成为集体经济组织内部一个相对独立的经营主体，实现土地由集体所有、家庭经营的基本经营制度。

家庭承包经营制度使农民获得了剩余产品的所有权和支配权，极大地调动了农民生产经营的积极性，极大地提高了农民的生活水平，促进了农业经济发展，实现了要素资源的优化配置，迅速地解决了粮食缺乏的世界难题。1978—1984 年间，中国农业出产增长 42.23％，其中，制度变革的贡献约占46.89％，相当于同期化肥、资本、劳动力、土地投入总效应（45.79％）。农业主要农产品、农业总产出以及人均主要农产品拥有量大幅度提高，掀起了新中国成立以来经济增长新高潮，农业生产总值年均增长 8.98％[①]。

1978 年至今，通过实行家庭联产承包责任制，农村经济较前两个阶段有了极大发展和恢复，取得举世瞩目成就，家庭承包经营制度被确定为我国农村基本经营制度。1978—2010 年，农业生产总值的年均增长率为 11.57％，高于前两个阶段，但自 1996 年以后，每年增幅均较小，特别是 1999 年和 2000年，农业总产值出现下降，下降幅度分别为 0.95％和 1.65％[②]。

第四节　农村土地制度变迁的评价与启示

马克思主义指出，生产关系一定要适应生产力发展的要求。制度变迁是效益更高的制度对原有制度的替代过程。新中国成立以来土地制度变迁历史及其政治效益和经济效益的发展历程表明，当土地制度的经济效益和政治效益相一致时，土地制度就趋于稳定，随着农村经济的发展，这种稳定又会被打破。这为构建新时期农村土地制度指明了方向。

一、农村土地制度变迁的评价

回顾新中国成立以来 65 年的历程，土地制度变迁经历了显著的三个阶段变迁，每一次变迁，无不深刻地影响着农村经济形势变化，并反过来受农

---

① 林毅夫.制度、技术与经济发展.上海：上海人民出版社,2005
② 赵宁、张健.中国农村土地制度变迁的经济绩效评价.商业时代,2012(9)：106

村经济形势变化的影响。土地制度变迁与农村经济形势变化是互相影响的双向关系。

一方面,土地制度变迁直接决定了农村经济的发展和经济环境的变化。

新中国成立初期阶段,即1949—1956年,为巩固新中国政权,政府沿袭了特定革命时期的做法,实行了土地私有制,并无偿分配土地给农民,这种最彻底、最平均的土地制度改革,符合广大农民对土地制度变迁的强烈愿望,表现为农业生产总值显著增长;在进行恢复建设时期,以及其后很长时期,即1957—1977年,伴随着政治风云变幻,土地也不断集中到国家手中,在合作化的基础上,强迫性实行的土地所有权和经营权高度集中的土地集体所有制以及集中经营,违背了农民意愿,忽视农业经济发展规律,表现为农业生产总值增长幅度降低,土地制度的现实表现较差;拨乱反正以后,即1978年至今,为克服当时困境,有农民自发地对农村土地实行家庭联产承包,这一做法被上升至国家层面并被全国效仿,农业生产总值比前一阶段增长幅度提高,但土地制度的影响力不如1956年之前,这种土地所有权和使用权长期分割的制度安排,使土地所有权主体模糊不清,影响农村土地流转及其合理配置利用,在一些年份出现农业生产总值负增长的现象。

另一方面,农村经济的发展和经济环境的变化又促使土地制度本身也被调整和完善。

1949—1956年实现了最平均的土地分配,土地的所有权和经营权统一于农民,虽然激发了个体的生产积极性,但使农业生产相对零散,个体农民的生产效率不高。为此,国家实施土地合作化运动,集中使用土地;1957—1977年实行土地所有权和经营权高度集中于集体的土地制度,虽然在实行初期克服了前一阶段小农经济的一些问题,但是这一阶段的制度安排缺陷逐渐暴露出来,违背生产主体意愿、过分讲求公平等制度性缺陷,导致农村经济处在崩溃边缘。这直接促使了家庭联产承包责任制的形成。1978年至今,通过实行家庭联产承包责任制,农村经济较前两个阶段有了极大发展和恢复,但是由于这一制度安排本身存在土地产权不明等问题,其对农村经济的影响反而不如1956年之前。为此,这促进了土地流转、适度规模集中的制度变迁,形成了鲜明的"三权分离"土地制度,出现了现代经营主体。

二、农村土地制度变迁的启示

关于制度变迁的方式，可分为两种，即诱致性制度变迁与强制性制度变迁。前者是指人们为争取获利机会自发倡导和组织实施对现行制度安排的变更或替代，创造新的制度安排，是人们在追求由制度不均衡引致的获利机会时所进行的自发性制度变迁；后者是指通过行政权力和立法手段等外在强制力推行制度、变革制度的一种制度变迁方式。

结合中国农村土地制度变迁的经验和教训，当前深化农村土地制度改革的应避免以下两个问题：

一是大范围的强制性改革不是我国农村土地制度变迁的方式。随着我国经济快速发展和改革向纵深发展，各种利益关系更加复杂和多变，各地发展程度和区域差异性较大，农村土地产权制度改革更应避免大范围强制性制度变革。

二是区域性与诱致性结合的方式是我国农村土地制度变迁的方式，农村土地制度改革必须以保护农民利益为根本，农村土地制度改革要注重构建现代土地产权制度。土地制度的调整和创新要通过构建现代土地产权制度，明确农村土地所有权归属，保障农民的土地经营权及经营收益，明确农村土地管理权力，落实土地管理责任，实现以土地所有权制度、经营制度和管理制度改革为重要内容的全面改革。

第四章　农村土地经营权流转的
实践创新及制度困境

新中国成立以来,我国土地制度实行的是城乡分治、政府垄断城市土地一级市场。一方面,农村与城市土地分别适用不同的法律规则,由不同的行政机构进行管理,形成不同的市场和权利体系;另一方面,除农村集体建设用地(含宅基地)可以使用农地之外,任何单位和个人进行建设需要使用土地的,必须依法申请使用国有土地。只要涉及农地变为建设用地,就要通过政府征地。随着城市化、产业化和农业现代化的深入推进,尤其城乡统筹、一体化加快推进,这种土地制度越显内在制度矛盾和不可持续,围绕农村土地制度创新所开展的丰富实践,推动着土地制度不断演化和重构。

第一节　家庭承包经营基本制度的确立与固化

一、土地"两权"分离的正式确立

(一)改革开放以来农村土地制度变革的动因

在上文的阐述中可知,集体所有集体使用的土地制度降低了土地的使用效率,广大农民的生产积极性受到了极大压抑,农村经济几近凋零,出现严重的社会问题。这直接催生了 20 世纪 70 年代末期的家庭联产承包责任制以及中国农村经济体制改革。通过农户替代生产队作为生产、经营决策的基本单位,以及在不改变土地集体所有制性质的情况下,赋予农户对农地的使用、收益和转让权,中国农地产权制度改革为农业生产、农民收入增长和农村稳定打下了制度基础。

自 20 世纪 80 年代以来,中央政府历年通过关于农村工作的 1 号文件、强化农民土地承包经营权和自主权的文件,直至《农村土地承包法》和《物权法》颁布实施,形成了中国农地产权和农地市场发展的基本政策和法律规范。为适应我国生产力发展水平,我国社会主义公有制采取了两种不同的方式:即全民所有制和集体所有制,反映在土地所有制的法律形式上,即出现了土地的国家所有权和集体所有权的所谓二元土地权利制度。这一制度得到了上至《宪法》,下至《民法通则》、《物权法》、《土地管理法》等基本法律的一致尊崇,直接形成了中国土地市场的二元化。

(二) 农村土地政策和法律的演进

整个农村土地政策和法律的演进总特征,即为"坚持农村基本经营制度,稳定土地承包关系,规范土地承包经营权流转,加快征地制度改革"[①]以及构建统一的土地市场。

1. 农村基本经营制度的演进

《中共中央批转〈全国农村工作会议纪要〉》(1982 年 1 号文件)总结了具有划时代意义的农村改革,进一步放宽了农村政策,肯定了"双包"制,"目前实行的各种责任制……都是社会主义集体经济的生产责任制"。《中共中央关于印发〈当前农村经济政策的若干问题〉的通知》(1983 年 1 号文件)从理论上肯定家庭联产承包责任制"是在党的领导下中国农民的伟大创造,是马克思主义农业合作化理论在我国实践中的新发展"。

中共中央此后的几次 1 号文件再三强调这一点。1993 年将家庭联产承包责任制写入《宪法》,明确指出:"农村中的家庭联产承包为主的责任制和生产、供销、信用、消费等各种形式的合作经济,是社会主义劳动群众集体所有制经济。"1998 年的《中共中央关于农业和农村工作若干重大问题的决定》以家庭承包经营取代了联产承包责任制,并明确提出"长期稳定以家庭承包经营为基础、统分结合的双层经营体制"。1999 年通过的《宪法修正案》再次明

---

① 来源《中共中央、国务院关于积极发展现代农业扎实推进社会主义新农村建设的若干意见》(2007 年 1 号文件)

确规定了这一经营体制。

进入 21 世纪以来,2002 年通过、2003 年起实施的《农村土地承包法》则以法律的形式将这一农村基本经营制度再次予以明确,该法第一条开宗明义地指出:"稳定和完善以家庭承包经营为基础、统分结合的双层经营体制,赋予农民长期而有保障的土地使用权。"2007 年通过并实施的《物权法》更是以基本法律的形式确立了这一基本经营制度。其中第 124 条第 1 款规定:"农村集体经济组织实行家庭承包经营为基础、统分结合的双层经营体制。"

2. 土地承包关系的演进

《中共中央关于 1984 年农村工作的通知》(1984 年 1 号文件)确定了"土地承包期一般应在 15 年以上"。《中共中央、国务院关于当前农业和农村经济发展工作的若干政策措施》及随后的多个文件又提出将承包期延长到 30 年不变,稳定了农户对土地的预期。《农村土地承包法》则在法律上明确了"耕地的承包期为 30 年,草地的承包期为 30 年至 50 年,林地的承包期为 30 年至 70 年"。《物权法》对《农村土地承包法》的上述规定以基本法律形式作了确认。《物权法》还对承包地的调整和收回作了严格限制,进一步稳定了承包关系。党的十七届三中全会提出,"现有土地承包关系要保持稳定并长久不变"等。

3. 土地承包经营权流转的演进

中共中央 1984 年 1 号文件就"鼓励土地逐步向种田能手集中",允许在集体同意的情况下协商转包。1993 年中共中央更是明确指出:"在坚持土地集体所有和不改变土地用途的前提下,经发包方同意,允许土地的使用权依法有偿转让。"这一规则得到了此后中央文件的一再重申,2001 年《中共中央关于做好农户承包地使用权流转工作的通知》更是对土地承包经营权流转的主体和原则作了明确规定。《农村土地承包法》则明文规定:"通过家庭承包取得的土地承包经营权可以依法采取转包、出租、互换、转让或者其他方式流转。土地承包经营权的流转应当遵循平等协商、自愿、有偿,任何组织和个人不得强迫或者阻碍承包方进行土地承包经营权的流转。"而《物权法》更是指出:"土地承包经营权人依照农村土地承包法的规定,有权将土地承包经营权采取转包、互换、转让等方式流转。"十七届三中全会指出,按照依法自愿有偿原则,允许农民以转包、出租、互换、转让、股份合作等形式流转土地承包经营权,发展多种形式的适度规模经营。十八届三中全会指出,要建立公平开放透明的市场规则,完善主要由市场决定价格的机制,建立城乡统一的建设用地市场,完善金融市场体系,深化科技体制改革。首次提出要建立城乡统一的建设用地市场。

4. 征地制度改革的演进

十一届三中全会以后,国民经济的全面复苏和强劲增长直接扩大了建设用地的需求。1982年经全国人大常委会原则通过、国务院公布施行了《国家建设征用土地条例》。1986年,《土地管理法》颁布,采纳了《国家建设征用土地条例》的大部分规定,将其中的规则上升为法律,并明确了征地分级限额审批制度,提高了征地补偿安置标准。1998年,《土地管理法》修改,对征地制度作了重大调整。在征地审批制度方面,将过去的分级限额审批等变革为依据土地利用规划实行以用途管制为核心内容的农用地转用和土地征用审批制度,取消了市县一级人民政府的征地审批权;在征地补偿标准上,大幅度上调了各项补偿安置标准;在征地主体上,要求实行政府统一征地,并实行政事分开,不允许用地单位直接与被征地的集体经济组织讨价还价,等等。尽管如此,因征地问题引发的社会矛盾仍然较为突出,倍受社会各界的关注,改革征地制度的呼声一直不断。2004年的中央1号文件则更明确提出,要加快土地征用制度改革。各级政府要切实落实最严格的耕地保护制度,按照保障农民权益、控制征地规模的原则,严格遵守对非农占地的审批权限和审批程序,严格执行土地利用总体规划。要严格区分公益性用地和经营性用地,明确界定政府土地征用权和征用范围。完善土地征用程序和补偿机制,提高补偿标准,改进分配办法,妥善安置失地农民,并为他们提供社会保障。积极探索集体非农建设用地进入市场的途径和办法。2008年10月的十七届三中全会、2013年11月的十八届三中全会,均强调减少地方政府对农村土地的征用,要合理控制征地规模,严格公益性征地范围,同时建立城乡统一的建设用地市场。

二、土地"两权"分离的主要特征

(一)家庭承包责任制实现了农地的"两权"分离

"两权"分离,即农地所有权归集体,农地承包经营权归农户所有,并采取了"保证国家的,留足集体的,剩下全是自己的"的分配政策,由此形成了农户家庭私有财产的积累机制、生产经营的自主决策责任机制和农民个人时间和空间的自由支配机制。

这种"按序逐级"分配政策,具有极强的现实意义:一是对于当时还以农业为主要收入的中央政府来说,具有稳定政权结构的重要作用;二是对于农村社区的管理主体来说,具体延续其农地所有者身份的有益功能;三是对于曾经极度缺乏生产积极性和财产积累机制的农民来说,是一种极大的鼓励。

从长远来看,以家庭承包责任制为基础的农地"两权"分离的尝试,对于后来农地产权的进一步分割具有十分深远的意义。

(二) 农地"两权"分离的主要特征

就其具体内容而言,土地"两权"产权制度的主要特征有以下几点:

一是土地承包经营权的权利定位。土地承包经营权的权利定位经历了从债权到物权的过程。《土地管理法》中即将其作为债权对待,相关司法实践也是将土地承包权纠纷作为债权纠纷处理。2002 年,颁布《农村土地承包法》,以确保农村土地承包关系长期稳定、赋予农民长期而有保障的土地承包经营权为核心,对农村土地承包的期限和方式、土地承包经营权保护和流转、土地承包经营纠纷解决和法律责任等一系列重大问题作出了明确具体的规定,使已经形成的土地承包关系和承包方取得的土地承包经营权进一步制度化、法律化,从使土地承包经营权具有了物权的性质。《农村土地承包法》实际上确立了土地承包经营权的物权性质,但并没有给予直接显示,《物权法》则明确规定土地承包经营权是一种用益物权,一种在他人的土地所有权之上设定的物权,更有利于保护农民的土地权利。

二是稳定农民土地预期。通过不断延长承包期限,稳定农民土地预期。在明确土地承包经营权是一种有期限的物权的基础上,规定了较长的承包期限,稳定承包政策和农民的土地预期。家庭承包制实行之初,很多地方规定承包期限为 5 年,到 1984 年中央 1 号文件明确提出为 15 年,1993 年又从 15 年延长到 30 年。《农村土地承包法》第 20 条和《物权法》第 126 条规定:"耕地的承包期为 30 年,草地的承包期为 30 年至 50 年,林地的承包期为 30 年至 70 年;特殊林木的林地承包期,经国务院林业行政主管部门批准可以延长。" 2008 年 10 月,党的十七届三中全会更是提出,"现有土地承包关系要保持稳定并长久不变"。

三是明确各方权利和义务。《农村土地承包法》之前,地方政府和集体经济组织往往以各种名目干预农户承包经营权，如为推行农业产业化收回农民承包地，"大稳定、小调整"等。《农村土地承包法》和《物权法》则在物权法定原则之下，具体列举了承包方、发包方的权利和义务，严格禁止发包方通过土地承包合同对承包方的法定权利加以剥夺。农户的土地承包经营权在用益物权的体系架构之下，也就具有了对抗土地所有权人——发包方的效力，承包期内，发包方在法定情形之外，"不得收回承包地"和"不得调整承包地"。

四是规定承包经营的实施程序和土地承包经营权的登记效力。《物权法》基于土地承包经营权的特殊性，明确规定："土地承包经营权自土地承包经营权合同生效时设立。""土地承包经营权人将土地承包经营权互换、转让，当事人要求登记的，应当向县级以上地方人民政府申请土地承包经营权变更登记；未经登记，不得对抗善意第三人。"土地承包权经营权自土地承包合同生效之时即设立。对于土地承包经营权的流转，《物权法》规定，土地承包经营权的互换、转让应当进行登记，目的在于将土地承包经营权变动的事实予以公示。不过，《物权法》将是否登记的决定权赋予当事人，"未经登记，不得对抗第三人"。也就是说，不登记不影响土地承包经营权的流转，但将产生不利于受让方的法律后果。

五是明确承包方享有农地农用范围内的土地承包经营权流转的权利。20世纪80年代中期以后的中央历次文件都强调要加强农村土地承包经营权的流转，到中央2001年18号文件，更是明确了农村土地承包经营权的流转要在"自愿、依法、有偿"基础上，由农户自主进行。《农村土地承包法》和《物权法》则在明确土地承包经营权为物权的前提之下，依物权原理明确规定了承包方的流转权。通过家庭承包取得的土地承包经营权可以依法采取转包、出租、互换、转让或者其他方式流转。通过招标、拍卖、公开协商等方式承包农村土地，经依法登记取得土地承包经营权证或者林权证等证书的，其土地承包经营权可以依法采取转让、出租、入股、抵押或者其他方式流转。

三、农民土地承包关系"长久不变"

2008年10月，党的十七届三中全会强调，赋予农民更加充分而有保障的土地承包经营权，现有土地承包关系要保持稳定并长久不变。这不仅蕴含着要通过进一步完善政策和法律，给予农民土地承包经营权更加切实有力的制度保障,而且包含了要通过完善土地承包权能,使土地承包经营权的用益物权性质更加充分、更加彻底,更好地实现农民土地承包权益的政策导向。

这一农地新政策,反映了全党稳定土地承包关系的坚定决心和巩固农村基本经营制度的强烈意志,指明了未来农村土地集体所有制的不变性,从而也间接地阐明了农村土地"姓国"和"姓私"长久以来的学术之争。也就是说,农村土地家庭承包关系的长久不变性,即这种农村基本经营制度的长久固化不变。

第二节　农村土地经营权流转的实践创新

随着城市化、工业化进程的深入推进,以家庭承包经营为基础的农村土地产权制度表现出内在制度桎梏。为满足城市化、工业化发展对土地需要,各地进行了不同程度的农村土地经营权流转制度创新。湄潭模式、嘉兴模式、南海模式、成渝模式,都是农村土地产权综合改革的典型范例,代表了我国农村产权制度流转发展的不同路径,对于国内出现的其他种种模式,尽管被表述的方法各异,基本上均可归属这四种模式之一,或是兼顾两种或两种以上。在集体建设入市的创新实践中,浙江湖州、安徽芜湖、江苏昆山、山东德州等地,进行了积极有效的探索,形成了各具特色的发展模式。

一、农村土地"三权"结构逐渐形成

(一)农村土地"两权"结构逐渐被瓦解

20世纪80年代初确立的家庭承包责任制是在农民自发实践的基础上,由国家自上而下推行的一项农地制度。这项制度适应当时生产力发展要求,极大地促进了农民的生产积极性,改变了农业生产力极度落后的状况,并创造性地实现了农地承包经营权从集体土地所有权中分离出来,形成农地"两权"分离状态,因而成为我国农地制度变革历史上的重要里程碑。

然而,随着国家城市化、工业化进程的深入推进,家庭承包责任制带来的农业生产小规模化和农村劳动力向第二、三产业转移导致的农业经营主体老弱化与副业化,家庭经营已经越来越不适应现代农业市场化和全球化的竞争需要,进而阻碍了农业生产的发展和农民收入的提高。一方面,越来越多的

农村青壮年进入城市从事第二、三产业的劳动，农村的老年人逐渐成为农业经营的主体，其中一部分农户会自发地将农地经营权流转给其他愿意继续经营农地的农户；另一方面，一些专业大户为了进一步扩大农业生产规模，会主动要求从其他散户那里取得更多的农地经营权。因此，在经济比较发达的农村地区，就自发地出现了一些以克服当前农地产权结构缺陷为目的的农地流转模式，例如"两田制"、"反租倒包"、"农地信托"、"土地入股"等。

（二）农村土地"三权"结构形成过程

1. 形成过程

尽管这些自下而上的新模式在实际运作过程中出现了一些问题，也并没有取得具有推广意义的成功经验，但是改革模式也预示了家庭承包责任制下农地产权结构相对不稳定的事实。

农户自发进行各种农地经营权流转实践的结果是，一部分农地承包户不再经营农地，而另一部分专业大户则拥有了远远超过社区成员平均水平的农地经营权，这就在事实上造成了农地承包经营权分离为承包权与经营权，从而实现了农地"两权"分离（所有权和承包经营权）向"三权"分离（所有权、承包权和经营权）的过渡。与此同时，被实践经验不断推动着的一系列农地产权政策调整，正在将我国农地"三权"分离的形态逐步明确化和法制化（钱忠好，2004）。目前我国的相关法律规定，农地制度实行的是"农地归社区'集体'所有，社区的居民按户承包农地，农地的经营权（即使用权）可以自由流转"的产权政策，这是我国农地所有权、承包权和经营权"三权"分离的现状（黄祖辉，2001）。由农户在本社区天然的、固定的成员身份所决定的农地承包权是农地区别于一般物品产权属性的、容易导致其他两种权利进一步模糊化的权利（林毅夫，2001）。

2. 形成内生动力

实践表明，不适应当前社会和经济发展状况的农地产权结构，终究会被新的农地产权创新模式所取代（张红宇，2002）。当前，在农地"三权"分离的基础上，农地经营权由散户向大户的集中流转已经逐渐形成了"集体所有，家庭承包，大户经营"的农地产权结构，由此带来的农业规模生产效率的提高也对早期相对低效率的家庭承包分散经营制度造成了巨大的冲击。

作为规模农地经营权拥有者的生产大户，为了能够进一步降低与农地承包户进行谈判以获取更多农地经营权的成本,会尝试各种新的谈判方式和流转程序(徐汉明,2005),实践过程中就表现为各种农地经营权流转的创新模式。我国农村地区分布的广泛性以及大户对于降低获取农地经营权成本的意愿的绝对性,构成了农地产权结构变迁的内在动力,必然会使得这种创新的力量源源不断地挑战目前存在缺陷的农地产权结构。

二、农村土地产权综合改革的创新实践

在各地实践中,湄潭模式是在早期落后地区,政府主导推动发展起来的;嘉兴模式、南海模式都是在经济发达地区,分属于长三角和珠三角不同的经济发展模式,其中,嘉兴模式是地方政府为解决城市化、工业化中的土地问题主动运用市场推动的;南海模式则是民间为分享土地增值收益运用市场自发进行的;重庆模式、成都模式是国家推进城乡统筹发展的改革实验区,是自上而下推进的,其中,又以成都模式较为完善,得到国家层面的认同,为其他地区纷纷效仿。

(一)"人地分离"的湄潭经验

位于贵州省北部的湄潭县,于 1987 年获批为首批国家级的农村改革试验区,经过了 25 年的改革,湄潭农村改革试验区已经在农地制度改革、集体建设用地制度改革以及土地税费改革等方面作出了自己的贡献。湄潭农村农地流转制度改革的发展历程大致分为三个阶段。

第一阶段(1987—1993):首创"增人不增地,减人不减地"土地承包政策

家庭联产承包责任制农村基本经营制度的建立,大大解放了农村生产力,取得了举世瞩目的成就。但是到了 20 世纪 80 年代中期以后,这场以农地使用权制度为核心的制度改革效应几乎释放完毕,从 1985 年开始,农业经济增长明显放慢。作为首批国家级的农村改革试验区的湄潭,在全国首创了"增人不增地,减人不减地"土地承包政策,农地承包关系不再随家庭人口变化而变化,承包关系仅与特定的农户相连,即"地户一体",成功实现了"人地分离",克服了家庭联产承包责任制固有的弊端。同时,湄潭界定并明确了集体土地产权主体,完善了土地所有者与使用者之间的合约制度。这一阶段的改革促进了土地适度集中和规模开发,遏制了土地的细碎化,杜绝了土地的抛荒现象,不仅提高了土地利用率和产出率,并且对农业新技术的推广利用

和资源要素的优化配置产生了积极影响。就农户承包土地流转而言,1991年,全县有 4429 户发生了土地的互换行为,占总农户的 4.75%;有 5432 户发生了土地的转包行为,占总农户的 5.6%,转包面积 19780 亩,占总面积的4.3%;农户转包荒山 3.2 万亩,入股联营 4.6 万亩[①]。

第二阶段(1994—2008):探索"均衡减负,户户减负"路径

第一阶段的"人地分离"政策,赋予了农户土地长期稳定的土地使用权,提高了土地要素的配置效率。在农村推行税费改革以后,如何进一步完善农地新制度,改革土地制度? 湄潭实施了以探索减轻农民负担、完善基层治理为主要内容的第二轮土地税赋改革。主要做法为:一是推进土地税费制度改革,切实减轻农民负担;二是在农村税费制度改革同时,推进乡村治理机制改革。这一阶段的改革解决了长期存在的"有税无地"等问题,切实减轻了土地税负,促进了农村发展、农民增收,土地对农民的财产效应逐步显现。

第三阶段(2009—2011):推动"确权赋能,城乡协同"发展

随着"三化"同步[②]的推进,城市发展受土地制约与农村建设用地低效利用之间形成的尖锐矛盾,城市发展空间与设施扩张受限,而农民土地资产价值难以有效实现。基于现实的需要,湄潭开始探索"推进土地要素自由流动,实现同地同权同价"的第三轮改革之路。湄潭以农地、宅基地和村集体建设用地流转改革为切入点,以确立土地财产权和实现农民土地资产价值为核心,健全土地产权制度,完善土地流转机制,推进城乡统筹发展。具体做法为:一是实行全覆盖的"确权赋能",对农村各种土地产权实行全面确权,并还权于农;二是创新土地流转机制,完善农地流转管理制度;三是构建土地权益流转平台;四是加强相关制度的配套改革。改革取得了积极的成效,提高了土地的利用效率和农业的规模化、产业化水平,增加了农民的土地收益,优化了农村产业结构。截至 2011 年年底,湄潭县已累计流转土地 14.6 万余亩,三次产业的结构趋向合理,从 2009 年的 31.4∶24∶44.6 调整到 2011 年的26.7∶26.2∶47.1。

---

① 资料来源:中共贵州省委政策研究室、中共贵州省湄潭县委员会编、中国农村改革湄潭试验区,土地制度建设试验制 1997 P172。

② 中国共产党在十七届五中全会审时度势,高瞻远瞩,提出而"三化"同步发展的重大战略决策,即"在工业化、城镇化深入发展中同步推进农业现代化"的重大战略要求和历史任务。

从湄潭经验中可以得到启示,农地改革不仅应明确重点,而且应坚持连续性和持续性;必须坚持以人为本,这是各项改革的基本出发点;处理好效率与公平关系,是改革成功与否的关键;建设公共服务型基层组织,是改革效能提高的基础;农地制度改革需要与其他相关制度改革相配套。湄潭的"人地分离"承包地政策在全国被推广①,"稳土地控生育"制度革新被写进了贵州省委的会议决议②,建立了流转程序规范化、资源配置市场化、土地权能资本化的"三化"的农地产权制度改革路径③。

(二)"两分两换"的嘉兴经验

对于东部发达地区而言,国家严格的耕地保护政策无疑掐住了快速增长的经济命脉。因此,努力争取新增建设用地占用指标成为东部地区的核心任务。依据国际发展经验,在城市化、工业化的迅速推进中,大量农村人口转移到城市,土地集约利用。城乡居民居住用地将呈现下降的趋势。然而,诚如前文所述,我国农村劳动力流转并非二元理论中的那样,而是不彻底地流转。我国真实情景是:城市建设加速,农村房屋依旧。就是说,宅基地没有退出机制,而且极为粗放。

为解决城市化、工业化进程中的土地资源短缺和闲置并行的悖论,嘉兴市从1993年开始率先推出了"以土地换社会保障"的补偿方式,尤其是2008获批省统筹城乡综合配套改革试验区以来,开展"以宅基地与承包地分开、搬迁与土地流转分开,以宅基地置换城镇房产、以土地承包经营权置换社会保障"为主要内容的"两分两换"改革试点,为农地流转问题作出了有益的尝试,探索了一条行之有效的实现城乡一体化之路。2010年,全市范围的"两分两换"改革全面开展。总体思路是:通过宅基地与承包地分开,搬迁与土地流转分开,在遵循依法、自愿、有偿的原则下,以宅基地置换城镇房产,以土地承包经营权置换社会保障,实现土地节约集约有增量、农民安居乐业有保障的目

---

① 中发〔1993〕11号文件《关于当前农业和农村经济发展若干政策措施》中,予以提倡。

② 中共贵州省委六届三次、六届六次、八届二次全会,充分肯定了湄潭试验区的主要经验,并将其中的试验试点成果提炼成省委的决策写进了会议决议。

③ 湄潭的农村土地产权制度改革"三化"路径,在新农村建设方面起到积极的示范探路作用,得到中共中央政治局委员、中央书记处书记、中宣部部长刘云山的高度肯定,认为"湄潭是新农村建设示范点中最过硬的"。

标。主要做法是：一是确定以成立投资公司为模式的实施主体。市政府支持试点镇政府出资成立投资公司，并由其为实施主体，推动改革。二是农民自主地选择"两分两换"的具体办法。三是投资公司复耕置换后的宅基地。完成上述步骤后，投资公司复耕被置换的宅基地，对于节约出来的耕地，投资公司可以换取建设用地指标，但要以相同或略有折扣的比例取得；作为政府代言人，投资公司对置换的承包地实施统一对外招商。

为鼓励耕地大规模、长期限流转，对土地流转规模较大和期限较长的经营主体、新建土地合作社和土地流转服务组织等，市城府给予资金补助和政策优惠（见表 4.1）。同时，为解决农民的后顾之忧，确保土地流转顺利进行，市政府相继出台了一系列的保障制度及扶持政策，实施完善的配套制度改革。

表 4.1　嘉兴市鼓励耕地流转优惠政策

类型	补助对象	补助/优惠标准
1	集中流转 100 亩以上、5 年以上期限的经营主体	镇、村各 100 元/亩；经营主体获得 5% 的设施农用地
2	集中流转 300 亩以上、10 年以上期限的经营主体	经营主体获得 100 元/亩
3	集中流转 100 亩以上、有 50% 以上的土地用于发展粮食生产的经营主体	经营主体获得 100 元/亩
4	新建且入股面积 300 亩以上的土地股份合作社；年新增土地流转面积 500 亩以上的土地流转服务组织	3 万元/家

嘉兴"两分两换"的实践创新区别于其他地区的政府推动模式，是以市场运作为主要推动，不仅组建了投资建设开发主体，而且农村耕地承包经营权流转平台建设也得到了加强；不仅促进了土地流转，而且有效地控制与降低了政策创新的风险。同时，嘉兴建立了从社会保障到农村金融创新服务的综合配套大系统工程改革，奠定了改革试点的基础。改革试点实现了多重目标，即农村整体布局全面优化，新农村建设路子得到拓展；土地节约集约效果明显，工业化和城市化发展空间增大；农民财产性收入切实增加，公共服务均等化显现；土地规模经营收益增加；新农村建设内涵进一步拓展，建设层次全面提升。

但是，随着改革向纵深发展，嘉兴"两分两换"改革试点也面临着较大的困难,也存在着一些问题需要加以改进。如嘉兴户籍制度改革消除了身份启示,其"有地居民"和"无地居民"的人口状况与省级层面以上的农业户口和非农业户口划分产生混乱,管理难度较大。突出问题是农民被迫放弃承包地和宅基地,才能换来新建住房、城镇化社保等的法律依据;其次,在"两分两换"推进的过程中,农民上访时常发生,甚至干群矛盾尖锐;另外,改革需要巨大的财力支撑。

(三)"地票交易"的重庆经验

作为西部中心城市,中央第四个直辖市,重庆市集大城市、大农村、大库区、大山区和民族地区于一体。在工业化、城市化快速推进中,所面临的挑战比其他地区更加严峻。为解决西南地区的城乡二元结构矛盾、城乡收入差距等突出问题,为全国探索出一条新型城市化道路,国务院于 2007 年 5 月批准了重庆、成都为国家统筹城乡综合配套改革试验区。

随后,重庆设立了首家农地交易所,探索建立健全土地承包经营权流转和城乡统一的土地交易市场。2008 年 12 月 4 日,应市政府的有关文件精神①,重庆农地交易所挂牌成立,推出了"地票"交易制度。"地票"交易属于指标交易方式,本质是一种标准化了的可交易凭证,通过交易购得的"地票"可以纳入新增建设用地计划,增加等量城镇建设用地,使得增减挂钩指标超出了县级行政区域范围,能够在全市范围内进行建设用地复垦指标的市场配置。

"地票"交易的全过程分为规划、复垦、验收、交易和使用等几个环节(见图 4.1)。首先,编制城乡建设用地挂钩专项规划,确定挂钩的规模和布局,可复垦土地的类型和范围;其次,农村集体经济组织、农民家庭及拥有土地权属的其他组织等土地权利人,向区、县国土资源行政主管部门提出土地复垦立项申请,获准批准后,土地权利人对可复垦土地进行专业复垦,变为耕地;再次,土地权利人向土地管理部门申请验收,通过验收后,主管部门申请确认并核发城乡建设用地挂钩指标凭证;第四,"地票"通过农地交易所面向社会公开交易;第五,购得"地票"的单位在城市规划区内选定待开发的土地,取得国有建设用地使用权。

为尊重农户意愿和保护农户土地利益,重庆改革了两道限制"地票"交易

---

① 《重庆农村土地交易所管理暂行办法》(渝府发〔2008〕127 号)

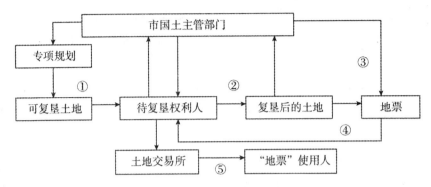

图 4.1　重庆"地票"交易过程

门槛：一是保证多部分成员同意才能进行申请耕地复垦，以防止农户集体经济受损；二是规定了申请者资格，即只有拥有稳定工作或稳定生活来源的居所者才能申请耕地复垦。在"地票"的收益分配方式方面，重庆依据具体情况，对不同类型土地制定了分类规定。另外，为了有效推行"地票"交易制度，重庆推行了一系列相关的配套制度。一是户籍制度改革[①]，扎实推进城市化、工业化和城乡统筹一体化发展并取得重大突破。二是公租房制度改革[②]，构建市场供给与政府保障并举的"双轨制"住房体系，形成"低端有保障、中端有市场、高端有约束"的公租房制度体系。

　　通过上述改革及配套制度建设，重庆"地票"交易制度取得了显著的成效。一是有效防止了现有征地模式的弊端，更好地保护了耕地和农民的土地利益；二是提升了偏远农村的土地价值，增加了农民收入；三是初步建成了城乡统一的土地要素市场，为"地票"交易走向全国进行了有益探索；四是探索了农民退出集体土地的有效途径，不仅显示了农地价值，也提高了农民进城生活和发展能力；五是通过市场机制优化了农地和建设用地的空间布局。重庆"地票"交易的参与主体还是以政府为背景的各类融资机构，"地票"产生过

　　①　《重庆市人民政府办公厅转发市公安局关于加快我市城镇化进程进一步深化户籍制度改革的意见的通知》(渝办发〔2003〕129 号)、《重庆市人民政府办公厅转发市公安局关于解决进城农民工户籍问题意见的通知》(渝办发〔2006〕171 号)、《重庆市人民政府关于统筹城乡户籍制度改革的意见》(渝府发〔2010〕78 号)、《重庆市统筹城乡户籍制度改革农村居民转户实施办法》(渝府发〔2010〕204 号)、《重庆市人民政府办公厅关于印发重庆市统筹城乡户籍制度改革社会保障实施办法(试行)的通知》(渝办发〔2010〕202 号)

　　②　《重庆市公共租赁住房管理暂行办法》及《实施细则》(渝府发〔2010〕61 号)

程和清算程序与土地征收行为界限模糊，尤其是"落地"时，不是与土地权利人自由谈判的，仅仅是为绕过现行体制对地方政府征收行为的约束。另外，区、镇政府在"地票"交易中，既是裁判员也是运动员，不仅是政策制定者和管理监督者，也是复垦投资主体和参与收益的利益主体，在区、镇政府如此深入参与"地票"交易分配的情况下，很难做到充分尊重农民意愿。

尽管如此，重庆"地票"交易制度毕竟是与市场经济制度相适应的解决现实问题的新举措，无论是"地票"产生的理论依据，还是实现的可行路径，都称得上新时期我国土地制度的智慧创新。随着改革制度的不断完善，重庆经验代表了一种新模式，具有较强的推广价值和借鉴意义。

三、农村集体建设用地入市的实践探索

据统计，中国集体建设用地总量 1700 万公顷，相当于全部城市建设用地700 万公顷的 2.5 倍。农村集体建设用地流转早已自发存在。自 1999 年开始，国家在江苏、广东、浙江、海南等地进行试点，探讨集体建设用地进入市场的必然性、形式以及面临的问题，在数量、规模及地区覆盖面上有不断扩大之势。总结各地经验，可概括为：中国农地制度改革的方向是放松政府管制，发展土地市场和土地交易。即在坚持土地的集体所有制和全民所有制的前提下，打破对农地转用的国家垄断，改变政府对集体土地的用途管制，发展集体建设用地的流转和交易。

（一）浙江湖州：规范存量集体建设用地的流转

浙江省湖州市试点是从解决乡镇企业土地资产处置为出发点的。该市到 1997 年年底，乡镇企业已占全市工业经济的 80% 以上，随着乡镇企业改制，土地使用权的处置成为焦点。湖州市的做法包括以下方面。

（1）乡镇企业无论以何种方式转制，改制前应具有合法的土地使用权，不具备的，须依法补办用地手续，并取得土地使用证书。

（2）乡镇企业在进行资产评估时应同时包括土地资产评估。

（3）企业改制方式不同，办理用地手续的原则也不同：① 企业整体转让或部分不动产转让时土地使用权随之转让的，由受让者依法办理土地征用、出让手续，补交土地出让金和造地专项基金等国家税费；改制企业以出让方式取得的土地可以转让、出租和抵押。② 集体土地所有者作为出租人将土地

使用权随同地上建筑物、其他附着物租赁给改制企业的，集体所有权性质不变，土管部门向出租方颁发《集体土地租赁许可证》，承租企业向出租方支付租金。租赁取得的土地使用权不得擅自转让、转租和抵押。③ 乡（镇）、村以土地使用权作价入股，集体土地性质不变，乡（镇）资产经营公司或村经济合作社收取每年红利。作价入股的土地使用权可以抵押。④ 以划拨方式取得国有土地使用权的乡（镇）、村集体企业改制时，由乡（镇）资产经营公司或村经济合作社补办出让手续、补交出让金后，可以转让、出租给改制企业，补交的出让金要返回乡镇80％。

接着，湖州市又将这一探索延伸到集体存量建设用地的流转，即保留集体土地所有权不变，允许集体土地在符合如下原则时进行流转：① 已经依法取得的镇、村集体非农建设用地使用权（即办理过使用手续的）。② 符合土地利用总体规划、村镇建设规划和相关流转条件的（一般村镇规划区内的流转，原则上征为国有；规划区外的，实行集体土地内部流转）。③ 流转形式包括转（含作价入股或出资）、出租、抵押土地使用权。④ 土地收益分配，谁所有谁收益，土管部门按土地流转收益金额收取5％的手续费。并规定了流转适用的范围，一是工业园区，目的是为了降低工业用地的成本；另一类是城市重大基础设施，由于投资金额过大，允许在规划区外只使用不征用。

但湖州方案对建城区和规划区范围的建设用地不搞流转和转权返利，严禁集体土地搞商贸和房地产开发。

（二）安徽芜湖：为国土部改革做政策和法律储备

安徽省芜湖市是第一个经过国土资源部批准，并在其直接领导下进行集体建设用地流转试点的。2000年2月18日国土部对芜湖试点方案的复函（国土资函〔2000〕170号文）中，就芜湖试点的重要性作出过如下表述："芜湖市农民集体所有建设用地使用权流转试点是国土资源部批准的第一个农民集体所有建设用地使用权流转的试点，试点的成功与否直接关系到我国农民集体所有建设用地制度的改革。""通过农村集体所有建设用地流转的试点，探索在社会主义市场经济和贯彻新《土地管理法》确立的各项制度的条件下，农民集体所有建设用地流转的条件和形式，管理方式和程序，以及土地收益分配制度等，从而建立起农民集体所有建设用地流转的运行机制和管理模式。"

芜湖方案主要内容可归纳如下：

（1）乡（镇）村办企业、公共设施、公益事业、个体工商户、私营或者联户办企业以及农村村民建住宅等可使用集体建设用地。农民集体所有建设用地的取得可以不改变集体所有权性质，只需符合土地利用总体规划、城镇（集镇）建设规划和土地利用年度计划。

（2）集体建设用地由乡镇人民政府统一开发，采用招标、拍卖等市场方式提供土地使用权。

（3）集镇根据土地利用总体规划、城镇体系规划及国民经济和社会发展规划编制建设规划。并根据这一规划向县政府申报下一年度土地利用年度计划建议，并报市人民政府土地行政主管部门。试点乡镇土地利用年度计划由市人民政府实行计划单列。

（4）集镇建设使用农村集体经济组织所有土地，在涉及占用农用地时，须按规定办理农用地转用手续。

（5）农民集体建设用地经批准可以采用转让、租赁、作价入股、联营联建、抵押等多种形式进行流转；在流转时，要征得土地所有者同意，并由土地所有者与使用者签订书面协议。

（6）农民集体所有建设用地使用权流转分首次流转和再次流转。如发生首次流转，土地所有者和流转双方须持土地所有权和土地使用权证、同意流转协议、土地流转合同、地上建筑物证明等文件，向当地市、县人民政府土地行政主管部门提出书面申请，经批准后，方可领取农民集体所有建设用地使用权流转许可证，办理土地登记。如发生再次流转，流转双方须持土地使用权证、前次流转合同、本次流转合同、地上建筑物证明等文件，向市、县人民政府土地主管部门申请办理土地变更登记或租赁、抵押登记手续。

（7）农民集体所有建设用地的土地收益，要在土地所有权人与市、县、镇人民政府之间分配。农民集体所有建设用地使用权发生流转时，土地使用者须向市、县人民政府缴纳一定比例的土地流转收益。首次流转时，应当按照有关规定和流转合同的约定，如期向市、县人民政府缴纳土地流转收益。再次流转的，则要参照国有土地增值税征收标准缴纳土地增值收益。

（8）允许分属不同农村集体经济组织的农用地和建设用地进行置换，促进建设用地向小城镇集中。

在确立上述基本原则后,芜湖市又制定了《农民集体所有建设用地使用权流转实施细则》,对农民集体所有建设用地流转进行了细化和延伸:

(1)集镇建设依法使用农民集体所有的土地,按农用地的土地使用权基准地价,对农用地的承包经营者和建设用地的土地使用者进行补偿。

(2)农民集体所有建设用地流转的程序为:如发生首次流转,第一步,土地所有者与流转方签订同意流转协议;第二步,流转双方签订流转合同;第三步,土地所有者和流转双方向土地所在地市、县人民政府土地行政主管部门提出书面申请,并填写《流转申请表》;第四步,市、县土地行政主管部门对申请进行审核,填写《流转呈批表》报市、县人民政府批准,颁发《流转许可证》;第五步,流转双方按合同约定支付转让费等有关费用,办理土地登记。如发生再次流转,流转双方直接向土地所在地市、县人民政府土地行政主管部门申请办理土地变更登记或租赁、抵押登记手续。

(3)农民集体所有建设用地使用权流转的土地可用于:居住用地(70年),商业、旅游、娱乐用地(40年),工业、教育、科技、文化、卫生、体育、综合或者其他用地(50年)。

(4)农民集体所有建设用地使用权流转时,土地使用者向市、县人民政府缴纳的土地流转收益标准为:鸠江区大桥镇、马塘区鲁港镇3元/平方米;芜湖县清水镇、繁昌县三山镇2元/平方米;南陵县三里镇1元/平方米。农民集体所有建设用地再次流转产生的增值收益,在减除前次流转所支付的金额、开发土地的成本费用、新建房及配套设施的成本费用后按一定比例进行分配。土地流转收益和土地增值收益,按土地所有者、镇、县(区)、市各2∶5∶2∶1分配。

(三) 江苏昆山: 富民土地合作社

在中国的经济奇迹中,昆山的崛起无疑让人拍案称奇。1992年以前,昆山基本上是个农业县。从1992年开始,随着一个个台商在这里开厂创业,这块仅77平方公里的版图上就吸引了448家外商和台资企业,给这个县级市创造了2053亿元的财富。在昆山的发展中,土地的作用功不可没,这是人所共知的事实,即土地的招商引资,成为大批台资和外资企业选择这个比上海和周边县市硬环境相差很远的县落户的秘密。昆山以土地富县、强县的优势,通过富民土地合作社实现了农民分享到发展好处的有效途径。

　　昆山的办法是,靠激活集体土地流转,让农民以地生财,以地致富。首先,盘活集体存量建设用地。1998 年,由于建设用地审批仍处于冻结,而正处于腾飞的昆山又急需土地,当地国土部门便将目光盯在了存量建设用地上,出台了《关于集体存量建设用地流转管理的意见》,全市先后盘活内资企业存量土地 200 余宗,面积 5583.9 亩,盘活土地资产 6.4 亿元,农民的就业也有了出路。在昆山开发区 8 万多亩工商用地当中,未经国家征地、由农户转让使用权的土地约 2 万亩。2001 年 1 至 3 月,全市共办理集体土地转让 32 宗,348.5 亩,出租 4 宗,17.3 亩,合同转让金 2715 万元,土地年租金 12 万元,用地量和合同转让金同比增长 177.7% 和 140% 。

　　另一个问题是,在土地大幅度增值现实下当地农民如何分享土地利益。随着台资和外商到昆山开发区买地建厂,土地越来越值钱。种稻谷油菜,一亩地一年仅 800 来元,而政府从农民手中征地后再转租给外商,一亩地的年租金就有 6000 多元,如果是出让,一亩地则达到 20 多万元。可是土地收益的上涨跟农民没有任何关系,他们仅仅得到微薄的一点补偿,最多也就 2 万多元。昆山市陆家镇车塘村是比邻昆山经济技术开发区的一个村子,该村农民集体就面临以上的尴尬局面。1996 年年底,有一个台商找到村书记沈慰良先是要求“买地”后提议由村盖标准厂房出租给他,但都遭到村书记的回绝。但是,在接下来的两年间,不断有台商拿着现金上门来谈,要求买地或者租厂房。这期间附近已出现有的村子冒险将集体土地私下出租出去的情形。这时车塘村的村民也给书记施加了很大压力。在诱惑和压力面前,村干部决定冒险一试。他们也仿效地方政府的做法,为了获取建设用地指标,通过买土填平村头村尾的烂泥塘、沟渠,仅在 1997 年,该村就通过这种方式“复垦”出 40 亩土地,这样,他们就按政策得到了 40 亩的建设用地指标。如何将这好不容易得来的建设用地指标用出效益来呢? 租地给这些台商,钱当然来得快,但租金毕竟比较少;盖厂房,村里又一下子拿不出那么多钱。1999 年,村民陈振球找到了一条路子,他提出向村里租一亩地,联合村民投资建厂房出租,得到了村委会的首肯,于是,他联合 4 户村民,出资 15 万元,建造了一个 432 平方米的标准厂房。厂房出租后的第一年,他们就获得了 12% 的投资回报。这种方式迅速为其他村民所仿效。到 2001 年 12 月,车塘村共成立了 9 个投资协会,总计投资 679 万元,参加投资协会的农户总数为 105 户,接近总户数的 1/5。

除了 15 栋标准厂房，协会兴建的项目中，包括 2 座打工楼（宿舍楼）、1 座农贸市场和 66 间店面。昆山市委把车塘村的做法称为"农村专业股份合作制"，并作为该市的一个试点。后来，昆山市委在出台的一个富民政策 28 条文件中，明确提出：发展农村专业股份合作制经济，是富民的主要手段之一。到 2002 年，昆山市已经有 1600 余户村民自发加入各种以土地收益为目的的合作社，投资总额已经超过了 6000 万元。

（四）山东德州：开发区的综合财产性补偿模式

在城市化进程中，对农民宅基地权利的处置是集体建设用地市场发展中极为关键的一环，山东德州开发区的综合财产性补偿模式的经验值得重视。该开发区 1992 年设立，1998 年进入成长期，大量企业开始入驻，开发面积从启动时的 1 平方公里扩大到 23 平方公里。到 2006 年，共征地 1.9 万亩。德州开发区采取了货币补偿和留地补偿相结合的物业补偿方式。

具体做法是，首先按照基本生活保障标准 5000 元/人/年、人口基数、预期租金水平和建筑容积率，反推出给集体留用的建设用地面积。村集体在取得留用土地后，先不进行土地变性，仍保持农村集体建设用地性质，让村集体先建物业，然后再办转地手续。在实施货币补偿和留地补偿的同时，德州开发区又把征地补偿与旧村改造恰当结合起来。对旧村改造中征收的集体所有的宅基地，按一定比例返还经营性商品房进行补偿，即"每占一亩耕地补偿村集体 100 平方米经营性用房，每占用一亩村庄占地补偿村集体 25 平方米经营性用房"。这些经营性用房由负责旧村改造的政策性开建公司建设，并由政府协调，把一些最具市场价值的所谓"金角银边"的经营性用房让给村集体。目前，区内各村集体已经投资 3.53 亿元，建成物业面积达 61.44 万平方米。

这样，德州开发区就走出了一条"把土地补偿金变成不动产，依靠不动产收益安民富民"的集体经济发展模式。在旧村改造中，德州开发区采取了"动迁上楼"的方式，即先建新社区，安置农民上楼，再拆除村民原来的宅院式住房，对原村落实行整体改造，统一搬迁。其具体做法不仅符合国家政策规定，完成了土地变性、收储、招标出让等规定程序，而且把土地增值收益通过新房价格优惠让予农民。

（五）北京城郊：农民集体土地上的自主城镇化①

在城镇化进程中，城乡接合部的土地大部分被征为国有，原来的集体产业用地、农民宅基地继续保留为集体所有，成为目前城镇集体建设用地的主要来源。北京城乡接合部的农民，利用农村集体土地自主参与城镇化，逐渐形成有别于政府主导的征地城镇化的另一条路径。不仅真正做到"失地不失业"，有产业支撑，建立起农民收入提高和权益保护的长效机制；而且农民利用集体土地的自主城镇化，可以大大降低城镇化成本。

（1）郑各庄村。村庄面积4432亩，村庄土地全部保留为集体用地。其中，村民宅地1050亩，商住494亩，农（林）地75亩，工业用地390亩，教育用地681亩，公共管理与商业服务用地831亩，道路用地680亩，水系231亩。本村村民共1502人（其中农民1106人），非本村户籍的外来人口约4万余人。截至2012年，村庄在集体土地上兴办了96家企业，可以提供约1.3万个就业岗位。2012年，在4432亩的土地上创产值95亿元，亩均产值214.35万元，亩均创税5.87万元。

集体资产分红收益和土地、房屋租金收益成为村民收入最重要的来源。郑各庄集体资产有60亿元，2012年自营收入38亿元，可支配利润4.5亿元，上缴税金2.6亿元。村民人均纯收入59800元。其中，劳动报酬15327元，占25.6%；福利7613元，占12.7%；土地租金收益3116元，占5.2%；股东收益21173元，占35.4%；个人房屋租金收益12258元，占20.5%。

（2）高碑店村。高碑店地处东长安街延长线上，辖区面积2.7平方公里，现有户籍人口6600人（其中农民768人），流动人口8500人。2002年时，由于国家重点工程及城市绿化征地，原有2300亩耕地的高碑店村，变成了一个农村无农业、农民无耕地、农转工无工作的"三无村"，仅剩下655亩农民宅基地和80亩产业用地。

高碑店村在仅有的80亩集体产业用地上"做文章"。通过引进古典家具企业，确立以文化产业为主体的发展思路。集体租赁土地和厂房收入增长很快，从2010年的2579万元提高到2012年的3518万元。2009年，高碑店村

---

① 资料来源：中国经济时报. http://exchange.jr18.com/show-203890-1.html 2014-01-06 09:41:33

对农民宅基地进行自主改造。改造后的农房底商出租率达到 95％。村民房屋租赁收入由原来每户每年平均 2000 元,提升到每户每年平均 10 万元。

（3）草场地村。草场地位于朝阳区崔各庄乡南部,地处机场辅路与五环交汇处。本村户籍人口 1100 人（其中,农民 500 人,居民 600 人）,流动人口 3 万人。全村占地面积 1000 多亩,200 亩为宅基地,800 亩为村集体用地,540 亩已出租给企业,保留 100 亩耕地和 60 亩绿地。

草场地利用集体土地吸引了上百家企业,10％的企业从事制造业,其余 90％从事文化创意产业,成为国内外闻名的国际艺术村。流动人口以从事艺术工作的白领为主,房租收入成为村民收入的主要来源。村内现有民宅 295 户,建筑面积 22 万多平方米,年租金收入 9636 万元,人均年房租收入约 9 万元,亩均年租金收益 48 万元。

北京城郊农民集体土地自主城镇化的做法,可以概括为：一是"规划先行",保证村庄自主有序开发;二是利用集体土地的灵活性,促进产业发展与转型升级;三是通过产权制度改革保障农民利益和企业发展;四是村集体成为自主城市化中基础设施的主要提供者。这一套成熟的做法,可以为其他地区效仿。

第三节　农村土地经营权流转的制度困境

相对于城乡统筹发展对土地产权制度改革的要求,我国现行的土地制度存在诸多问题,地方的创新实践虽然取得一定的效果,但还面临不合法律等深层次问题,普适性环境尚不成熟。现深入分析新形势下我国土地制度存在的突出问题,揭示问题背后的深层次原因,为构建农村土地产权新形态作必要的理论和实践储备。

一、农村土地产权流转内在的制度缺陷

我国土地产权制度与西方国家不同,西方国家多采用私有产权形式,而我国自新中国成立以来,土地资源一直被归入公有产权形式,虽然进行了一定的改革,经历了几个不同的变迁历程,但是所有权始终是公有属性。在这种公有制产权安排下,出现了城乡彼此隔绝的"二元"土地产权制度,形成了

一套具有计划经济特征的中国式城市化土地利用模式,即政府高度依赖于"征地—卖地"模式获取城市化的巨额资本(周其仁,2010)。在市场配置资源为主导的今天,这种土地产权制度安排必然受到市场经济转型的强烈影响(吴次芳、谭荣、靳相木,2010)。

(一)农地产权制度存在缺陷,是不完整的产权制度安排

现行农地制度存在产权残缺,土地产权所有者主体缺位或虚化,城乡土地产权不对等,农民土地权利缺乏实现途径和保护机制等问题。在农民集体土地权并不具备与国有土地同等转让权的歧视性制度安排下,这些难题无法得到彻底解决。因此,在城镇化发展进入城乡统筹新阶段后,为了进一步增强城镇化平稳较快发展的农村推力,创新农地产权制度成为亟待解决的头等问题。

农户承包土地的产权不清,导致承包土地的相关权利不明确,缺乏必要的制度保护,影响了农地的有效流转。主要表现为:一是产权主体不明。众所周知,我国农地是集体所有,成员承包经营。但是对"集体"的具体指向是不明确的,可以是集体经济组织,也可是村组委员会或其代表。现实中,村干部往往充当了所有人的角色,演变成事实上的村领导所有制,各种违背农民利益的土地事件由此产生。二是地权关系不清。在这个问题表现在《宪法》与《土地管理法》城市建设需要征地和公共利益征地的矛盾,也表现为承包期限的滞后,《农地承包法》中的承包期,依然是 30 年或 50 年,尚未落实长久不变的新土地政策。三是农户承包土地的使用权具有非排他性特征,对农地承包人缺乏基本的制度保护。

(二)农地市场制度存在缺陷,缺乏农地流转的必要市场条件

在快速推进工业化、城镇化的过程中,一方面城市用地日益紧张,另一方面农地因劳动力流转等原因低效率利用,甚至撂荒等现象严重,农地价值缺乏实现的市场条件。依靠传统的征地方式,不仅难以满足城市需要,也面临耕地保护和农民利益侵害等难题而无法延续。另外,农户抵抗市场风险和自然风险的能力较弱,农地功能难以支撑。由于家庭承包经营导致的农地"细碎",使农户很难进行适度规模经营、专业分工,只能以传统的方式耕种,抗市场风险和自然风险的能力较弱,农地也愈加难以承担土地生产功能、保障功能和财产性功能。

探索新的土地流转实现形式，是解决上述难题的关键。资源配置历来是通过市场手段和行政手段来实现。在现在行政手段难以为继的情况，只能依赖市场配置。但是，我国不仅缺乏建设用地市场，农地承包经营权流转市场也比较滞后。因此，构建城乡统一的土地市场是亟待解决的重大问题。

（三）土地利用规划制度缺陷，土地利用混乱成为常态

虽然我国 2008 年颁布了《城乡规划法》，但该法关注的重点是城镇的空间发展规模、城镇规模边界等方面的内容，缺乏对农地合理利用的长期规划，土地利用混乱成为常态，这种土地纠纷接连不断。

农地利用规划的缺失，不仅造成土地利用的任意性、土地利用混乱等，也给耕地保护造成了不利影响。虽然国家强调了耕地保护的重要性，但如何在保护耕地的同时平衡农民利益，如何补偿农民承担耕地保护而丧失的土地发展权益？同时，一些地方在进行"占补平衡"的试点中，虽然耕地数量得以保障，但耕地质量无从谈起，任意置换现象严重。这些问题很难在现行的《城乡规划法》中找到解决的办法。

二、农村土地内在制度缺陷的不利影响

邓小平曾指出两个"飞跃"的思想[①]，但是，由于当前农地面临产权制度、农地市场制度、土地利用规划制度等缺陷，无法完成这两个飞跃。

（一）财产权益缺乏保障，人口难以从农村转移到城市

依据二元经济理论，城乡二元结构转换的条件使人口从传统农业部门向现代非农业部门转换，农业人口实质性在减少，只有当农业劳动边际生产率真正得以提高，农业劳动边际生产率提高到与城市工业劳动边际生产率相等时，农村劳动力才不再向城市转移，此时将达到城乡一体化发展，从而城乡二元结构消失。

然而，中国农村劳动力转移并不是真正意义上的二元经济理论中描述的情形。中国农村劳动力转移的最大特征是季节性、盲目性和不稳定性，其称呼不是产业工人，而依然是农民工，身份依然是农民，不是城市市民。这种农

---

① 中国农业改革和发展的历史进程需要经过两个飞跃：一是实行家庭联产承包责任制，二是实现农业规模经营.《邓小平文选》第三卷. 北京：人民出版社，1993：355

村人口转移的背后重要原因之一在于土地财产权益不仅缺失,而且缺乏制度保障。由于农民转移城市后,一方面享受不到在城市工作应有的各项权益,另一方面在农村的权益牢牢地与土地利益相关联。土地财政权益的取得是以成员权为前提,一旦转移出去的人口不再是农村人口,就失去了土地权益。因而,土地财产权益保护的缺乏,使农民工无法真正地融入城镇,农村人口无法真正地减少。

只有切实保障农民土地的财权权利,才会实质性地转移农民,减少农民,让越来越多的农民融入城市,才能让那些留下的农民更快地富裕起来,才能实现农村现代化,最终消除二元社会结构。

(二) 城乡统一市场缺失,土地难以实现一体化的配置

资源在城乡间自由流动是城乡统筹的关键,而土地要素的自由流动则是关键之关键。然而,我国城乡土地市场是完全隔绝的,土地要素难以实现城乡一体化优化配置。因此,党的十七届三中全会明确指出,构建城乡统一的土地交易市场是农地产权制度改革的主要方向。

现行土地制度下,城乡用地转化的唯一合法途径是国家对农地的征用,而且是单行的征用。就是说,我国城乡统一的土地市场根本不存在,土地城乡间转化的是政府行政行为。如前文所述,征地制度已无法满足当前土地市场的需要,也是有悖于城乡统筹发展基本要求的。各地农地制度改革的共同特征就是将农地,尤其是农村非农建设用地直接或间接地入市,实现城市用地的多元化。

因此,构建城市统一的土地市场条件已经成熟,各地改革试点也积累了丰富的经验,创造了多种有效的实现形式。应尽快从法律制度层面构建城乡统一的土地市场,实现"同地同价同权",土地市场化配置,促进城乡统筹发展。

(三) 土地多种功能融合,农业难以实现规模化现代化

如前文所述,中国农村劳动力转移并不是真正意义上的二元经济理论中描述的情形。这与我国的土地功能密切相关。我国农地不仅仅是农业生产的要素,更多地承担着保障性功能、福利功能、社会稳定功能等,是多种功能合一的。

由于户籍制度的限制,农民仍然依靠农地作为最后的生活和养老保障,土地保障功能的存在使农地无法实现大规模地流转。城乡统筹改革以来，各种利于"三农"的政策得以实施，尤其是福利性和社保性的各种政策倾向，都是基于成员权为前提。因此，土地融多种功能于一身，缺乏农民承包经营权的退出机制，农民不愿放弃土地，加之农地流转收益不高，农民流转农地的积极性不高，农民甚至撂荒，农业生产适度规模难以实现，农业生产效率难以提高，严重影响了农业现代化进程，进而影响了农业生产剩余，农业剩余劳动力依然大量留在农村。

因此，土地多种功能难以剥离，农业生产性功能难以实现，就决定了农业生产适度规模化、现代化难以实现，影响了新型工农城乡关系的形成。

三、走出农村土地产权制度困境的思路

（一）家庭联产承包经营制度的本质

我国农地制度历史变迁表明，在尊重农民自主选择的基础上，尽管集体统一经营的功能实质并未发挥，但依然强调集体经营的作用，在家庭承包经营基础上套上集体经营的"帽子"，即统分结合的家庭联产承包责任制[①]。因此，家庭联产承包经营制度是在维持土地集体所有的前提下，仅就土地的具体经营形式作了改革，不是为适应市场经济要求，更不是出于消除城乡二元社会结构的目的。

家庭联产承包经营制度并没有触及农地产权制度的本质，即土地权属关系的界定，对原有土地制度运行格局变动不大，在很大程度上依然存在各种权益主体模糊、土地所有权弱化、土地使用权界定模糊、土地占有权处分权混乱、土地经营规模狭小、土地经营行为短期化等问题（冯继康，1898），亟待探求更好的土地制度安排。

---

① 关于家庭联产承包责任制的上述论述，源于作者对阅读《财经》杂志对被誉为"中国农村改革之父"杜润生的系列报道：《杜润生：济世之魅》(http：//www.sina.com.cn 2008 年 12 月 23 日 16：28 南方人物周刊)；《杜润生："要给农民自由权"》(2011 年 01 月 04 日 11：37 《财经》)；《杜润生和中国农民的一个世纪》(http：//www.sina.com.cn 2012 年 08 月 08 日 18：55 财经网)；《"三多三少"杜润生》；(2012 年 06 月 12 日 16：14 财经杂志)；《杜润生：农民利益代言人 农村改革参谋长》(http：//www.sina.com.cn 2012 年 07 月 24 日)等，总结提炼出来的观点。

（二）完善农村土地产权制度的思路和重要举措

农地产权制度不健全导致新时期城镇化过程中制度缺位和制度冲突等现象时常发生，征地补偿过程中因侵权所致的干群矛盾十分突出，乱占滥用农地现象以及设租寻租腐败问题屡见不鲜，甚至假借统筹城乡之名行牺牲农村发展空间、损害农业发展和忽视农民发展权利之实的现象屡禁不止。因此，迫切需要重构农村土地产权形态以适应新型城镇发展要求，为城乡一体化发展奠定制度基础。

完善农村土地产权制度的基本出路是在尊重农村土地集体土地所有制不变、加强维护家庭承包经营基本制度的情况下，运用现代产权理论，构建以承包权为基础的农村产权新形态。当前主要任务是全面推行农村土地的确权颁证工程，培育以土地股份合作社为载体的新型集体经济组织，建立城乡统一的土地产权交易市场，完善农村土地产权流转服务平台体系，出台保护农民土地承包权的基本法律。

第五章　农村土地的确权颁证

根据经济学原理,级差土地收入是在资源的流转中产生的。而要发挥级差地租的作用,就要启动土地资源流转。新制度经济学强调,只有产权清楚的资产才能进行交易,权利人才能获得利益。农村集体土地确权登记发证工作,是推进农业、农村改革发展的基础性工作,对维护农民土地合法权益,顺利推进工业化、城镇化和农业现代化,加强农村社会管理,促进城乡统筹发展具有重要意义。2010年以来,国土资源部联合财政部、农业部成立了全国加快推进农村集体土地确权登记发证工作领导小组及办公室,积极推进农村集体土地确权登记发证工作。经过各方面的积极努力,目前已取得阶段性成果。

第一节　农村土地流转的前提与基础:确权颁证

党的十八大报告指出,要坚持和完善农村基本经营制度,依法维护农民土地承包经营权、宅基地使用权、集体收益分配权。而保障农民土地权益的前提,就是土地产权明晰。为此,农村土地确权颁证正是明确土地产权的基础工作。

一、农村土地确权颁证的含义和范围

土地确权,是指确定土地权属的简称,主要指的是集体土地使用权、集体土地所有权和国有土地使用权三种土地证的确权发证工作,明确农村耕地、山林、建设用地与宅基地的农户使用权或经营权以及住宅的农户所有权。要

开展土地承包经营权的确权登记颁证工作,确保承包合同、证书、地块、面积"四到户",把农民承包土地的各项权利依法落到实处。

土地确权范围包括农村所有土地及集体资产的所有权属、承包经营权权属,如耕地集体所有权证、承包权证,林地所有权证、承包权证,集体建设用地(宅基地)所有权证、使用权证,集体资产所有权证等。

二、历史上的农村土地确权颁证

在历史上,农民对颁发土地证十分拥护。即凡是土地改革后及时普遍发放土地证的地方,群众生产情绪就特别高涨;凡是及时普遍颁发土地证,从法律上确保土地所有权,就深受人民群众的欢迎。在综合各种相关材料的基础[①],本书以历史事件顺序进行编辑。

(一) 国内革命战争时期(1921—1937 年):废除田地契约

废除田地契约,开启土地确权新时代。代表中国人民群众根本利益的中国共产党,从 1921 年党的"一大"党纲中提出土地问题开始,就一直重视土地管理。

1927 年,党的"五大"通过了《土地问题决议案》,1928 年至 1931 年,中华苏维埃政府先后完善和颁布了《井冈山土地法》、《兴国土地法》、《中华苏维埃土地法》,并不断制定、颁布和实施与之相配套的土地法律法规,其中包括土地调查确权登记发证的法律法规。

1933 年 6 月 1 日,中华苏维埃共和国中央政府土地人民委员会土地部发布《关于实行土地登记的布告》,强调要实行土地登记。苏维埃发土地证给农民,以确定农民的土地所有权他人不得侵占,政府不得无故没收。全体农民群众应该明白:为了确定自己的土地所有权,为了发展国民经济,为了肃清瞒田现象,都要自动报告自己分得土地的确实数目。这是中国共产党在历史上第一次从法律、组织、宣传和行动上提出和施行土地确权登记发证。

1934 年 7 月,黔东特区第一次苏维埃代表会议通过没收土地和分配土地条例,规定土地分配完结后,应按界址分插标记,并由区苏维埃发给土地登记证。

---

① 摘自樊志全.中国共产党历史上的土地确权理论与实践.中国国土资源报,2012－11－19

（二）抗日战争时期(1937 年 7 月—1945 年 8 月)：首部法规颁布

首部法规颁布，确权取得历史性飞跃。1935 年 10 月，中共中央到达陕北，在陕甘边和陕北革命根据地的基础上建立陕甘宁边区，在土地改革中为全国开创和奠定了"土地法定、地权证定"的重要基础。中央政府西北办事处很快设立土地部，下设土地调查登记、土地没收分配和土地建设三个科。确定在苏区农民已分配了土地的区域内进行土地登记，发给农民土地证。1936 年 1 月 25 日，土地部发出训令，就颁布土地证的具体问题，作出明确规定。1937 年 9 月 20 日，《陕甘宁边区政府颁发土地所有权证条例》发布实施。1939 年 4 月，又相继颁布《陕甘宁边区土地条例》、《陕甘宁边区地权条例》和《陕甘宁边区土地租佃条例》等。其中都把土地所有权、土地登记、地权处理作为主要章节。《陕甘宁边区地权条例草案》明确："本条例所称地权，包括农地、林地、牧地、荒地、宅地基、地矿地及一切天然富源之所有权。"

我党第一部在法理上和制度上都比较完善的土地确权登记发证的法规是《陕甘宁边区政府颁发土地所有权证条例》。该条例共十七条规定，第一条为土地的定义，"本条例所称土地，包括农地林地、牧地、房地、水地及其他水陆天然富源"，已经达到与国际通用的物权法、不动产统一登记接轨的程度。第三条规定，"凡第一条所定土地及其定着物之所有人，必须依本条例向当地县政府领取土地所有权证"。第五条规定，"土地所有权证，为土地所有权之唯一凭证，在土地所有权证颁发后，有关于土地所有权之各种契约，一概作为无效"。第六条规定，"土地所有权证由边区政府统一印制，由各县政府盖章颁发后，即发生效力"；条例还就土地所有权证载明事项、颁发公告、损坏遗失等进行明确详细的规定。条例的颁布和实施，标志着中国共产党土地确权登记发证在理论与实践上的历史性飞跃，大大推进了中国各根据地、解放区的土地确权登记发证工作，为新中国成立前后的土地改革运动奠定了坚实基础。

（三）解放战争时期(1945 年 8 月—1949 年 9 月)：贯彻土地法大纲

贯彻土地法大纲，土改以确权为目标。1947 年 9 月，中国共产党在西柏坡召集了全国土地会议，详细地研究了中国土地制度的情况和土地改革的经验，制定了具有历史意义的《中国土地法大纲》。该大纲共计十六条，其中第一条明确规定："废除封建性及半封建性剥削的土地制度，实行耕者有其田的土地制度。"第十一条明确规定："分配给人民的土地，由政府发给土地所有证,并承认其自主经营、买卖及在特定条件下出租的权利。土地制度改革以前土地契约,一律缴销。"1947年10月10日,中共中央正式作出《关于公布中国土地法大纲的决议》,要求全国各地民主政府、各地农民大会、农民代表会及其委员会,加以讨论并采纳,制定适合于当地情况的具体办法,展开及贯彻全国的土地改革运动,完成中国革命的基本任务。

随后,全国各地解放区认真宣传贯彻中共中央的决议精神和《中国土地法大纲》,开展了轰轰烈烈的土地改革运动。各地也相继制定出台了土地确权登记发证的具体办法。各地都把确定地权、颁发土地证作为土地改革的重要阶段和土地改革成功结束的标志。颁发土地证成为各地彻底完成土地改革,提高农民生产组织性的重要措施。中共中央及时肯定和推广各地土地改革中确权登记发证的成功做法和经验,多次对多地土地改革的报告作出重要批示。1948年11月4日,中共中央对习仲勋在西北局干部会议上的报告和结论提纲两个文件上批示,"中央基本上同意这两个文件的内容","你们提出'以确定地权发土地证为中心'这是对的","在土地改革彻底的地区,一般可以结束土改,发土地证"。习仲勋在两个报告中,均谈到了土地问题彻底解决,即应发给土地证确定地权。发土地证是在土地制度上消灭封建残余的最后斗争,是深入细致的群众工作,必须先了解各地区的实际情况,向群众深入宣传政策,有步骤地发动群众,经过群众实践后发土地证,确定地权。要成立"土地登记委员会",领导农民进行登记土地、调剂土地、发土地证等工作。

(四) 新中国成立后(1949年10月—1978年12月):法规相继实施

法规相继实施,进一步强化地权管理。1949年10月1日,中华人民共和国成立,中国共产党成为执政党,对土地包括对土地确权登记发证更加重视,采取了一系列硬化地权的措施。

1950年6月28日,中央人民政府委员会第八次会议讨论通过中国人民政治协商会议第一届全国委员会第二次会议提出的《中华人民共和国土地改革法(草案)》。该法共6章40条。第一条规定,废除地主阶级封建剥削的土地所有制,实行农民的土地所有制,以解放农村生产力,发展农业生产,为新中国工业化开辟道路。第三十条规定,土地改革完成后,由人民政府发给土地所有证,并承认一切土地所有者自由经营、买卖及出租其土地的权利。土地改革以前的土地契约,一律作废。1950年11月10日,政务院通过并发布

《城市郊区土地改革条例》，条例根据《中华人民共和国土地改革法》内容又强调，城市郊区土地改革完成后，对分得国有土地的农民，由市人民政府发给国有土地使用证，保证农民对该土地的使用权。对私有农业土地者发给土地所有证，保证其土地所有权，土地制度改革以前的土地契约，一律作废。1950 年11 月 25 日，中央人民政府内务部发布《关于填发土地房产所有证的指示》（以下简称《指示》），这是中华人民共和国成立后第一部关于土地确权登记发证的规定。文件共计十一项规定，并附有土地证式样。《指示》首先表明根据共同纲领第二十七条和土地改革法第三十条规定，为切实保障土地改革后各阶层人民的土地房产所有权，均应一律颁发土地房产所有证（简称土地证），强调土地制度改革以前的土地契约一律作废，并予以缴销。

《指示》要求，颁发土地证是土地改革中一项重要工作，应当作政治任务来完成；在颁发土地证时，必须注意发动群众，运用人民代表会议或人民代表大会讨论；在发证前，必须注意解决遗留问题及群众间土地房产纠纷问题；填发土地证应与清理土地工作密切结合，以求土地亩数大致准确；土地证以户为单位填发，样式参照内务部所定样式；发证时，乡或行政村政府应备置土地清册。《指示》下发后，中央政府又相继下发多个关于土地纠纷、林权处理、建设征用土地、铁路用地、工厂矿山土地方面的实施办法，北京、上海、天津、江西、福建、绥远、新疆、西藏及南京、武汉、太原等地方政府，也相继出台《土地登记发证办法》、《房地产权登记暂行规则》等规则办法，大力推动了土地改革中土地确权登记发证工作，保证了全国土地改革的圆满完成。

（五）开放后（1978 年至今）：跟随改革步伐

跟随改革步伐，为统筹城乡夯实基础。1978 年，中国实行改革开放和发展经济的方针。土地作为立国的根本，重要的生产要素，巨大的社会财富，它的使用制度改革势在必行。

1979 年，安徽凤阳县小岗村勇敢地实行土地包产到户，签订土地承包合同，奏响了土地使用制度改革的序曲。1986 年 6 月 25 日，经第六届全国人民代表大会常务委员会第十六次会议通过，《中华人民共和国土地管理法》正式颁布实施。此法对土地所有权和使用权，对所有权归属、土地登记、登记发证、登记保护等方面都有明确规定。1987 年，改革开放的实验区深圳率先敲响了拍卖土地使用权第一槌，显现出土地资源的资产属性。此法先后于 1988

年、1998 年和 2004 年三次修订完善。国家及相关部门相继出台《城市房地产管理法》、《土地管理法实施条例》、《土地调查条例》、《土地登记办法》、《确定土地所有权和使用权的若干规定》、《全国地籍管理"十五"计划纲要》、《土地权属争议调查处理办法》、《土地登记资料公开查询办法》等一系列配套的法律法规和部门规章制度,对土地调查确权登记发证作出明确规定,这些法律法规的实施取得了很大成效,对推动土地调查确权登记发证的全面覆盖发挥了重要作用。

2007 年 3 月 16 日,第十届全国人民代表大会第五次会议通过,自 2007 年 10 月 1 日起施行的《中华人民共和国物权法》,标志着中国物权法律的基本成熟和完善,对维护国家基本经济制度,维护社会主义市场经济秩序,明确物的归属,发挥物的效用,保护权利人的物权,都具有重大的现实意义和历史意义。其中对国家所有权和集体所有权、私人所有权和物权的设立、变更、转让和消灭,物权的保护,不动产登记簿与不动产权属证书,特别是对土地承包经营权设立和登记发证,建设用地使用权登记发证等都有具体规定。

2008 年 2 月 1 日起正式实施的《土地登记办法》(以下简称《办法》),是推动和规范土地确权登记发证、硬化地权的一个重要法规。《办法》对 1989 年实施、1995 年修订的《土地登记规则》进行了修改完善,共 10 章 78 条,对土地登记的概念、原则、效力、类型、程序以及土地登记的各项基本制度等作出了明确规定。在总则三条中,明确了规范土地登记行为,保护土地权利人合法权益的登记目的;明确了将国有土地使用权、集体土地所有权、集体土地使用权和土地抵押权、地役权以及依法需要登记的其他土地记载于土地登记簿公示的登记含义;明确了实行属地登记的土地登记原则。同时,规定了土地以宗地为单位进行登记;土地登记簿是土地权利归属和内容的根据;土地权利证书是土地权利人享有土地权利的证明;以及土地总登记、初始登记、变更登记、注销登记、土地权利保护、土地登记告知和公告等内容。《办法》为实现土地确权登记发证全面覆盖,加强土地产权保护提供了法律基础,创造了良好条件。

2010 年年初,中央 1 号文件首次明确提出,加快农村集体土地所有权、宅基地使用权、集体建设用地使用权等确权登记发证工作。力争用三年时间完成农村集体各类土地所有权确权登记颁证,基本实现农村集体土地所有权确权登记发证的全面覆盖。这是中央统筹城乡发展，促进农村社会和谐稳定和硬化地权的重大决策，对于依法确认和保障农民土地物权、激活城乡统筹发展的动力源泉、有效解决农村土地纠纷、加强农村土地管理和社会管理，发挥了有效的推进作用。

2012年，国务院将加快推进农村集体土地确权登记发证工作列为年度深化经济体制改革的一项重点工作，并要求在该年年底实现确权登记发证全覆盖。这是我国进一步完善最严格土地管理制度的需要，也是切实保护农民合法土地财产权利的需要，是依法强化地权的重大措施。2013年中央1号文件提出，全面开展农村土地确权登记颁证工作，用五年时间完成农村土地确权颁证。

第二节　农村土地确权颁证的实践经验

2007年6月7日，成都市被授予"全国统筹城乡综合配套改革试验区"。2008年1月1日，成都出台了印有"机密"字样改革1号文件[①]，拉开了农村产权制度改革的帷幕，改革重点锁定于农村土地确权、流转，创新农村土地产权流转新模式。成都全面而切实的确权，为真正稳定农村经济关系创造了条件。在基本完成农村产改确权之后，成都把改革的重心转向了探索集体耕地、林地与集体经营性建设用地使用权的流转机制上。

一、改革思路与路径

保障农民土地权益的前提，就是土地产权明晰。近年来，作为全国农村产权制度改革的实验区，在深入把握二元社会结构形成和发展的现实基础上，成都确立了农村产权制度改革的思路，围绕"还权赋能"核心，实施了一系列制度创新，取得了积极的成效，形成了一条称之为"成都经验"的改革路径。

依据现代产权理论，结合成都上述两个试点村庄的实际，本书将成都实践发展进行理论提升，提出成都农地产权流转制度改革的路径图（见图5.1）。

---

① 《关于加强耕地保护进一步改革完善农村土地和房屋产权制度改革的意见（试行）》（成委发〔2008〕1号）

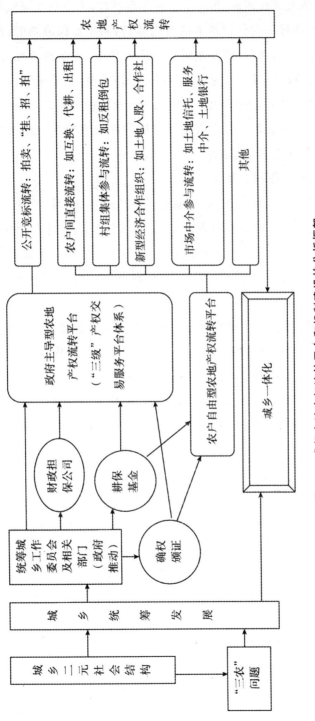

图 5.1 成都农地产权流转平台和机制建设的分析框架

首先,通过农地确权颁证,明确了土地各项产权,为顺利实现流转奠定了制度基础;其次,通过一套保护耕地的新机制,剥离土地保障功能,调动了农民流转农地的主动性;再次,搭建流转服务平台体系,规范流转行为,降低交易成本,确保流转收益,促进农地快速、有序流转;另外,成立流转行为担保公司,降低交易风险;最后,还权赋能,确保各项土地权能的实现,达到缩小城乡差距的目的。尤其是成都农村产权交易所这种政府主导型农地产权流转平台的搭建,极大地促进了成都农地流转的高潮。

(一) 试点先行,逐渐推进

成都改革的办法是试点先行,逐渐推进。2007 年 12 月 19 日,成都市确定都江堰市作为农村产权制度改革的试点。2008 年 2 月 21 日,柳街镇鹤鸣村被确定为成都首个农村产权制度改革试点村,也是中国首个农村产权制度改革试点村。鹤鸣村随后被誉为"农村产权改革第一村"。主要基于以下三个原因:

一是都江堰市是四川省最早进行农村家庭联产承包制改革的试点村,体验过改革的好处,并在统筹城乡发展、推进城乡一体化进程、基础设施建设、社会事业发展等方面积累了一定的基础。

二是干群关系融洽,民风淳朴。柳街镇鹤鸣村两委干部和组干部工作能力较强,曾多次获得都江堰市"先进党支部"和"优秀党支部"的称号,在此推行试点具有较强的可操作性。

三是一个经济基础较弱的纯农业村,无产业化项目支撑和农业规模化经营,探索和积累普适性的经验相对容易,符合改革探路要求。

为降低改革的难度,柳街镇鹤鸣村在 11 个村组中选择了规模最小的 7 组先进行试点,随后推广至其他各组。很快,鹤鸣村形成了"调查摸底—确权公示—登记颁证—流转"的改革模式,创造了村民议事小组及村民议事会,探索了农村治理新模式。鹤鸣村成为中国农村改革基层的见证者、积极的参与者和踏实的饯行者(见表 5.1)。

表 5.1 都江堰市农村产权制度改革标志性时间与事件

时 间	时 间	意 义
2007 年 12 月 19 日	成都市批复都江堰市为农村产权制度改革试点	首个试点县级市
2008 年 1 月 4 日	都江堰市统筹城乡工作局及农村产权制度改革领导小组成立	政府成立领导机构推进改革
2008 年 2 月 18 日	都江堰市举行农村产权制度改革启动仪式	正规宣告启动改革
2008 年 2 月 21 日	柳街镇鹤鸣村被确定为首个产权制度改革试点村	首个试点镇村选定
2008 年 3 月 31 日	开始土地的确权颁证工作	中国第一份土地权利证书
2008 年 4 月 1 日	召开动员大会,全面铺开全镇农村产权	迈出农村产权制度改革的第一步
2008 年 4 月 8 日	签订耕地保护合同并领取了耕地保护基金	产权改革取得了阶段性成果
2008 年 3 月 6 日	颁发首个农村集体经济组织机构代码证	农村集体经济组织真正成为独立法人
2008 年 6 日 1 日	柳街镇鹤鸣村流转农用地 1100 亩	农村土地第一次集中流转
2008 年 8 月 14 日	成立农村产权担保有限责任公司	区、县第一家专业担保公司
2008 年 8 月 21 日	村民高志书通过农村产权担保,从信用联社获得 2 万元贷款	农民第一次通过担保公司的土地资产融资
2008 年 9 月 16 日	通过正规流转平台,1009.76 亩为期 40 年的林地使用权得以流转	首个在农村产权流转服务中心进行交易的农村土地产权
2008 年 10 月 25 日	村民杨健康以集体建设用地的物权为抵押,获得 50 万元产业贷款	农民第一次以农村产权证书为担保抵押物获得银行贷款
2010 年 7 月 22 日	第一宗集体建设用地通过正规交易服务平台,公开挂牌成功拍卖	集体建设用地第一次直接进入土地市场

（二）全面确权，"确实权"

2003 年开始"三个集中"以来，成都创设耕地保护基金，加强耕地保护。以承包地为基础的耕地保护基金，首先需要确认农地的类型，如耕地、基本农田等，还要分清这些农地的位置、面积和实际承担保护责任的农户。这就要求对农用地的权利关系展开全面调查。另一方面，"三个集中"涉及大量农户的搬迁、集中居住，以及农户宅基地的复垦和位置变动，也要求把农民宅基地、房屋等财产权利的历史和现状全盘摸透。否则，"三个集中"虽然实现了资源配置的优化，却可能造成收入分配的恶化。

这样，耕保基金的发放和"三个集中"，就从两个方向把全面确权的任务提上了成都农村产权改革的议程。同时，只有确实权才能为农户之间的止纷定争和农村资源的便捷流转，提供可靠的产权保障。

作为先行先试的试验区，成都市新一轮的农村产权制度改革并没有现成的经验可循，只能在尊重基层实践经验的前提下大胆探索。其中，与预想的确权模式和工作进度差距较大的，是农村承包地方面的确权，其中一个突出矛盾是怎样处理随人口变动而调整土地承包关系的压力。

如果不理会农户之间调地的压力，直接以土地台账面积为基础确权颁证，就不能厘清农户之间的实际利益纠葛；若以政府权威颁发产权证明，做不到"产权凭证与实际权利状况相符"，就不能为农户之间的止纷定争和农村资源的便捷流转提供可靠的产权保障。如果要"确实权"，即以实测面积为基础，做到承包土地的"地、账、证、合同与耕保基金发放面积"的"五个一致"，那就必须深入农户一级，全面实测承包地面积，系统厘清农户之间的人口土地关系。

成都的基层做法是，实地测量村组范围内承包地的每一地块，分别按现代测量的规范记录到每个农户名下，并经由村庄评议机制，对农户之间自第二轮承包以来发生的人口和土地的变化进行一次性地调整，从而做到所颁发的农地承包经营权证，与实际的耕地面积、地块、位置、承包合同以及耕保责任完全一致。成都市委、市政府及时总结了来自基层的经验，认为"确实权"的做法虽然一时投入较大，但解决了潜在的麻烦，能够真正建立"归属清晰、权责明确、保护严格、流转顺畅"的现代农地产权制度。

(三) 分类梳理,先易后难

全面确权,首先需要决定确权的范围和方法。农村财产的种类很多,历史上的变化又十分频繁,究竟哪些权利进入确权范围,用什么程序完成确权,成为亟须明确的问题。成都的做法是,分类梳理农村土地,努力寻求土地现状和经济发展迫切需要解决问题的交集,先易后难,依次制定出切实可行的确权办法,直到全盘确认各类农村财产。

在集体建设用地方面,成都首先对历史遗留问题较少、又与农户利益高度相关的宅基地展开了确权。对于宅基地以外的乡村企业、公益事业以及其他集体建设用地,成都充分利用了第二次全国土地调查的结果,在明确每个村庄集体建设用地的总量后,扣去已确定的农户宅基地面积,再分类确认这些集体建设用地的使用权。通过这种方式,既有效解决了历史遗留的老大难问题,又在违规违法与合规合法的集体建设用地之间,划出一条清晰的界限。

面对农村宅基地面积普遍超标的现实,成都以"尊重历史、面对现实"为原则,提出:凡持有以前颁发的宅基地证件或其他相关证明的,以证件确立的面积为农户的宅基地确权面积;对其他超标情况,则以年度变更的农村居民点台账面积为总控制,把超标的房屋、附属设施、独用院坝等占地面积,明确为"其他集体建设用地",经农村基层自治组织协商后,再确权给实际占用的农户或集体经济组织。

在农用地方面,成都市先确立承包地的农户经营权,暂缓自留地、未利用地的确权。等到承包地的确权完成后,再按照"应确尽确"的原则,推进其他农用地的确权工作。

二、主要创新实践及成效[①]

实施城乡统筹发展改革五年以来,成都积极推进农地产权制度改革与创新,加速推进农地产权流转,搭建流转服务平台,建立土地产权流转市场,各类土地产权流转活跃。成都围绕做实农地承包经营权所进行一系列成功的制度创新,构成了农地产权制度改革的具体内容,取得了阶段性成果,为改革

[①] 本章源自作者前期研究论文.成都市城乡统筹发展中的农村土地制度改革.中国土地科学,2012(1)

的深入全面推进奠定了坚实基础，也积累了宝贵经验。成都几年努力所取得的成就，得到国家层面的认可，受到社会各界的普遍关注，其经验也被其他地区纷纷效仿①。

为促进农地产权流转顺利进行，成都构建了政府主导型农地产权交易平台，实施了以农地产权为核心的全面确权颁证工程，设立耕地保护基金制度、设立政府流转担保公司等，奠定了农地产权流转平台和机制运行的基础。

(一) 确实权颁铁证夯实流转基础

成都以"尊重历史、面对现实"为原则，在确权颁证过程中，对农村集体建设用地、农村宅基地和承包耕地进行分类梳理，依据不同的情况，制定相应的确权颁证工作思路。

就农地确权颁证而言，成都做法是将承包地和自留地、未利用地及其他农用地分来，分别进行确权。在推进工作中，成都先进行了承包地的确权颁证。

农村自发成立了土地纠纷调解小组、村庄议事会等村民自治形式，自行解决土地纠纷问题，成功地解决了长期以来农地缺乏记录导致纠纷不断的难题。

成都农地确权颁证做法分以下几个步骤：入户调查，对实测结果进行评议；对异议纷争的难题进行甄别；推算公式；报县政府，进行颁证。整个过程完成了从一个抽象政策目标到可操作工作程序的转变。

在处理随人口变动与土地承包关系方面，成都采取"确实权"的方法，真正建立"归属清晰、权责明确、保护严格、流转顺畅"的现代农地产权制度。即将实地测量村组范围内承包地的每一块承包地，记录到农户名下，并经由村庄评议，然后调整，达到颁发农地承包经营权证内容与实际情况完全一致。

成都确权颁证工程涉及 257 个乡镇（涉农街办）、2745 个村（涉农社区）、35857 个村民小组、212 余万户农户。截至 2011 年年底，共颁发各类产权证书共计 826.6.6 万本，在全市范围内全面完成确权颁证工作。

---

① 浙江大学中国农村发展研究院于 2011 年 3 月组织四人调研小组，在成都市统筹委的指导下，分别对成都市国土局、农委、林业局等各权属部门；成都市温江区永宁镇；都江堰市天马镇、向峨乡；蒲江县寿安镇、大唐镇、大兴镇、复兴乡等基层进行了座谈和访谈，重点是成都市城乡统筹进程的农村土地制度改革的具体做法、农村土地产权流转平台的状况、运行机制与实效等，为完善农村土地产权流转平台和机制提供现实基础。作者作为调研小组一员，取得了丰富翔实的一手资料，本章即基于本次调研完成。

（二）耕保基金剥离土地保障功能

成都建立了财政资金支持耕地保护的制度。耕地保护基金由三部分构成：一是市县财政按 1∶1 的土地转让收益；二是新增建设用地土地有偿使用费和耕地占用税；三是不足部分由市县两级财政兜底[①]，保障每年基金总额在 28 亿元。

2008 年 1 月，成都出台专项文件[②]，决定设立"耕地保护基金"。按基本农田每年每亩 400 元、一般耕地每年每亩 300 元的标准分类保护与补贴。截至 2010 年年末，成都耕地保护基金发放惠及 3 万多个村民小组的 176.6 万户农户[③]。

2009 年 5 月，成都国土资源局开发建立了成都耕地保护管理系统，2009 年 12 月正式投入使用。目前，该系统已完成了全市 176 万农户、537 万人、1010 万块地信息采集、入库和上报审核工作。该系统正规运行以来，在耕地保护基金管理和发放工作中发展了主要作用。截至 2011 年年底，年筹集基金 29 亿元，全市已发放耕地保护基金 40.54 亿元，惠及 170 余万户农户。

（三）财政担保制度规避流转风险

在基本完成确权颁证的基础上，为彻底实现了确权后的"赋能"，降低农地产权交易双方的政策风险，以及农户因集体建设用地使用权与房屋所有权抵押贷款金融机构所面临政策风险，成都多家国有投资公司共同出资成立了成都农村产权流转担保股份有限公司（以下称担保公司），注册资本 3 亿元。

在组建模式上，该股份有限公司由成都现代农业发展投资有限公司、成都小城镇投资公司、成都现代农业物流公司、区市县现代农业发展投资公司等 21 家政府出资的公司参股组建（现为 15 家），在各区（市）县由地方政府主导，即主要由区（市）县出资，农发投公司部分入股组建，并按比例进行风险补偿，实行市场化运作的信用担保机构[④]，如受灾区的五（市）县农村产权流转担保公司、新津农村产权流转担保公司、大邑县农村产权流转担保公司等组建模式。

公司服务对象为产权清晰的农村集体经济组织、具有法人资格的农村企业（含乡镇企业、涉农服务的其他企业）、农民个人等项目实施主体。担保范

---

①③④　黄祖辉、黄宝连、顾益康、王丽娟.成都市城乡统筹发展中的农村土地产权流转制度创新研究.中国土地科学,2012(1)

②　成委发〔2008〕:《关于加强耕地保护进一步改革完善农村土地和房屋产权制度的意见(试行)》

围是成都域内土地承包经营权流转行为及农业产业化项目。担保产品为引入"行为担保"业务。担保公司创新了"行为担保"业务，即以农用地权属流转双方或诸方为履约行为人，以双方流转合同为依托，通过信用担保机制确保其合法权益不受损害。

交易风险是市场经济的一个核心问题。为彻底实现确权后的"赋能"，降低农地产权交易双方的政策风险，成都组织多家国有投资公司共同出资成立了成都农村产权流转担保股份有限公司。好的制度设计是降低交易风险的有效途径。公司自 2008 年 5 月成立以来，积极探索扩大农村有效担保物范围，完善服务机制，推动农业农村经济发展；截至 2010 年 6 月，已累计受理项目 131 个，向金融机构出具意向保函 72 份①，具体业务类型如表 5.2 所示。

表 5.2　农村产权流转担保股份有限公司各类业务量统计

业务种类	业务量(宗)	涉及金额(万元)
林地担保融资	18	102136.72
农村房屋产权融资	27	
集体建设担保融资	6	
农地经营权担保融资	3	
农地行为流转行为担保融资	2	
其他担保融资	16	86861.20
林权抵押贷款	553	2100.00
引导社会担保资金		38466.52
合　　计		229564.44

资料来源：调研资料整理

(四) 农村产权市场促进农地流转

正规的产权交易平台是促进产权交易的有效途径，能够从制度上规避交易风险，保护交易主体的合法权益。为农地依法、自愿、有偿、有序流动，成都在全国首次建立了农村产权交易所，在各区(市)县分别成立了农村产权交易

---

① 黄祖辉、黄宝连、顾益康、王丽娟. 成都市城乡统筹发展中的农村土地产权流转制度创新研究. 中国土地科学,2012(1)

分所(服务中心),乡镇相应成立农村产权交易服务站,形成了"三级"农村产权交易平台服务体系,在村(社区)设立农村产权交易服务点,初步创建了农村产权交易市场,极大地促进了农地产权流转。

为扩大农村产权交易所的功能,成都国土资源局、市房管局、市林业园林局、市农委下属机构分别按 50%、25%、12.5%和 12.5%的比例出资,按有限责任公司法律架构,正规注册成立了成都农村产权交易所有限责任公司①(对外挂牌"成都农村产权交易所"),四家机构为现代企业管理模式运营的企业法人。成都借助产权交易所,进一步探索和发展土地指标的市场化交易。在执行挂钩政策时扩大了交易半径,也鼓励农户和农民集体成为项目申报主体。

2008 年 12 月,成都采用电子竞价方式对郫县安德镇水村 570 亩土地承包经营权项目成功进行了流转,实现增值率 25%,是全国首例通过电子竞价方式流转的农村产权项目。2010 年 8 月 12 日,成都农村产权交易所以土地整治项目预计可节约的土地指标为投资标的,举办了"蒲江县农地综合整治项目挂牌融资交易会",为 49109.1 亩的农地整治项目融得投资 1.246 亿元,实现增值率 25%。截至 2010 年 6 月,成都农村产权交易所进行的业务量如表 5.3 所示。

表 5.3　成都农村产权交易所各类业务量统计

业务种类	业务量(宗)	流转金额(亿元)
集体建设用地(含联建)	10502	18.81
农地	15387	5.03
林地	57	0.43
耕地占补平衡指标	125	31.81
建设用地指标	274	59.42
合计	26345	115.50

资料来源:调研资料整理

---

① 黄祖辉、黄宝连、顾益康、王丽娟.成都市城乡统筹发展中的农村土地产权流转制度创新研究.中国土地科学,2012(1)

三、鹤鸣村"五掰红章"开启农村土地制度改革之先河

(一)"五掰红章"的形成

自家庭联产承包制实行以来，虽然规定承包期内，发包人不得调整和收回承包地，原则是"增人不增地，减人不减地"。但是事实上，农户追求的是绝对土地权利的公平，随人口变动而不断调田改地(陈家泽，2010)[①]。长期范围内，由于农地产出效益低、农民习惯按人均分地以及意识不强等原因，这种常态化的调田改地在过去相当长的时间内并未引起鲜明的利益冲突。然而，这种状态随国家和成都市近年来的一系列利农惠农政策的实施被打破了。

2004年，中央1号文件《关于促进农民增加收入若干政策的意见》颁布，对种粮食农民实行直接补贴，村民再次点燃种地积极性。2003年以后，成都实施城乡一体化改革，推进农村改革，建立了耕地保护基金制度，严格按耕地类型为基准发放，与承包土地密切挂钩。2008年2月，鹤鸣村被选中为农村土地产权制度改革的试点村，很快村民手中的《农村地承包经营权证》期限改为"长久不变"，为维护农地权益奠定了产权基础。这一切与土地利益密切相关的政策实施使农民视土地为财产，原本被农民视为"鸡肋"的农地，被重新珍惜，原本被忽视的土地边界导致尖锐的土地纠纷。

调解土地纠纷，堪称比"天下第一难"的计划生育还要难，为更好解决好村民土地纠纷，缓解干群关系，鹤鸣村创新了农村纠纷解决办法，那就是村民的事由村民自己说了算，发挥群众自主性解决产权纠纷，进而重构农村自治制度。

鹤鸣村7组首先成立了村民纠纷调解小组，专门调节村民间土地纠纷。村民纠纷调解小组的形成完全是村民直接选举产生。按照据点布局或农民自愿结合，以5~15户为单元，推举出1名村民代表参加村民纠纷调解小组，在35户人家中共选举产生了5名村民代表，组成了5人的村民纠纷调解小组。

经过反复征求意见和协商，调解小组最终形成了五条调节土地纠纷的工作原则：一是确定相对公平，即"要公道，打颠倒"；二是遵循先来后到，即"多

---

① 成都瓦窑村"新土改"故事：固化权益长久不变.第一财经日报,2010-05-06

比少好,有总比没有好";三是循序渐进,即"吃笋子要一层一层地剥";四是诚信,即"说话要算数";五是友爱互助,即"大家同坐一条船,要同舟共济"。按照这些村民们认可了的原则,调解小组成功地解决了一个又一个农户土地纠纷。

同时,也形成了村民纠纷调解小组内部决策机制,即任何人都不能单独作出农户土地纠纷决定,对任何纠纷,必须5个人一致同意通过,集体作出的决议农户要贯彻服从。为保证这个机制得到彻底运行,村组织决定将村民纠纷调解小组的公章均衡地掰成五瓣,由5名成员分别掌握,每项决议5人都盖章才有效。这也正是"五瓣红章"得名的原因。

随着改革的深入,鹤鸣村各组相继成立了土地纠纷调解小组,并在村民纠纷调解小组的基础上,成立了23人组成的村民议事会,之后又成立专门监督议事会执行、落实情况的监事会。从而实现了"小事不出组、大事不出村",探索了一条村民治理新模式。

"农村产权制度改革第一村"经验被广为流传,学术界将鹤鸣村的伟大创举称为"五瓣红章"法,这一做法也被广为传诵。为纪念这个民间创举,国家历史博物馆已将这个原始的公章永久珍藏。

(二)"五瓣红章"的做法与实效

1. "五瓣红章"法解决农村土地纠纷

2008年3月3日,柳街镇鹤鸣村产权制度改革工作动员暨培训大会在村活动中心举行。在大量前期准备工作的基础上,鹤鸣村的改革正式拉开了序幕。产权制度改革的基础是确权,一周后,鹤鸣村11个小组共572户村民的入户调查摸底正规启动,一场包田到户以来最大的清产核资工程在农村展开。

由于对承包地实行的是以农户承包土地台账的面积为准,对承包经营权进行确权,不再重新丈量。在前期调查中,村民们都各自在地图上标注自己的地块,产生了一些矛盾,也导致了土地测量的不精确。其间,《柳街镇鹤鸣村农村产权制度改革摸底调查公式异议处理(暂行)办法》等规范性文件陆续出台。

2008年3月10日,村组织完成全村572户入户调查工作。2008年3月18日全面完成资料汇总、公示等工作。鹤鸣村集体土地所有权、集体建设用地使用权确权到村或组,而承包地、自留地、宅基地和农民的房屋则全部确权到户。为了显示透明,鹤鸣村仿照古人的"鱼鳞图"①,绘出了全村承包土地的"鱼鳞图",每家每户都在上面按上指印。柳街镇还委托西南交通大学开发了"鱼鳞"数字化系统,通过测量和结合卫星地图等,精准地确定了农民土地的权属。在这张全村地图上,每一块房屋、宅基、承包地、林权的归属都显示得一清二楚。

更具有意义的是,试点把农业合作社、农业合作联社和乡镇集体资产管理委员会分别作为组、村、乡镇一级的集体土地所有权主体,建立健全了农村集体经济组织。试点制定了集体经济组织成员确认办法,将农村集体经济组织成员分为普通成员和特殊成员：普通成员是当地土生土长的农民;由于如修路、搞种植业等历史原因到村上发展的外来人员,经集体组织认可后,构成集体经济组织的特殊成员。

经过摸底、汇总、公示,2008年3月30日,鹤鸣村7组的土地权证下发,鹤鸣村村委会主任余跃全领到了编号为510111的《农村土地承包经营权证》,这是农村产权制度改革中发出的第一份权证,如今已被国家博物馆收藏。2008年4月8日,在成都甚至是在全国首次给农民颁发了"四证",即《农村土地承包经营权证》《集体土地使用权证》和《房屋所有权证》。同时,鹤鸣村8组61户村民还与国土部门签订了耕地保护合同,并领取了耕地保护基金。2008年4月30日,鹤鸣村确权颁证工作结束,576户村民全部领到了明晰记载着各家权属的《集体土地使用权证》、《房屋所有权证》、《农村土地承包经营权证》。至此,成都市农村产权改革试点在鹤鸣村取得成功。

2. 推动农村集体建设用地直接入市

2008年5月12日,成都市决定当日下午3时30分在都江堰市柳街镇召开现场会,市级部门、各区(市)县、试点乡镇的负责人都要来观摩、交流经验。然而,"5·12"大地震推迟了现场会。

6月22日,成都市农村产权制度改革试点工作现场会再次选择在柳街镇举行。成都市委书记李春城亲自主持会议,会议决定,灾后恢复农村产权制度改革试点工作,并通过市场机制作用的发挥,推动土地承包经营权、农村集

---

① 明代朱元璋发现土地隐藏给国家税收造成损失,为此,组织专人编造完整、紧密的图册,将田地山塘挨次排列,将丘段连缀地绘制在一起,标明所有人和四边,因图形似鱼鳞而称为"鱼鳞图"。

体建设用地使用权和农村房屋产权的流转。随后,农村产权制度改革在成都所有区(市)县全面铺开,各种配合农村"产改"和灾后重建的措施相继出台。

鹤鸣村又率先尝试一条产权制度改革和灾后重建完美结合的新路。确权以后,鹤鸣村共整理出 1200 多亩耕地。2008 年 6 月,通过土地流转,其中1100 亩耕地的经营权流转给了通达农业生态有限公司,用于种蔬菜、花卉,按每亩每年 850 斤大米约 1400 元支付租金,实现了农村产权制度改革后的第一笔土地经营权流转。随后,乡村马术生态旅游项目也成功引进。

随着农村集体建设用地直接入市,开发商的合理回报有了法律、政策的支撑,农民有了在市场经济中讨价还价的资本。农民得到了较好的土地流转收益,男性劳动力从土地束缚解脱出来,纷纷外出进城打工,获得工资收入,而女性劳动力多被招聘为工人,家庭收入得到大幅提高。农民既收租金又能打工。另外,灾后重建中引入社会资金开发重建的政策,流转土地的农民搬进人均 35 平方米、配套设施齐全的新居。

灾后重建的巨大资金缺口,同样成为推动成都农村产权改革、土地流转的另一个动力。6 月 22 日的现场会后,通过一系列改革措施,都江堰市利用确权后的集体建设用地使用权,进行了大胆融资。走出一条将农村产权制度改革与灾后重建有机结合的新路子,鼓励偏远山区通过"产权置换"方式加快重建。成都市成立了农村产权流转担保公司,由政府提供 4 亿元的注册资本,帮助受灾农户向金融机构贷款重建住房。农户可以凭借在产权改革中拿到的宅基地使用权证贷到有政府贴息的 3 万至 6 万元贷款。

另外一种尝试则是,农民将多余的宅基地拿出来,吸引投资者前来联建,投资者建好房子后,将其中的一部分拿来交换部分建设用地的使用权。不同的是,投资者的那部分土地使用年限为 40 年,只能用于旅游开发或商业,不能用于房地产开发。依靠确权颁证的基础,鹤鸣村土地综合整治推进得相当顺利,第一期 136 户集中居住区已经建成,第二期 195 户也在建设之中。

四、村庄评审会制度被推广

(一)鹤鸣村土地承包经营权模式在全市被推广

土地从包田到户到再次集中流转,鹤鸣村土地的承包经营权正摸索着流转起来。"确权是基础,流转是核心,配套是保障",随之跟进的许多村子,借助交通等优势，在土地流转的成效上大大超过了先行者。在产权制度改革的基础上，都江堰鼓励在特色优势产业上，通过"大园区＋龙头企业＋小业主"、"大园区＋专合组织＋小业主"等经营模式，实现土地适度规模经营。各乡镇已形成了蔬菜种植区、猕猴桃生产区、三木药材产业区、花卉苗木区、生猪养殖区等多个特色产业园区。各园区流转的土地，正在实现规模化、集约化经营。

以"尊重历史、面对现实"为原则，成都在确权颁证过程中，对农村集体建设用地、农村宅基地和承包耕地分类梳理，依据不同的情况，制定相应的确权颁证工作思路。就农地确权颁证而言，成都做法是将承包地和自留地、未利用地及其他农用地分开来，分别进行确权。在推进工作中，成都先进行了承包地的确权颁证。参照都江堰市的经验，成都市还将双流、温江、大邑三个区（县）和重点镇作为试点，并将在全市推广。

（二）全市范围内的村庄评审会

在农村土地产权制度改革过程中，鹤鸣村充分尊重村民的诉求，坚持发挥村民的自主性，让村民自行解决争议纠纷。为此，鹤鸣村议事会、监事会，调解小组相继成立，提出《柳街镇鹤鸣村村规民约》《柳街镇鹤鸣村农村产权制度改革摸底调查公示异议处理（暂行）办法》等政策。在农村产权制度改革中，鹤鸣村第一个开始试点、第一个完成确权颁证、第一个形成了比较完善的配套措施章程、第一个通过了专家评审，被称为"成都农村产权制度改革第一村"。

成都市委、市政府及时总结鹤鸣村"五掰红章"法解决农村土地纠纷的先进做法，并进行提升，在全市范围内推广"五掰红章"经验。这个经验就是把历史上担负过村庄公共管理责任的长者推举出来，由他们对入户产权调查和实测结果进行评议，特别是对存有异议和纷争的疑难案例进行梳理，并把评议结果作为确权预案公示，直到相关利害的各方都接受，才向政府上报确权方案。通过鹤鸣村个案剖析可以看出，农村土地产权制度改革的实质是农村微观经济基础的再造，农民始终是推动中国改革的生力军。

五、瓦窑村"封村封户"落实"长久不变"土地承包关系

2008 年 10 月 12 日，党的十七届三中全会提出，"现有的土地承包关系要保持稳定并长久不变"，"按照依法自愿有偿原则，允许农民以转包、出租、互

换、转让、股份合作等形式流转土地承包经营权,发展多种形式的适度规模经营",指明了我国农村土地管理制度改革的目标和方向。

党的十七届三中全会赋予了农民更加充分而有保障的土地承包经营权,现有土地承包关系要保持稳定并长久不变,依法保障农民对承包土地的占有、使用、收益等权利①。继安徽小岗村"包产到户"之后,瓦窑村率先实践的"长久不变"的做法成为在农村改革上再次迈出的第一步,成为全国落实农村土地承包经营权长久不变新政的第一个试点村。"小岗村是起点,瓦窑村是突破"。2009 年,中国革命历史博物馆将瓦窑村一组村民按了手印的《瓦窑村一组关于土地承包经营权长久不变的户主大会的决议》进行收藏。

(一)"封村封户"改革试点的形成过程

十七届三中全会召开后,群众取得长期稳定的农村土地承包经营权的愿望日益强烈。应群众要求,双流县兴隆镇瓦窑村组织村社干部和议事会经过多次讨论,最终决定在农村土地承包经营权长久不变方面进行大胆尝试,成为率先开展农村土地承包经营权"长久不变"的改革试点。

"长久不变"改革是一次全新的探索,是对农村传统观念的一种挑战,个别干部群众对改革是否可行、能否成功存在疑虑:个别老百姓认为"生不添死不减"是让死人吃饭,活人饿肚皮,太不公平;一些干部觉得以后不能调地了,自己的权力变小了,参与的积极性不高;还有一些干部觉得搞了之后长久不变,拆迁就难了,对该村发展不利。

针对这些问题,瓦窑村通过召开"坝坝"会、开设农民夜校、发放宣传资料等形式,深入宣传"长久不变"改革的目的、意义和好处,使广大干部群众认识到农村土地承包经营权长久不变是必然趋势,改革的目的是要赋予农民长期稳定的承包经营权,改革是一件惠及群众的大实事、大好事,充分调动了全村干部群众支持和参与改革的热情。使他们认识到只有产权稳固,他们才能在土地上投资;也只有产权稳固,土地流转才能有序进行。

瓦窑村在确权颁证的基础上,形成了集体经济组织成员确认固化、农村土地承包经营权长久不变、集体收益分配固化等决议,稳定了农民心理,增强

---

① 中央农村工作领导小组办公室主任陈锡文.关于党十七届三中全会农村土地管理制度改革问题.http://www.agri.ac.cn/news/20081210/58037.html

了业主、农户农业投入的积极性，加快了适度规模经营的信心。改革试点工作取得阶段性巨大成效。

(二)"封村封户"改革试点的做法与实效

改革过程中，瓦窑村充分尊重群众意愿，发挥群众主体作用，通过民主选举议事会，畅通了群众表达诉求的渠道，搭建了群众参与改革的平台，使改革真正汇聚民智、顺应民意，确保了试点工作顺利推进。瓦窑村改革试点的做法及业务如图 5.2 所示。

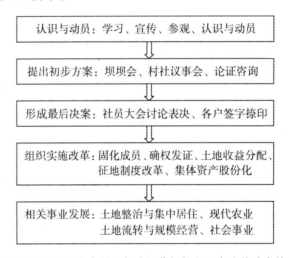

图5.2　瓦窑村实施农村承包地经营权长久不变改革试点的路径

（1）召开村社议事会，形成初步建议。瓦窑村先后召开了 8 次村议事会议，65 次组（社）议事会议，对前期征求群众意见建议所收集到的 72 个有关问题进行集中梳理汇总，充分酝酿，反复讨论，并征求县、镇政府相关部门和村社老党员、老干部、群众代表等的意见，形成了 12 条符合法律政策规定、顺应农民群众要求的初步建议。在工作方式上，创设了"村庄议事会"自主协商解决农村财产种类多、变化频繁及缺乏记录等疑难问题，采取村庄评议实测土地数量的办法解决确权测量颁证工作难题。

（2）召开社员大会，再次讨论表决。在村组议事会提出初步建议的基础上，瓦窑村分社召开了社员大会或户主大会，对初步建议中事关本社的重难点和个性问题进行再次讨论，经民主表决，形成了符合各社实际、操作性强的具体解决办法。

（3）签字完善手续，形成长久不变决议。各社的具体解决办法形成后，组织召开社员或户主大会,民主讨论完善各条款直至无异议后,签字捺印形成相关决议。结合农村产权制度改革"回头看"工作,瓦窑村全面进行细致整改。2009年6月,在耕地面积实测之后,全村714户中,有708户在决议上签字捺印,其手中的土地承包经营权证进行了重新发放。

围绕"固化收益,长久不变"思路,瓦窑村已形成了有关集体经济组织成员确认、农村土地承包经营权长久不变、集体土地收益分配办法、农村土地承包经营权长久不变后有关事项等决议。瓦窑村改革试点的主要做法如下:

(1)固化集体经济组织成员。一是集体经济组织成员身份以2008年确权时确认的为准,以户为单位享有农村土地承包经营权。二是2008年确权以后至2009年5月31日之间新增的人口,确认为集体经济组织特殊成员,只享有集体资产收益的分配。三是2009年6月1日后的新增人口仍是集体经济组织成员,但不享受集体收益的分配,只能从家庭成员中继承集体资产股权和农村土地承包经营权。

(2)农村土地承包经营权长久不变。一是从2008年5月2日起,各社承包地以户为单位发包到户后,承包经营权长久不变,不再进行调整。农户享有土地承包经营权的抵押、流转等方面的权利。二是针对因自然灾害(水毁或滑坡等)造成承包地损毁的,社集体不再调整划拨土地给受灾承包户。三是农户占用承包地建房的,原宅基地复耕后,与建房相当的面积作为承包地承包给建房户,多出的面积进入集体建设用地;若复耕面积少于占用承包地面积的,不足部分扣减农户承包地面积作补充。

(3)明确土地收益分配方式。一是田坎、河滩、荒坡等未分配到户的土地收益归集体所有,以人为单位分配股份到户。股份经社员会议同意,可继承、转让等。二是集体公益事业需占用社员承包土地时,采取"谁受益、谁负担"的办法,由受益户按当时国家征收补(赔)偿标准,出钱进行补(赔)偿。三是"五保户"去世后的土地承包经营权和收益权的处理,在得到村委会和本社议事会同意并报镇政府和县级相关部门备案后,采取"谁供养,谁收益"政策。

(4)同步探索征地制度改革。一是征地范围内承包地上的青苗等地面附着物补偿款归土地承包人所有,土地补偿安置款归集体经济组织所有。二是征地范围内农村集体建设用地使用权和房屋所有权的农户,青苗等地面附着物补偿款和房屋及其附属设施补偿款属农户所有,土地补偿款归社集体所有。三是征地所涉及未确权到户到人的"四荒"地、田坎等集体土地征收补偿安置款和公益设施补偿款属集体所有。四是社集体对征收补偿款按照县政府补偿安置标准和农户实际被征收面积,按"征谁补谁"的原则进行分配。农户领取补偿安置款时,与集体经济组织签订协议书并进行公证。五是属于集体所有的征收土地补偿安置款及集体公益设施补偿款,在提取适当公积金和公益金后,余额部分按照 2009 年集体颁发给农户的股权进行分配。2010 年,成自泸高速公路征地项目涉及改村征地部分的三组 44 户村民便率先进行突破,将被征收的 44.157 亩土地共 145.72 万元补偿款按照"长久不变"的方式进行分配,2010 年 6 月 4 日,全组共分配了 144.51 万元,留作集体公益金12093 元。

（5）集体资产股份量化到户。一是确定集体经济组织成员,在 2009 年6 月30 日前,由全体社员会议讨论同意并形成决议。二是集体资产分股到户,按人均 1 股进行量化分配,并以户为单位颁发股权证。三是集体资产股权变动,不因股权人的户籍、居住地、工作地、婚迁等原因变动,有效期为长久。四是集体资产股权收入分配,一般每年按"股"分配一次集体资产收入,分配前由股东代表大会对分配额度提出分配草案,经全体持股的集体经济组织成员讨论同意并签字捺印后进行分配。出现土地征收等特殊情况时,经全体股权持有人同意,报村委和镇政府备案后,也可进行分配。五是集体资产股权监管,统一纳入集体"三资"监管服务中心,并由社长在全体社员和监事会监督下管理和经营,集体资产每年进行一次集中清理、核实、登记和公示,新增集体资产纳入农村集体"三资"监管平台,集体资产净收入按 20％和 5％分别提取公积金和公益金,剩余部分由股份持有人按"股"分配,并设立专户存储,专款专用。

（三）"封村封户"改革试点的成效与启示

在确定承包地经营权关系长久不变的基础上,大力推进各项事业的发展。"村民能安心搞生产,企业能放心进行长线投资,产业跟着也发展起来了"（村支书唐朝阳语）。

一是有力地推进了土地综合整治和农民集中居住。在"产改"的同时,全村实施了"拆院并院"工程项目,共计整理农用地 289.7 亩;以 18 万每亩的价格流转集体建设用地 47.28 亩,共计获得流转费用 851.04 万元,引导农民到聚居点集中居住 168 户 569 人,到场镇集中点居住 435 户 1892 人。

二是引进了大量的城市资本参与发展现代农业。由于农村承包地经营权的长久不变,坚定了城市资本参与的信心,以玫瑰为主的花木种植业和餐饮休闲服务业为主体,形成了一、三产业互动发展的良好格局。现已建成乡村酒店 3 家,种植以玫瑰为主的花卉 2200 亩,开发森林旅游 500 亩,种植水果 1200 亩,养殖商品鱼 140 亩,全村农民在收取土地租金的同时,实现了全部充分就业。

三是推进了土地流转和农业适度规模经营。全村幅员 3.17 平方公里内,共有耕地 5503 亩,已流转 5203 亩,其中农用地 4100 亩,建设用地 47.28 亩,国家征收 361 亩,林地及其他土地 695 亩。

瓦窑村率先探索了农村承包地经营权长久不变落实办法,村民自发形成的"封村封户"做法,是自家庭联产承包责任制农业经营制度的继续和深化,具有划时代的意义。2009 年,国家历史博物馆将瓦窑村一组村民按了手印的《瓦窑村一组关于土地承包经营权长久不变的户主大户的决议》这份宝贵的村民自愿签订的土地承包关系协议进行了永久收藏。

成都正在进行的农村产权制度改革契合了党的十七届三中全会的精神,昭示着试验区解决"三农"问题的突破口,具有示范意义。村庄评审会制度不仅探索了一条实际可用的土地确权程序,也探索了一条村民治理新模式,在农村基层社会自制管理制度创新方面迈出了具有历史意义的一步。在中国第一次将法律法规规定的财产权利落实到每户农民,是一场农村产权制度的重大变革。

第三节　全面确权颁证的成都启示

2008 年 2 月起,经过五年的农村产权制度改革,鹤鸣村人均收入由不足 2000 的纯农业村,变化到人均收入逾万元,集现代农业、乡村旅游、生态养殖、苗圃种植、珍稀水果种植园、乡村酒店等为一体的现代化村庄,全国慕名前来考察取经的参观团络绎不绝,甚至出现了"我一天最多接待过 8 个参观团"(村支书刘文祥语)的现象。这就是"农村产权制度改革第一村"鹤鸣村的现实发展。

一、"确权"是土地流转的前提与基础

"确权"是土地流转的前提与基础，这是从成都的实践经验中得到的启示。成都市 2003 年提出通过"三个集中"来推进城乡统筹，到 2008 年提出推进全面的农村产权改革，其首要内容就是确权，以厘清农村土地和房屋所有权与使用权为基础的"确权—产改"之路。

成都改革的逻辑是，如果不以确权为前提和基础，贸然发动大规模的土地流转，那么这个流转的主体就不可能是农民，很可能是其他权力主体，从而使土地流转成为其他权力主体侵犯农民财产权利的又一轮机会。那样就背离了城乡统筹的初衷。成都确权先行的做法，消除了土地制度改革的系统性风险，为改革加上了一道保险阀。给我们的启发就是，农民的资产首先要有清楚的权属界定，并且要有一个普遍的合法的表达。因此，必须对农民承包土地进行明确的确权，颁发承包经营证书。

历史经验同样说明，权利的清楚界定，能够带来重大的变化和产生长远的影响。20 世纪 80 年代早期，国家实施农村联产承包，把种地权还给了农民。这一变化，基本解决了农村的温饱问题。这个被国际上称为不可能的难题，就这样解决了。从 20 世纪 80 年代中后期到 20 世纪 90 年代，国家把农产品的销售权、卖粮权还给了农民，还给了市场，根本废除了统购统销制，结束了我国农副产品多少年供不应求的历史。20 世纪 90 年代中后期，国家改革城市居民中住房制度，结束了单位福利分房体制，开发房改房，也是还权于民，结果就创造出一个城市房地产产业，史无前例地改善了我国城镇居民的住房条件，也为保障性住房的建设提供了经济基础。这三个参照系都说明，要保护农民利益，最重要的就是确立农民的权利，要让农民有权关注自己的利益，有权对环境的机会和风险作出理性反应。

都江堰的柳街镇最早进行确权试验，农民对此关心和参与的热情，甚比当年土地承包责任制的程度。事实说明，农民对自己财产取得合法表达，对确权颁证非常关心，正如城镇居民对房产证、土地使用证等同样关心一样。农民们明白，产权证可以帮助保护自己的财产。当产生矛盾和纠纷，要讲清楚资源谁属，才能裁定谁侵犯了他人、谁被他人侵犯。也就是说，产权证可以降低人民保护自己财产的成本。而且，随着农民工的流动性增强，没有产权

的合法表达,就难以灵便地捕捉流动重组的机会,因为不方便与人订约。"契约"一词,就是先有"契"(产权证书)才容易"约","契书"(产权的合法证书)大大降低了人们达成合约的成本。

新制度经济学强调,只有清楚产权,资产才能进行交易,权利人才能获得利益。土地确权完全符合这一原理。成都改革中,首先普遍地给所有农民办理了农地承包经营证、山林承包经营证、房产证所有权证和宅基地使用权证,以及土地的集体所有权证,这是一件有重大意义的长远工作,对深化农村土地产权制度改革具有重大的现实意义。

二、村庄评审会是农村土地确权的普适做法

成都"确权"纲领来之不易,实施和执行就更为艰巨。我国自 20 世纪 50 年代初给农民颁发了作为土改成果的土地证之后,在长达数十年之久,国家并没有提供普遍的、连续的产权确认与颁证服务,对农村土地资源就没有完成普遍的、有明确法律表达的产权界定。虽然,农村土地(包括山林)的所有权归农民集体,使用权、经营权和承包权归农户,以及农民住宅的所有权归农户,早已是我国农村经济生活的基本现实,但是这样一种实际存在的权利关系,至今尚没有完整的、普遍的法律表达。由于历经单干、互助组、合作化、公社化、联产承包改革等重人的"生产关系变化",农村的人口、劳力、家庭、土地和房屋的关系早就变得面目全非,大量历史遗留的问题错综复杂。要在农村土地房屋实际占有的基础上,建立一个能被普遍接受的、具有权威性的法律表达的农村财产权利体系,显然是一项艰巨的任务。

成都在实施农村土地确权中,摸索出一套实际可行的确权程序,即"村庄评议会",或称"村资产管理小组"。本着先易后难的思路,对农村集体建设用地、农村宅基地和承包耕地分类梳理,依据不同的情况,制定相应的确权颁证工作思路。就农地确权颁证而言,成都做法是将承包地和自留地、未利用地及其他农用地分来,分别进行确权。在推进工作中,成都先进行了承包地的确权颁证。

其中,"村庄评议会"做法最为人称道。即把历史上担负过村庄公共管理责任的长者推举出来,由他们根据对多年来没有可靠文本记录的土地、房产变动的回忆,对入户产权调查和实测结果进行评议,特别是对存有异议和纷

争的疑难案例进行梳理，并把评议结果作为确权预案公示，直到相关利害的各方都接受，才向政府上报确权方案。由此，农村土地的确权，已从一个比较抽象的口号，发展为由动员、入户调查、实地测量、村庄评议与公示、法定公示、最后由县级人民政府颁证等环节组成的可操作程序。

在这一过程中，农户自己做主，参与公共管理，实践了村庄民主。由村民自主协商解决确权中遇到的历史难题，也减少了矛盾和冲突，营造了公平、公正的确权环境。可以说，确权为构建新的村庄治理结构创造了条件。事实证明，村庄评审会是农村土地确权的有效做法。这一做法思路清晰，可操作性强，不仅是农村土地确权颁证的好方法，也是我国探索村民自治农村社会管理的一大创举。

第六章　农村土地股份合作社的发展和实践

近年来,农村土地承包经营权流转加速发展,并呈现出适度规模经营的趋势。尤其是十七届三中全会以后,农村土地承包经营权流转改革已成为农村土地产权制度创新的主旋律之一。在各地种种创新举措中,土地股份合作社备受关注,并上升为国家推广的有效模式。随着新型农业经营主体逐渐出现,尤其十八大和十八届三中全会提出的建立新型农业产业经营体系和新型工农城乡关系战略,土地股份合作将迎来发展的高潮。

第一节　土地股份合作社的内涵和特征

一、土地股份合作社的内涵

土地股份合作社是农户以"农村土地承包经营权"入股合作社,是在农村土地承包基础上,在不改变土地所有权的性质和土地用途的前提下,把土地承包经营权变成股权,土地承包经营人自愿联合并依法以承包土地作价出资入股,入社土地由合作社统一自主经营或委托经营的合作经济组织,是农民承包土地流转机制的一种创新。

土地股份合作社要开展经营活动,必须获得主体资格,申领营业执照。作为农民专业合作社的一种,只要符合土地利用总体规划,不改变原有土地性质和用途,明确土地承包权益人,合理确定股权价值,工商部门就可依法进行注册登记。

二、土地股份合作社的特征

相比历史上的人民公社，现行的专业合作社是在农村家庭承包经营基础上，以同类农产品的生产经营者或同类农业生产经营服务提供者、利用者，自愿联合、民主管理的互助性经济组织。这种经济组织在不改变农村土地集体所有性质和农户家庭经营的前提下，将农户家庭经营与农民专业合作社有机嫁接，这在一定程度上将激活土地作为农业资本所应发挥的作用。

具体表现在：一是农民专业合作社不仅能够提高土地利用率，还能保持农民土地承包权的稳定，解除农民的后顾之忧；二是农民专业合作社成为土地经营权流转市场的载体，使土地经营权能够有序、透明、规范地推进；三是通过农民专业合作社与企业合作经营，存地农民还可分享耕地的增值效益；四是农民专业合作社经营可以减少土地对进城农民的束缚，增加农民的财产性收入，五是农民专业合作社可以整合土地资源，实现农业集约化生产，提高生产效益。由此看出，土地以入股合作社方式流转与以土地股份制流转相比较，合作社是更有效的形式，且远比人民公社更具时代性。

三、土地股份合作社的时代意义

土地股份合作社的建立正是充分调动了土地的经营权，土地的所有权和承包权没有改变。同时，土地股份合作社作为一种将承包田由"分"到"合"的有效整合形式，将农户分散的土地集中起来，统一耕种、统一经营，农户以承包田的"土地经营权"入股并按股分红，既适应了农业产业化、农村城市化需求，又保证了农民对土地承包的长期收益权，是新时期完善我国农业基本经营制度的有效形式。

土地股份合作社的出现，将土地经营权视为一种资产进行整合，在尊重基本制度的前提下进行土地使用权创新，是对现有土地承包的补充和延伸，必将激发出新一轮农村经济活力。

第二节　土地股份合作社的发展过程

一、地股份合作社的兴起

1984 年,中央 1 号文件提出"鼓励土地逐步向种田能手集中",鼓励农村土地进行有偿流转。2005 年,农业部《农村土地承包经营权流转管理办法》正式施行,提出了农村土地多种流转形式。2006 年 10 月,《中华人民共和国农民专业合作社法》颁布实施,允许农民以承包土地的经营权参股,组成土地合作专业社。如今,我国已明确提出加强土地承包经营权流转管理和服务,建立健全土地承包经营权流转市场,按照依法自愿有偿原则,允许农民以多种形式流转土地承包经营权,发展多种形式的适度规模经营,土地股份合作社就是这项政策的产物。现代意义上的土地股份合作社最早兴起于广东南海市。

20 世纪 80 年代的南海,工业经济异军突起,尤其是 1992 年邓小平南方讲话之后,经济建设掀起了新高潮,土地大量被征用,地价飞涨,农民"惜地"思想日益强化,分散经营格局的土地承包经营制度与村集体要求土地集约化利用在现实中产生了一系列矛盾。

20 世纪 90 年代初,作为我国新一轮农地制度改革实验区的南海,建立了全国第一个农地股份合作社。改革初期,土地股份合作制彰显制度绩效,是地方政府、社区、农民"共赢"的制度安排,被称为"南海模式"。2003 年,南海再次将土地股份合作制深入推进,实施农地股份固化分红制度改革。

二、地股份合作社的普遍推广

2008 年,时任总书记的胡锦涛在河南省考察工作期间,专程赶到焦作市博爱县海林葡萄专业合作社视察,指出在坚持实行家庭联产承包责任制的前提下,通过组织各类农民专业合作社,发展规模经济,是一条切实可行的路子。此前,中央农村工作领导小组办公室对部分省、市"股田改革"进行调研,形成报告上书国务院,但"股田改革"做法被果断否定。温家宝总理还作出了重要批示,要求先行实施"股田改革"的省、市要探索以土地入股发展专业合作社。

十七届三中全会提出，给予农民有保障的土地承包权益，且土地承包关系长久不变，允许农民以多种流转土地承包经营权，发展多种形式的适度规模经营。各地积极探索加快农村土地流转的有效做法，其中得到最大认可的是农民以土地承包经营权入股组建土地专业合作社。目前，在广东、浙江、江苏、上海、四川等地，农民土地合作社流转土地被普遍推行。

三、地方土地股份合作社登记办法解析

2009年2月12日，浙江率先制定了《浙江省农村土地承包经营权作价出资农民专业合作社登记暂行办法》，于2009年3月15日正式生效。随后浙江又制定了《浙江省林地承包经营权作价出资农民专业合作社登记暂行办法》。在总结地方实践的基础上，2009年12月，江苏颁布了《江苏省农民专业合作社条例》，将农村土地股份合作社纳入规范范围。

《浙江省农村土地承包经营权作价出资农民专业合作社登记暂行办法》是依据《农村土地承包法》、《物权法》、《农民专业合作社法》、《农村土地承包经营权流转管理办法》等相关法律法规制定，是地方规范土地股份合作社的有效做法，是落实十七届三中全会精神的具体举措，是促进资源优化配置、农业转型升级的具体实践，是鼓励农民创业创新、增加农民收入的有效途径，提供了土地要素作价出资建社的制度保障，拓宽了土地承包经营权流转渠道，弥补了双层经营中统一经营的不足，规范了土地承包经营权流转健康发展。因此，《浙江省农村土地承包经营权作价出资农民专业合作社登记暂行办法》具有极大的现实意义和示范效应。

第三节　土地股份合作社的实践创新

一、广东土地股份合作社

（一）南海土地股份合作社的兴起

广东土地股份合作社主要是在南海地区兴起。为了应对农村工业化对建设用地的需求，南海市政府的做法是，以行政村和村民小组为单位，对集体

土地进行"三区"规划,分为农田保护区、经济发展区和商住区,由集体经济组织出面,组建土地股份合作社,以土地招商引资。南海做法在不改变土地所有权性质的前提下,将集体土地进行统一规划,然后统一以土地或厂房出租给企业使用,避免了国家征地垄断农地非农化的格局,为农民利用自己的土地推进工业化留下了较大的空间。到 2002 年,南海全市工业用地共 15 万亩,其中保持集体所有性质的有 7.3 万亩,几乎占了一半。

南海模式经历了两个阶段。第一阶段为农地股份合作制改革阶段。1992 年 9 月,南海区桂城街道夏北村通过村民决议形成了土地股份合作制,具体做法是把农民的土地承包权改为股权,出台了一套全新的入社分股方案。农民通过股份分红的方式,获得长久性的收益和福利,土地承包经营权成为股份财产权,脱离了传统的土地种植收益模式。在试点的基础上,自 1993 年,南海全面启动了农地股份合作制改革。随后农地股份合作制这一新模式在广东省得到迅速推广,在佛山、广州、东莞、深圳等地,相继进行了土地股份制改革,成立股份经济合作社。

第二阶段为土地股份固化分红制度改革阶段。随着改革向纵深发展,土地股份合作制的一些弊端也逐渐显露,高额分红之下,纠纷不断,矛盾突出。这些矛盾引起农户之间的不满,需要村集体来协调解决。2003 年起,经过充分准备,在平东村、平南村、夏南二村等先试点的基础上,作为推行农村综合体制改革中的重要一环,南海对土地财政权益分配模式再次调整,全面开展农地股份固化分红的新机制。改革主要通过三大制度实施,即村民股东代表决定改革方案、以户为单位核发股份分红以及"一户一票"表决制。

集体组织出租非农建设用地,不受法律保护,既损害农民集体的财产性收入,又影响了中小企业发展的后劲。为了解决农村集体建设用地问题,规范集体建设用地使用权流转市场秩序,保障经济正常发展,广东省人民政府于 2003 年出台《关于集体建设用地流转的通知》,并于 2005 年 6 月以省长令的形式颁布《广东省集体建设用地流转办法》这一地方规章,于该年 10 月 1 日在全省范围内实施。这部地方规章开宗明义,旨在规范集体建设用地使用权流转,明确集体建设用地可用于兴办各类工商企业,包括国有、集体、私营企业,个体工商户,外资投资企业,联营企业等;兴办公共设施和公益事业;兴建农村村民住宅。对集体建设用地使用权的出让、出租、转让、转租给予了明确界定。更有意义的是，这部地方规章还提出允许集体建设用地使用权抵押。要求"集体建设用地使用权抵押应当签订抵押合同，并向市、县人民政府土地行政主管部门办理抵押登记。农民集体土地所有者抵押集体建设用地使用权的，在申请办理抵押登记时，应当提供其全体村民三分之二以上成员同意抵押的书面材料"。另外，它还规定了集体土地所有者出让、出租集体建设用地使用权所取得的土地收益的管理和使用方式，要求将其纳入农村集体财产统一管理，其中50％以上存入银行专户，专款用于农民社会保障安排，不得挪作他用。

（二）南海模式的意义

南海模式以土地入股建立经济实体，并按照股权确定农民个人经济利益的模式，在法律之外推动改革，推动了集体建设用地的直接入市交易，最大限度地保护了农民集体和农民个人的利益，减少了社会矛盾，促进了经济的发展和社会的进步。广东的集体建设用地流转具有明显的自下而上性。在建设用地使用权流转和土地制度改革方面，产生了深远的影响。通过土地股份化改革确定了农民个人的权利，符合物权法基本精神。尤其在集体建设用地流转方面，首开了允许集体建设用地使用权抵押的先河。

二、江苏土地股份合作社

20世纪初，江苏省出现土地股份合作社加快农村土地流转的新形式。2009年以后，这种新形式得到较快发展，并成为基层政府主要推广的做法。

（一）首家土地股份合作社

2006年4月4日，江苏省颁发首张土地股份合作社执照，即江苏苏州市吴中区横泾街道上林村土地股份合作社。

上林村180户农户将240亩土地承包经营权作价入股，作价方式由农户协商确定，作价原则是将前3年每亩平均产值（250元）乘以土地承包经营权证上的剩余年限（20年），最终确定了每亩土地5000元的作价标准。经会计师事务所验资，工商部门确认上林村土地合作社的注册资本为120万元，全部由入股社员的土地承包经营权构成。之后，土地股份合作社将240亩土地统一承包给种养能手，农户每年可获取每亩保底600元的土地收益分红，出工劳动的农民还另有每天25元的雇佣收入，大大提高了农民的经济收入。

（二）江苏省土地股份合作社的主要做法

江苏省早期并未出台农村土地股份合作社的专项政策，而是让地方自行探索，对申请成立合作社的农户进行登记。2008年以后，给予农村土地规模流转补贴制度，规定土地股份合作社入股面积在300亩以上的，对土地流出方按每亩100元的标准给予一次性奖励。

江苏省土地股份合作社的主要做法可归为三点：一是组织推进，舆论引导。土地股份合作社发展比较快的苏南、苏中地区，把推进农村土地股份合作社发展作为优化农村土地资源的重要工作抓手，成立了农村农民专业合作、土地股份合作和社区股份合作三大"合作"改革试点工作领导小组，指导和推进土地股份合作工作。同时加大舆论引导，并到广东、浙江等地考察、学习成功经验，解放思想，更新观念。二是政策导向，加强扶持。2005年，苏州市率先解决农村土地股份合作社的工商登记问题，并在财政资金、土地使用、税收优惠等方面给予政策扶持，随后各地对入股土地给予300～400元不同程度的奖励政策。三是加强培训，跟踪指导。对登记成立的农村土地股份合作社，加强培训，跟踪指导，在组织结构上，逐步健全企业管理制度，推进社务公开，做到民主管理、民主决策、民主监督；在建章立制上，不断完善内部财务管理、利润分配制度。

三、浙江土地股份合作社

（一）平湖市渡船桥村土地股份合作社

2006年12月29日，浙江省成立第一家以土地承包经营权入股的农民专业合作社，即平湖市渡船桥村土地股份合作社。

平湖市渡船桥村土地股份合作社的主要做法是：首先，土地价值的合理评估问题。委托会计事务所对土地经营权作价评估，以前三年每亩土地的平均收益为标准，再乘以20年的剩余承包期，作出每亩土地经营权折价5000元的评估，解决了土地入股与资金入股的互相换算问题，使合作社在运作上更为灵活，既可集聚土地，又可吸纳资金。其次，农民股东的法律责任问题。在合作社章程中明确规定社员出资的土地承包经营权以相当于验资确定的等额人民币为限承担责任，解决了土地经营权入股一旦发生债权债务，土地不能抵债给他人的问题。再次，注册资本的股权体现问题。合作社设置总股权

276 股,每亩地经营权折算 1 股,平湖市东茂供销有限公司投入资金 2 万元,折算为 4 股;每股作价 5000 元,得出合作社的注册资本金为 138 万元;使每个股东的股权与注册资金直接挂钩,避免发生法律纠纷时,因注册资本金不能合理体现股权占比而造成利益分配无据可循。

(二) 海宁市金牛农机专业合作社

2009 年 5 月 20 日,嘉兴地区成立了首家以土地作价入股组建的农民专业合作社,即海宁市金牛农机专业合作社。

合作社由 10 家农户共同出资 5 万元注册组建,其中 2 户农户各自以 1 亩和 0.8 亩土地承包经营权作价 0.9 万元出资。合作社主要经营农机作业服务、农业机械维修、农机检测服务、农机技术咨询服务、农机及配件销售以及水果种植代理等。金牛农机专业合作社的成立,开辟了农村土地承包经营权规范有序流转的新渠道,拓宽了农民专业合作社出资方式。

(三) 浙江土地股份合作社的主要模式

浙江发展土地股份合作社主要有三种模式可以选择:一是集聚的土地由合作社统一雇佣农民耕种,合作社自己经营。这种方式要求合作社组织有比较全面的耕种、营销知识,在承担高风险的同时,也有着高额收益的诱惑,可以最大限度地调动农民参与市场竞争的积极性。二是采取"全包"的方式,将土地耕种经营全部转包给农业企业,约定固定的收益。这种方式相对可以最大限度地解放农村劳动力,使其可以参与其他社会工作,并获得相对固定的收益。三是采取"半包"的方式,将土地分块转包给种植大户,出产的农产品由合作社自己营销。这种方式既能发挥种植能手的耕种特长,又能发挥合作社的营销专长,优势互补。

以三种模式为参考,工商部门在登记注册时将经营范围进行了科学的设置,保证土地股份合作社在生产经营活动中的灵活操作,助推农民土地经营权收益的最大化。

四、四川土地股份合作社

(一) 农村土地产权制度改革

2003 年以来,成都市按照城乡统筹、一体发展的思路,以工业向集中发展区集中、农民向城镇集中、土地向规模经营集中"三个集中"为主要模式,积极探索以城带乡、以工促农、城乡互动、协调发展的有效途径,在全国率先作出了"统筹城乡经济社会发展,推进城乡一体化"重要决策,走出了一条城乡同发展共繁荣的社会主义新农村建设新路。2008 年,四川省成都市成为国家的成渝农村综合改革实验区之一。成都在推进农村土地产权制度改革方面积极探索,成立土地股份合作社是重要的创新举措之一。结合农村土地确权颁证工程的实施,在"还权赋能"方面进行深入探索,成都积极赋予农地承包经营权股权属性,鼓励成立农民土地股份合作社。其中,龙华农民股份合作社成为农村土地产权制度改革后的全国首家"农民股份合作社"。

(二) 龙华农民股份合作社

1. 首家"农民股份合作社"

龙华村位于成都绕城高速公路与成龙路交汇处,实有耕地 1407 亩、非耕地 1418 亩。2004 年以来,龙华村抓住成都市统筹城乡发展、推进城乡一体化的战略机遇,按照"群众自愿、专家论证、全民决策、两委操作、政府引导"的原则,创新创立龙华农民股份合作社,积极探索"三个集中"在农村土地整理开发的新举措,以科学规划为引领,股份合作为手段,土地整理为突破,产业培育为支撑,群众受惠为根本,持续发展为目的,引入市场机制,创造性地实践了人口集中居住、产业集中发展、农地集中经营,为破解"三农"问题、建设社会主义新农村作出了大胆有益的尝试。2004 年 6 月,龙华村以土地使用权入股成立了首家"农民股份合作社",龙华农民股份合作社正式成立。

2. 主要做法[①]

一是坚持"三个尊重",首创农民股份公司。首先,充分尊重群众首创。按照依法、自愿、有偿的原则,以整理出的农民宅基地、村组集体非耕地、集体资产和资金等入股,依据《公司法》及相关法律规定,注册成立全省首家农民股份合作社;建立健全了相应组织机构,设计了利益分配、产业发展、现金运用、物资管理、信息控制、财务管理六大工作流程,创新了土地股本退出的三种方式;按《公司法》相关规定制定了合作社章程,建立了决策责任和审批制

---

① 资料来源:四川三农新闻网."成都市龙泉驿区大面街道龙华村"http：//sannong. newssc. org/system/2008/11/01/011243188. shtml, 2008 - 11 - 01

度。其次，充分尊重群众意愿。对《可行性报告》《市场调查运作方案》《合作社章程》《合作社出资人协议》四个文本交由村民代表大会讨论，广泛征求意见；创新了股民股权认定办法，对"嫁出女"、"迎进郎"等难题交群众表决，2/3以上股民通过为有效。再次，充分尊重群众选择。逐家逐户征求意见，多次召开村民代表大会讨论研究成立股份合作社；农民自愿以家庭为单位，以书面形式提出入社申请，将整理出来的宅基地使用权作为个人股，将集体非耕地的使用权作为集体股入社统一经营。

二是坚持"三个集中"，用好资源集约发展。按照土地规划、城市规划、产业规划的要求，龙华股份合作社集约高效利用资源，全力推动"三个集中"。首先，产业集中发展。将宅基地、晒坝、林盘地等非耕地集中置换到优势口岸，以招拍挂方式引进商业、房地产项目及劳动密集型工业项目，在新居工程周边口岸用40亩宅基地集中新建了4.3万平方米商铺，其中汽摩商城统一承租了3万平方米商铺，积极配套基础设施，增强了经开区工业集中发展的承载力。其次，农民集中居住。按照"6-1"思路整理农民零星宅基地，集中建设农民新居，龙华股份合作社共整理出宅基地372亩，其中130余亩宅基地用于新建农民新居工程，实现了龙华2000多名农民的集中居住。再次，农地集中经营。按照"腾笼兴农"思路整理利用农民宅基地，整理后新增土地200余亩。将农民集中居住后不便管理的耕地、靠近荷塘月色景区土地、绕城路绿带用地，通过流转方式向规模经营户集中，全力推动农业产业化，科学规划启动建设了体育健身公园、国际怡康中心、花卉苗木基地、农家休闲旅游、食用菌种植基地等项目，在大幅提升农地规模经营效益的同时，也吸纳了一批农民就地就近成为农业工人。

三是坚持产业带动，做强支撑持续发展。推动龙华实践，产业支撑是关键。龙华实践始终把引进优势企业、扩大农民就业摆在首位，把试验区土地规划由工业用地调整为商业用地，由引进实力不太强、带动力小的一般性专业市场转向引进成都中心城区专业市场调迁的大型专业市场。2005年4月，成功引进红牌楼汽摩市场，组建了成都国际汽摩商城，2006年6月，基本建成了集汽摩整车营销、配件配送、改装美容、居住配套于一体的西南最大汽摩城。该项目总投资3亿元，建成商贸区10万平方米，可解决劳动力2000人。2006年下半年，通过以商招商，广州恒大房产又入驻龙华，新建60万平方米商品房,吸纳 2 万人入住。龙华股份合作社抓住项目入驻周边开发的机遇,积极在商贸、房地产、工业等方面投资兴业。龙华试验区周边即将形成以成都国际汽摩商城为代表的商贸产业,以川渝中烟为代表的工业产业,以银河花园为代表的人居产业,以川师总部为代表的教育产业,以名雅山庄为代表的休闲产业五大产业圈。每亩土地将比传统农业产出高出 6～15 倍,龙华农民股份合作社集体资产增值 30 倍以上。

四是坚持市场运作,多元投入进退平衡。按照现代企业制度要求,龙华农民股份合作社落实了融资载体,构建了投融资平台,推进龙华实践按市场机制规范运作,多元融资 25017 万元,通过项目本身实现自我平衡。首先,由龙华股份合作社作为投资主体,筹资 1381 万元先期配套了农民安居、兴业区域内的道路、电力、自来水等政府公共项目,再由政府转移支付给龙华公司;其次,内部自行筹资融资,解决资金不足问题;再次,依据国土政策土地收入由区财政统收统支,龙华区域引进项目用地依法公开"招拍挂",区财政拨付农民拆迁和土地两项补偿费,以解决项目用地及农民利益维护问题。另外,区政府给予龙华农民股份合作社政策支持,拍卖龙华整理出的多余宅基地,其净收益部分用于龙华农民股份合作社偿还工程欠款,支持参与产业发展。

五是坚持综合保障,确保实践富民惠民。农民稳定增收和社会保障是推进城乡一体化的重点和难点。龙华实践从初期开始,就一直高度关注农民集中后的就业、保障、增收问题,采取综合措施,调集各方力量,千方百计强化农民的综合保障。首先,产业带就业。农民进城就业是核心,龙华农民股份合作社在区镇支持下,积极引进劳动密集型的现代物流业——银河投资集团,周边还有农家乐、圣山制衣、川师大新校区等一批各类吸纳劳动力强的产业,为农民集中居住后就地就近就业提供了更多的选择机会,政府也进一步精心组织,加强引导和教育,帮助农民转变观念促就业,让有就业愿望的劳动力在产业发展中较好地充分就业。其次,发展促增收。农民进入集中居住区后,收入由以传统种养业为主的单一、不稳定变为多元、相对稳定。目前,农民收入主要构成如下:股份合作社分红收入、农民余房出租收入、社会保障收入、土地流转分配收入、劳动力转移务工收入等,农民收入呈持续稳定增长的良好态势。再次,公司全保障。依托龙华农民股份合作社集中居住后的农民既享受政府对农民的待遇，又享受城市居民的保障，还享受了股民优厚的福利。另外，免交在校小学生的学杂费，且给每人每年发放100元的义务教育补贴，汽摩商城还对股民子女考上大学予以奖励；免收入住小区的水、电、气、光纤接口及开户费；免费接受劳动力转移技能培训，并可就地就近就业。除上述以外，更重要的是，农民人均拥有10平方米的兴业铺面，可稳定获取收益。

第七章　农村土地产权流转的
服务平台体系

第一节　农村土地产权流转平台的内涵

一、农村土地流转平台的相关研究

(一) 农地产权流转平台内涵的研究

国内关于农地产权流转平台基本上存在两种不同观点。一种观点认为，农地流转组织是联结土地流入主体和流出主体的平台组织，是从土地流转过程中孕育出来的，在农地需求主体和供给主体之间起到平台组织作用，即沟通和桥梁作用(钟涨宝，2005；方中友，2008)。另一种观点认为，农地流转平台联结市场主体，是市场发达到一定程度的产物，是为市场交易主体提供信息和便宜服务的服务性组织(刘政坤、强昌文，2009)。可见，这两种观点的区别在于农地流转平台形成的路径不同，但其促进农地流转服务的基本功能是一致的。

(二) 农地产权流转平台职能与形式的研究

关于农地流转平台的职能。农地产权流转实现的方式主要有行政分配和市场配置两种，行政分配是我国现实中的主要方式，但是充分借助市场机制在资源配置中的作用是市场经济发展的必然趋势(陈志刚等，2007)。

农地流转平台对于农地供给和需求双方起着媒介和桥梁的作用，不仅可以大大降低交易成本和防范交易风险(周飞，2006)，而且可通过发挥专业机构的优势,规范和畅通市场交易,促进农地资源的优化配置(邹伟、何孟飞,2009)。汪衍玉(2012)基于动态博弈的视角,构建了土地流转的一个简单的动态博弈模型,比较了农地流转只有流入流出双方参与和有平台组织、流转双方参与的两种情况,论证了平台组织将会在土地流转过程中起到关键的促进作用。然而,目前大多数农地使用权流转定价都是通过农户与业主自行协商为主,缺乏一个有效正规的流转平台服务(朱述斌、申云、石成玉,2011),一定程度上阻碍了农地流转。王颜齐、郭翔宇(2011)通过对双边交易与集中交易的比较得出,平台组织介入土地承包经营权流转,会导致农户和业主预期固定收益增加。

就具体职能来看,王志章(2010)提出平台组织的三大功能:一是联系市场主体,在政府与农民、农民与业主之间起到桥梁和纽带作用;二是提供信息服务,为流转双方提供农地的供求信息和流转价格,有助于市场主体全面了解和预测市场供求状况和价格走势;三是维护正常交易秩序和社会监督。邹伟、何孟飞(2009)提出,农地使用权流转平台组织的作用主要体现在四点:即降低交易成本、减少交易风险、实现规模效益和规范流转管理等。

就农地流转平台的形式来说,作为促进农地流转的新举措,各地积极构建不同形式的农地流转平台,学者从不同视角进行了归纳和总结。

从农地流转平台的组建形式划分,陈万卷(2008)提出三种类型,即农民自愿组织形成的互助组织,农民和业主联合具有法人资格的协会或联合会等,成立以农村基层经济技术部门为主导的平台组织。杨展(2006)提出两类,即以独立的第三方身份参与博弈具有独立利益的民间机构和作为转出方政府或具有政府背景代理人身份的事业单位。

从农地流转平台的运行特点划分,钟涨宝(2005)提出土地信托服务中心、土地信托服务站、土地银行、土地流转协会等,王志章(2010)提出土地流转服务中心、土地流转服务站、土地流转合作社、土地流转协会、土地银行等。朱述斌、申云、石成玉(2011)基于双边市场理论,构建了一个农地双边市场定价机制平台,并比较了政府主导的平台和非政府主导下的竞争性平台之间的利弊,提出大力发展前者政策,同时加强对平台的监督。

从参与流转主体角度划分,目前同时存在两种土地流转形式:一种是一对一方的双边交易,即指土地承包户与土地转入方直接进行土地承包经营权交易,签订流转合同;另一种是由平台组织参与流转一对多的集中交易方式,即由农村集体经济组织、土地产权交易中心等作为交易当事人的委托方介入交易,通过交易平台实现土地使用权流转,并且协助和监督交易双方履约(王颜齐、郭翔宇,2011;朱述斌、申云、石成玉,2011;等)。

任勤、李福军(2010)基于成都的实践研究了农地流转平台模式,成都出现了村委会组织成立的集体经济组织、政府成立的农地流转交易平台、市场化运作的农村产权交易所、农民自发组织成立的股份合作社四种形式,但是尚未形成统一形式的土地流转平台组织。黄宝连等(2012)通过实地调研发现,虽然成都建立了市县乡三级服务平台体系,但是成都农地流转仍以私下自行流转为主。

(三) 农地流转中交易成本种类的研究

依据现代产权理论,交易成本的大小是决定资源转移的关键。农地流转过程中,存在诸如信息收集、起草合同和谈判、签订合同和执行合同、事后监督等成本类型。因而,农地流转过程中往往存在着较大的交易成本,某种程度上阻碍了农地的流转,尤其是在经历了信息收集阶段、合同起草和谈判阶段后。而且,如果协议没有达成,则变为沉没成本。可见,农地流转交易中迫切需要一种组织形式来减少上述交易成本,提高农地资源的高效配置。

(四) 农地流转平台组织运行机理的研究

适当的制度安排可以降低农地产权的交易成本。为降低农地流转交易成本,土地流转过程中逐渐形成了平台组织,即从土地流转过程中孕育出来的、在农地供需主体之间起到了沟通和桥梁作用的媒介,如土地流转协会、土地信托服务中心、土地银行、土地信托服务站等。

农地流转平台组织一旦形成,农地流转过程中的交易成本就会降低,这个成本包括降低交易过程中发生的成本和从交易维度出发降低交易成本。降低交易过程中发生的成本主要机理在于:可以降低信息搜寻成本、降低起草合同和谈判的成本、提高契约的规范性、减少机会主义倾向。从交易维度出发降低交易成本主要机理在于:降低资产专用性对农地流转的影响,减少不确定性对农地流转的影响,有效地分摊交易成本。

(五) 农地产权流转平台组织建设中存在问题的研究

尽管近年来各地农地流转平台发展比较迅速,但是也存在一些问题和地方无法克服的制度困境。就全国范围来看，现实中一个比较奇怪的现象就是，尽管人们已经非常认可服务平台所发挥的作用，但在土地流转过程中一般却很少参与(汪衍玉，2012)。从流转平台及运行来看，平台组织数量较少且分布集中在城市，很难满足广大农村农地流转的需要。且存在主体单一，行政色彩浓厚；组织建设和运作不规范；内部制度不完善，工作流程不规范；高素质专业人才缺乏等问题。

学者们就上述问题背后的深层次原因进行了一定研究。大部分学者都认为，主要原因在于农地产权不完整，产权权属模糊及其利益主体的虚化给土地流转和农业市场化发展带来了很大的负面影响(黄祖辉、王朋，2008)；钱忠好，2002)。相关因素还有土地供给不足(张照新，2002；刘克春、朱红根，2008；杨学成，2008；张光宏等，2001)、交易成本高 (钱文荣，2003；钱忠好，2002；钱忠好，2002；王兴稳、钟甫宁，2008)、耕地的社会保障功能 (姚洋，2000；温铁军，2006；Scott，1976；邓大才，2001；何静，2001；邢姝媛等，2004；胡瑞卿、张岳恒，2007；王兴稳、钟甫宁，2008)、户籍制度改革滞后 (周先智，2000；许恒周等，2005)。此外，农地市场发育不完善(马晓河等，2002；邢姝媛等，2004；李启宇等，2005；周飞等，2006；黄祖辉等，2008)、农地流转模式缺乏法律规范(丁关良，2003)以及特定社会文化环境 (钟涨宝、汪萍，2003) 等也是导致上述问题的原因。

二、农村土地产权流转平台的内涵

一般意义的农地流转形式表述均是指农地流转的具体模式，即农户之间就农地使用利益分配而言的模式，具体有土地互换、租赁、代耕、转包、反租倒包、土地股份合作、委托经营等多种收益分配合约的模式。

本研究所用"流转平台"，特指农户实现农地流转并获得增值收益及相关利益保护的途径。如果是农户与大户或农户与涉农企业直接谈判实现流转，是直接双边流转，不涉及平台问题。由于这种方式不仅谈判成本大，而且面临较大风险，流转关系亦不稳定，因而现实中极少发生，本书不将其纳入研究对象。现实中，为克服直接流转的缺点，高效发布农地流转信息，规范农地流转行为，客观上需要具有承担相关职能的土地流转组织的产生和发展，需要通过一定中介或政府等途径实现农地流转，即本书的农地产权流转平台。

因此,本研究中农户农地流转平台即是政府主导型和私下自由流转(私下途径)两类,并以这种分法将调研数据进行处理,分别研究两类平台对农户的积极影响、利益关系、影响选择因素以及产生的经济与社会绩效。

三、农村土地产权流转平台的类型

农地产权流转平台具体分为通过政府流转服务中心、经过熟人介绍、经村集体统一转包,或双方直接流转等,本研究将除政府主导型流转服务平台以外的所有平台归为其他种类流转平台,称为私下自由流转平台。因此,本研究对调研数据、材料等一手资料和其他途径获得的二手资料均按此标准进行分类整理,研究两大类平台和机制运行的相关问题。

显然,多样化的流转模式都是政府所允许并实施保护的。相对于自由流转平台的自发性、随意性和非规范性等,政府主导型流转平台构建的目的是为了更好地维护农户利益,规范流转,更有利于土地宏观管理和耕地保护。鉴于此,本研究侧重于分析政府主导型流转平台的功能和作用、存在问题、完善措施等。

第二节　农村土地产权流转平台的发展过程

一、农村土地产权流转服务的发展背景

时至今日,我国已进入着力破除城乡二元结构、发展城乡经济社会一体化的重要时期,统筹城乡发展成为时代主题。在这一背景下,要求建立完善的要素流转市场,首要的就是要消除阻碍要素在区域地理、产业结构之间自由流动的各种制度障碍,通过强化统筹城乡的市场力量使资源要素和商品服务在统一的城乡空间维度和可持续发展的时间维度上达到动态均衡配置,实现城乡之间生产要素的合理配置。建立完善的农村土地流转市场是其中的关键性因素,而明确农村土地产权并法制化制度化又是其中的基础和关键。

继 2007 年 6 月成都、重庆全国城乡统筹综合改革配套试验区启动之后,2011 年 12 月,农业部正式批准 18 个农村市(县、区)为新一轮"全国农村改革实验区",2012 年 1 月,又扩大至 24 个,为全面进行农村改革提供经验,为制

定完善有关政策法规提供依据。2012年3月，国土资源部和广东省政府联合批复了《深圳市土地管理制度改革总体方案》，为土地产权制度创新亮点，包括土地产权制度改革和土地二次开发利用机制创新，为全国土地管理制度改革积累经验。伴随着农村产权制度改革的深入推进，各大农村产权交易服务平台先后建立，农村产权交易市场逐步形成。新时期的农村产权交易市场方兴未艾。

二、农村土地产权交易市场正式启动

随着功能性改革试验区的获批，农村产权交易市场正式启动。2012年1月，农业部会同农村改革试验区工作联席会议成员单位批复了北京市大兴区等24个农村改革试验区和试验项目，其中，上海市闵行区、浙江省温州市、湖北省武汉市、大连市甘井子区4个试验区承担农村产权制度改革试验任务。这标志着我国新一轮农村改革试验区正式启动，农村产权制度改革进入了实质推进阶段。

新一轮农村改革试验区分布在17个省、3个自治区、2个直辖市、1个计划单列市和1个国有农场。从区域分布来看：东部地区有10个，中部地区有8个，西部地区有6个。主要任务是稳定和完善农村基本经营制度、健全严格规范的农村土地管理制度、完善农业支持保护制度、建立现代农村金融制度、建立促进城乡经济社会发展一体化制度、健全农村民主管理制度等。

新一轮农村改革试验区将为全国深化农村改革、构建现代农村产权制度探索路子，为制定完善有关政策法规提供依据。

三、农村土地产权交易服务平台先后成立

成都于2008年10月率先启动农村产权制度改革，成立了全国第一家综合性农村产权交易所——成都农村产权交易所，采取"确权、流转、收益、挂钩置换、耕地保护"的方案，为林权、土地承包经营权、农村房屋产权、集体建设用地使用权、农业类知识产权、农村经济组织股权等农村产权流转和农业产业化项目投融资提供服务。2008年12月4日，重庆农村土地交易所成立，随后，武汉、广州、上海、北京、杭州、天津、西安等地先后成立了农村产权交易服务平台，全国性的农村产权交易市场初步形成。截至2011年年底，全国省会

城市及直辖市注册成立的农村产权交易所已达 9 家(见表 7.1)。

表 7.1　全国农村产权交易服务平台统计

序号	名　称	业务特点	所在地	成立时间(年月日)
1	成都农村产权交易所	综合性	成都市天府新区	2008.10.13
2	重庆农村土地交易所	专项类	重庆市渝中区	2008.12.4
3	武汉农村综合产权交易所	综合性	武汉市江汉区	2009.4.30
4	广州农村产权交易所	综合性	广州市五羊新城	2009.6.30
5	上海农村产权交易所	综合性	上海市黄浦区	2009.9.18
6	北京农村产权交易所	综合性	北京市东城区	2010.4.15
7	杭州农村综合产权交易所	综合性	杭州市上城区	2010.10.19
8	天津农村产权交易所	综合性	天津市宝坻区	2011.5.24
9	高陵县农村产权交易大厅	综合性	西安市高陵县	2011.7.14

　　随着农村产权交易机构的建立,我国农村产权交易市场开始进入崭新的发展时期。农村产权交易的各项业务不断发展与开拓,在交易规模、交易品种、交易规则、交易平台体系方面已得到较快发展,基本实现了市、县(区、市)、乡三级信息发布和组织交易的综合型平台,实现了"六统一"的管理模式,即统一交易规则、统一交易鉴证、统一服务标准、统一交易监管、统一信息平台、统一诚信建设,逐步形成税费一致、信息共享、统一的产权交易体系。

　　新时期农村产权交易市场发展取得了初步成效,尤以作为全国城乡统筹综合改革配套试验区的成都,以建立健全"归属清晰、权责明确、保护严格、流转顺畅"的现代农村产权制度为目标,探索出了一条"确权是基础,流转是核心,配套改革是保障,发展是目的"的改革之路,成为全国破解城乡二元结构难题的一个亮点。

第三节　成都农村土地产权流转服务平台的实践创新

一、农地产权流转服务平台创建的路径图

　　在深入把握二元社会结构形成和发展的现实基础上,成都确立了农村产

权制度改革的思路，围绕"还权赋能"核心，实施了一系列制度创新，取得了积极的成效，形成了一条称之为"成都经验"的改革路径。依据现代产权理论，结合成都上述两个试点村庄的实际，本书将成都实践发展进行理论提升，提出成都农地产权流转平台建设的路径图。

首先，通过农地确权颁证，明确了土地各项产权，为顺利实现流转奠定了制度基础；其次，通过一套保护耕地的新机制，剥离土地保障功能，调动了农民流转农地的主动性；再次，搭建流转服务平台体系，规范流转行为，降低交易成本，确保流转收益，促进农地快速、有序流转；另外，成立流转行为担保公司，降低交易风险；最后，还权赋能，确保各项土地权能的实现，达到缩小城乡差距的目的。尤其是成都农村产权交易所这种政府主导型农地产权流转平台的搭建，极大地促进了成都农地流转的高潮。

在以下章节的实证分析中，本研究将从不同视角和纬度，研究成都农地产权流转平台建设的具体做法和成效，重点探索政府主导型流转平台对农户农地产权流转收益的影响，农户选择政府主导型农地产权流转平台和私下自由型农地产权流转平台的主要影响因素，比较不同农地流转平台的经济效益和社会效益，全面分析成都农地产权流转平台和机制的实践经验和存在问题，为完善农地产权流转平台和机制提供翔实的现实基础和依据。

二、农村土地产权流转服务平台的运行机制

成都在推进土地产权流转制度改革进程中，在流转模式创新方面取得了积极成效，先后创新七种之多。依据流转平台进行分类，主要有四种，即政府搭建农村产权交易中心、村委会/集体组织成立新型集体经济、农民自发组织成立土地股份合作社、企业组建市场化运作交易服务所等。

(一) 市县乡"三级"农村土地产权交易中心

在个别乡镇试点的基础上，成都市各级政府建立起相应的土地流转服务中心，形成市、县、乡三级联网的土地流转服务网络，对全市土地流转进行统一管理，这种由政府发起成立的中介组织，经费由政府统一拨付，工作人员由政府委派，在很大程度上规范了土地流转的有序进行。

成都市成立了第一家市级农村土地承包权流转服务中心，在都江堰市等14个区(市)县分别成立了县级农村土地承包权流转服务中心，乡镇相应成立

农村产权交易服务站,一些区(市)县还在村(社区)设立农村产权交易服务点,已形成了统一交易规则、统一交易鉴证、统一交易监管、统一信息平台、统一诚信建设等"六统一"的市、县、乡"三级"农村产权交易服务平台体系(见图7.1),为业主和农户提供规范、便捷的市场信息、政策咨询等服务和土地流转供需信息,并代表政府对农村土地流转进行监督和指导。在隶属关系上,成都农村土地承包流转服务中心属于市农委,区(市)县服务中分别归属政府办、农发局、国土局或其他相关部门,乡镇农村产权交易服务站多数是挂靠在农业或国土等部门,资金由政府拨款,工作人员由政府委派,政府指导服务平台开展土地流转服务业。

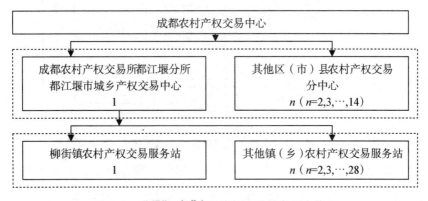

图7.1　成都"三级"农村产权交易服务平台体系

作为最早建立的乡镇级交易服务平台,柳街镇农村产权交易服务站建立了完善的中介服务机制:在鹤鸣村成立了首个农村产权交易服务工作代办点,以五一村、双凤村、金龙村、七里村、同乐村为农村产权交易服务项目试点村试行相关流转实施方案;建立公示土地、房屋、林业的交易信息栏;建立价值评估体系;建立"诚、信、责、义"的农村信用管理评价体系。

(二) 村委会组织新型集体经济组织

村委会立足本村发展实际,通过村民商议形式,组织成立的新型集体经济组织,积极探索土地流转方式,大力发展适合本村的支柱产业。新型集体经济组织是由村委会基层组织发起,以农民土地使用权作价入股,按照农户自愿、利益共享、风险共担原则而建立的集体经济组织,获得土地出租和股权分红收益的新型集体经济组织,其工作人员由村委会部分成员和农民共同组成。具体形式有农业股份经济合作社、现代农业发展有限公司、农业科技示范园区、农民专业合作社等。

观测点之一：龙华农民股份合作社：全国首家"农民股份合作社"

龙华村以土地使用权入股，于 2004 年 5 月成立了首家"农民股份合作社"。通过土地整理流转，以耕地承包经营权和宅基地使用权作为村民个人股；以工矿用地、其他非耕地使用权、村集体固定资产及现金作为集体股，二股合一，组建股份合作社，形成独立运作的企业经营主体。龙华农民股份合作社运行模式如图 7.2 所示。

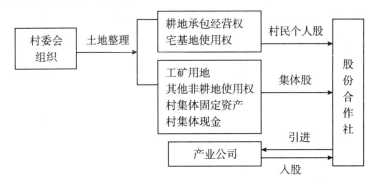

图 7.2　龙华农民股份合作社运行模式

目前，合作社已形成了一套持续提高农民收入确保分享土地未来增值收益的长效机制：一是原有承包土地，采取入股的方式由合作社统一规划为 500亩一块，以反租倒包的形式，向蔬菜和花卉大户集中，确保农户每亩每年实现保底红利 1200 元以上；二是股民人均 10 平方米商业铺面，以自家经营或出租的形式，获得固定收益；三是引进产业为社员提供 300 个就业岗位，从事中心市场和农民新居的经营、物管、运输等工作，领取工资；四是股份分红。目前，龙华村人人有福利，人人有医保，人人有养老，居民就业率达 98% 以上，率先实现了全面小康生活。

观测点之二：战旗村农业股份合作社：实施土地适度规模经营新路子[①]

郫县唐昌镇战旗村位于郫县、都江堰市、彭州市三县（市）交界地带，全村辖区面积 2.06 平方公里，耕地 2163 亩，辖 9 个农业生产合作社，农户 501 户，农业人口 1682 人，农村劳动力 984 人。作为市县两级社会主义新农村建设试

---

① 资料来源：郫县三农信息网 郫县农村经营管理服务中心 2007 - 11 - 28 http：//www.pxnxw.gov.cn/web_disp.asp? id＝2264

点村,战旗村积极探索农民以土地承包经营权入股,实行土地规模经营,培育产业支撑,引导农民逐步转变生产生活方式。2007 年初,战旗村村集体注入资金 50 万元,农民以土地承包经营权入股,组建成立了农业股份合作社。战旗村农业股份合作社的运行模式如图 7.3 所示。

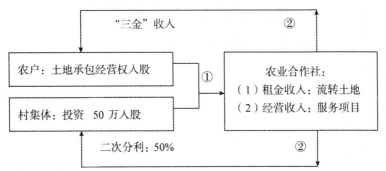

图 7.3　战旗农业股份合作社集中经营土地的运作模式

合作社将集中起来的土地,在基础设施方面进行整体打造,成片流转给企业或业主,大幅度提高土地流转收益。并采取"农户入股保底,收入二次分成"的分配方式,有效弥补了双层经营中"统"力的缺失,农民增收链条得以延伸。农户可从合作社获得稳定的"三金"收入,即:获得土地流转租金每年每亩保底收入 800 元;坚持"集体多积累,兼顾成员分红"的原则,对高出保底租金部分的 50% 用于持股农户再分红,实现农户第二次分利,余下的 50% 新增收益用于扩大合作社生产经营;农户可进入园区成为农业工人,获得稳定的务工收入。合作社成员单是土地入股的保底收入和二次分红,就比原来单家独户的租金(一般不超过 600 元)高出 300 元左右。村民的收入由以前的种田收入为主,逐步向务工收入或从事其他经营项目收入为主转变,实现了农民收入构成的多元化。

通过合作社集中经营土地,既大幅度增加了广大农户收入,也壮大了村集体经济实力,村集体按入股分成将其收入的大部分用于村民福利、公益事业,增强了集体经济组织在农村社会事务管理中的凝聚力和向心力。该合作社成立以后,坚持统一规划、合理布局,打造唐昌镇战旗现代农业产业园①,通

---

① 园区规划面积 8000 亩,以战旗村 2000 亩为核心区,辐射周边金星、火花、横山三个村 6000 亩。重点建设一区两园四大基地。(即:精品农业展示区、沙西线都市生态农业观光园、柏木河生态农业观光园、现代设施农业生产基地、有机食品示范基地、川菜产业化原辅料生产基地、优质林果生产基地)

过对外招商，引进农业产业化龙头企业和种植业主，成片规模经营土地。合作社采取产销对接，发展订单农业，已基本形成龙头企业带动绿色蔬菜规模化、标准化生产以及农副产品产、加、销为一体的现代农业产业化发展模式。目前，战旗农业股份合作社已吸纳合作社成员 556 个，合作社成员通过租金收入、红利收入、务工收入，人均增收可达 800 余元。

（三）农民成立新型土地股份合作社

成都农民自主推动土地产权流转，通过对农民土地进行收集整理，招商引资，统一流转农民的土地，实现土地资源的合理配置、有效利用和规模经营，又可保障农户的合法权益和提高农户收入。

观测点：开元农民股份合作社"两股一改"新制度

2007 年 6 月 26 日，温江区永宁镇成立的"开元"合作社，是成都市率先以股份形式成立的农民专业经济合作社。该合作社是在开元村第三村民小组社员大会讨论并通过的"两股一改"股份量化方案基础上成立的。大会决定将全村可量化到人的资产总额 2523754.7 元（其中，村级资产 2277274 元，组级资产 246480.7 元），按人口股、农龄股各占资产 80%、20% 的比例计算，人均人口股 949 股（以 1 元为 1 股确定股份），人均农龄股 15.5 股；将全村可量化到人的土地 1634.48 亩，人均土地股权 77 股（以 1 厘面积为 1 股确定股份）；从股份合作社当年的收益中提取 30% 的公益金、20% 的风险基金后，剩余的部分用于股东分红（见图 7.4）。合作社成立以来，积极开展土地整理，挖掘资源潜力，策划土地分类包装，推动土地规模经营；共同参与集体资产经营，紧紧依托房地产、花木租赁、劳务输出等 10 多个基础类项目，保证了集体收益和个人收入的年年稳步增长。

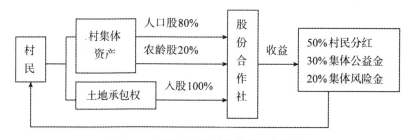

图 7.4　开元农民股份合作社运行模式

（四）企业制下农村土地产权交易所

2008 年成都市在全国率先建立了第一家企业化的、综合性的农村产权交易所，即成都农村产权交易所有限责任公司（对外挂牌"成都农村产权交易所"），在各区（市）县设立 14 个分所（与农村土地承包权流转服务中心合署）。成都市农村产权交易所归属市国土局主管，对各分所实施业务指导。成都农村产权交易所设立股东会、董事会、监事会，下设行政部、信息部、财务部、农村产权交易部、综合产权交易部、风险控制部及市场拓展部等事业部（见图 7.5），主要为农村林权、土地承包经营权、农村房屋产权、集体建设用地使用权、集体经济组织股权、农业类知识产权与投融资服务等项目的流转提供专业服务。交易所不断完善农村土地产权交易制度，制定统一透明的交易服务流程，土地资源配置机制正逐步向税费一致、信息共享、操作透明化方向演进（见图7.6）。

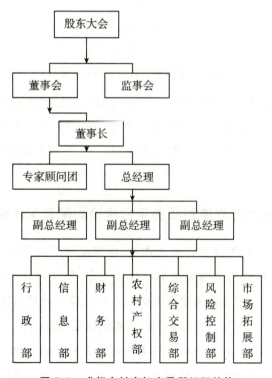

图 7.5　成都农村产权交易所组织结构

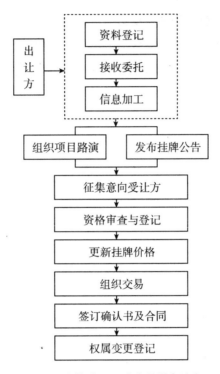

图 7.6　集体建设用地交易服务流程

成都市农村产权交易所成立之后，在成都市农村土地流转过程中发挥了非常关键的中介作用，其全市场化的运作效率较高且交易流程规范，使得交易过程中一般不会出现纠纷，即使出现意见分歧，在规范的制度制约下，也很容易得到解决。

三、农村土地产权流转服务平台建设的配套制度改革

为促进农村土地产权流转顺利进行，构建流转平台和机制，成都市实施了以农村土地产权为核心的全面确权颁证工程，设立耕地保护基金制度、建立交易服务平台、以联建促进建设用地流转以及设立政府流转担保公司等系列制度创新，奠定了农地产权流转平台和机制运行的基础。

全面确权颁证，是农村土地产权流转的前提与基础。只有产权清晰的土地及房屋等，农民才能获得交易利益，同时，也才能得到法律的保障。通过设立耕地保护基金制度，并以建立农民养老服务功能为契机，剥离了土地的社会保障功能，凸显了土地的经济功能，农民才会放心流转土地。建立市县乡

"三级"交易流转服务平台,规范土地产权流转市场,既有利于土地规划和监管,也有利于更好地保护流转主体利益。设立政府流转担保公司则能有效避免交易双方的潜在风险,尤其是农户土地利益。鉴于土地使用的不可逆性较强和农业经营风险较大等原因,政府流转担保公司将土地产权流转风险转嫁到政府自身,可以最大限度地保障流转农户利益,彻底解除农户担忧。

　　总之,农地产权流转平台建设,不仅仅是服务中介,更是一个系统工程,尤其是农村土地的确权颁证、建立耕地保护基金等配套制度改革至关重要。

第八章　农户选择不同流转服务平台的
影响因素分析

农地流转平台作用的发挥究竟取决于哪些因素,农户选择流转平台的行为受到哪些因素的制约? 针对这些问题的相关研究并不多见。影响农户农地流转平台选择的因素有很多,包括外部市场的发育程度、区域经济的发展水平、国家的相关政策、农户认知能力及农户家庭特征等。

在对实地调研数据汇总的基础上,本章首先对样本农户问卷及农户基本特征等一手资料进行初步分类分析;其次结合村干部调查表及从村组搜集的二手资料,对农户流转平台选择进行总体评价;最后,从农地流转的途径、动因等方面,对农户选择流转平台的特征进行计量模型分析。

第一节　样本选取与数据采集

田野调查的进入方式通常有两种,一种通过正规行政体制自上而下计入,一般是通过行政管理机构层层深入,其优点是能够得到地方管理者的认可和支持,从而容易得到管理者所掌握的相关资料,其缺点是因调研对象产生畏惧或疑惑而遭到掩饰或更改。另一种是通过非正规渠道进入。鉴于研究对象的实际,本研究所开展的田野调查采取的是前者方式,但又力图克服该种方式本身的弊端。调查小组先是经过自上而下深入村或社区,之后就摆脱乡镇和村干部的束缚,自主入户寻找符合条件的调研对象,并采取有偿采访的方式,收到了较好的效果。整个调研活动始终得到农户的支持,工作进展顺利。

2011 年 11 月,浙江大学中国农村发展研究院课题组成立了专门调研小组,就成都农地产权流转平台的运行情况展开了为期 20 天的田野调查①。在确定样本点上,调查组依据成都"三大圈层"20 个区市县的经济社会发展实际和开展农地产权制度改革的代表性,在充分征求相关专家和成都相关部门意见的基础上,最后确定的样本点涉及一圈层(城区)的锦江区三圣花乡;二圈层(近郊)的温江区万春镇和永盛镇、双流县三星镇和兴隆镇;三圈层(远郊)的都江堰市柳街镇和虹口乡、蒲江县复兴镇和寿安镇等。每个乡镇各选 2 个村或社区,共计 9 个乡镇、18 个村或社区(见表 8.1)。

表 8.1　调研点分布

圈层	区(市)县	乡镇	村组
一圈层	锦江区	三圣化乡	驸马社区、红砂镇
二圈层	温江区	万春镇	黄石社区、报恩村
		柳城街道	南街社区、万盛社区
	双流县	三星镇	南新村、井石村
		兴隆镇	瓦窑村、罗家店村
三圈层	都江堰市	柳街镇	鹤鸣村、御柳新村
		虹口镇	虹口村、联合村
	浦江县	寿安镇	华锋社区、五会村
		复兴镇	澎河口社区、庙峰社区

注:每个村问卷分数都相同,且问卷合格率 100%,故表中未列出具体问卷份数。

在结合已有关于农户行为研究成果的基础上②,充分考虑样本点的实际

---

① 此次调研是由浙江大学中国农村发展研究院《中国经济改革实施技术援助项目"四川省成都市城乡统筹发展中的农村土地产权制度改革研究"(D7-10)》子项目"完善农村土地产权流转平台和机制研究"课题组开展,调研活动得到成都市城乡统筹发展改革领导委员会(简称市统筹委)办公室的协助,本文作者系本次调研的组织者,调研小组由浙江大学中国农村发展研究院的博士生、硕士生及西南交通大学、四川农业大学的研究生共 7 人组成,调研的主要目的是分析成都市农村土地产权流转平台的运行情况,调研活动自 2011 年 11 月 11 日—11 月 30 日,历时 20 天。

② 关于农地流转行为主体的研究文献非常繁多,杂乱且参差不齐。归纳起来,流出农地的农户主要有三类,即兼业外出务工的农民,举家外出打工的农民及留在农村经营的散户;转入农地的农户主要是专业大户、合作社和农业龙头企业(含商业资本企业);除小规模经营农户因宅基地变更等进行少量农地互换行为以外,基本不存在同时发生流入流出的现象,本文在入户调查中,排除了这类农户。

情况,每个村(社)按 5：4：1 的比例选择流出农户、流入农户及农村集体经济组织代表作为调研对象,其中,流入农户又分为涉农企业(含农民合作社)和种植大户两类,按 1：1 选择。每村进行 20 份问卷调查,抽出 10 个流出土地的农户,4 个种植大户,4 家涉农企业,2 位村干部代表。

其中,关于村干部代表采访对象的选择,以发生土地流转的干部为优先考虑,对确实不符合访谈要求的村社,由本村集体经济组织负责人代替。根据访谈者的预期,村组干部应该是参与流转的积极代表,其对流转平台的选择应该比一般村民理解更深入一些。

调研实施中,先由区县农业部门协助联系乡镇,由乡镇农业干部联系村,然后由村干部帮助联系农户。采取一对一形式,逐一单独对农户进行问卷采访。为提高问卷质量,根据被采访者的回答情况,由采访者代填问卷,对被访问者不明确的问题,采访者给予详细解释说明,然后再回答问卷,确保了农户意愿表达的准确性和真实性。收回问卷 360 份,问卷合格率 100%,其中,流出农户 180 份,流入大户 72 份,流入涉农企业(含农民合作社)72 份,村组负责人 36 份。

调查问卷包括 3 种,抬头表 A 字的为农户问卷,B 字的为村组干部访谈提纲问卷,C 字的为大户或业主访谈提纲问卷,三类问卷的第一部分不同,第二、第三部分相同。问卷由三部分组成,第一部分主要用于捕捉农户基本特征方面的信息,包括了户主/业主的性别、年龄、非农就业情况、文化程度及受教育年限等;第二部分为农户对土地流转平台认知和选择情况,主要涉及选择流转平台种类、选择不同流转平台诱因是什么、流转土地类型、规模、流转土地过程中遇到的困难、期限、对象、是否熟悉政府主导型流转服务平台等;第三部分是开放式的问题,围绕农户土地流转平台的认知情况和建议,设计了"对政府部门所建立的流转平台(交易所)有什么看法、要求和建议"、"进一步完善土地流转平台和制度建设,政府最应该做什么"等几个问题。

在问卷调查实施过程中,农户参与的积极性远超出访谈者的预测,多数农户向访谈者提供了超过问卷本身以外的多种信息[①],各样本点的调研工作

[①] 为顺利完成调研,调研计划中考虑到给予被访问者十元的补助,但在实际调研进行中,大部分农户不但绝收了,而且积极配合调研。一些农户表示,开展农村土地产权流转平台运行状况的调研本身就是为农户反映问题,配合问卷调研是应该的,并希望我们的调研能为解决实际问题起到积极作用。这使得调研者非常感动,同时也增强了调研的责任感和完成论文的使命感。

进展顺利,也确保了问卷的真实性和有效性。

结合已有的相关研究结论和本次调研材料的初步统计,本研究将成都农户选择流转平台分为四类,即政府搭建的市县乡三级流转服务中心,村集体组织/村委会(含村合作经济组织),农户之间直接流转和企业化运作的交易所(平台)。

为便于统计分析和随后计量模型的应用分析,集合本研究目的,将农户通过市县乡"三级"流转服务中心(产权交易所)的农地流转视为正规途径流转,其余经过村集体组织/村委会、农户之间直接流转的视为非正规途径流转。以此标准,对调查问卷和访谈材料进行划分,分类整理,并应用于统计分析和计量模型分析[①]。

第二节　描述性统计与初步分析

一、农户选择流转平台行为的描述性特征

(一) 农户基本特征

在被采访对象中,无论是政府主导型流转农户,还是私下自由流转农户,女性者占据 60% 以上。村组干部代表中,依然以女性为主。这可能与农村男性劳动力外出务工者居多有关,留守农村的主要是女性劳动力,自然家庭户主呈现以女性为主。在我国农村地区,村干部往往采取直选的方式,由于人数上的优势,自然女性参加选举和被选举的比例较高。

就农户非农收入分析,无论是政府主导型流转农户,还是私下自由流转农户,常年以农业收入为主的农户比例较低,仅为 22% 左右,就是说,当前以纯农收入的农村劳动力仅为农村劳动总量的 1/5,绝大部分农户都摆脱了纯农收入,呈现多元化的趋势。兼业者占据 1/3,以非农就业为主的占据 1/3,完

---

①　在成都市完成基本完成农村土地产权的确权颁证以后,农民拥有土地承包经营权等不同类型的证书,无论是私下自行流转,还是通过市县乡三级流转服务平台流转农地,都是赋予农户流转农地自由权的具体体现,都是合法的。本研究的目的,是通过问卷调研和特定对象的访谈,揭示农户选择农地流转平台的主要影响因素,并努力分析其背后原因,为完善农村土地产权流转平台和机制提供现实依据。为便于数据处理和统计,便利数据在模型中的应用,本研究以政府主导型流转和非政府主导型流转对农户流转农地的不同实现途径进行了划分,无将二者对立之意。

全摆脱农业收入从事二、三产业的农村劳动力超过了 1/10。这主要得益于近年来城乡经济快速发展，城市吸纳农村劳动力能力增加，农村二、三产业发展，提高了农业劳动生产率。尤其是成都实施城乡统筹综合改革五年来的巨大成就，以及户籍制度改革、农村产权制度改革等一系列体制制度创新，促使城乡一体化发展格局基本形成，促进了农村劳动力的流动。

从农户文化程度及受教育年限来看，具有中等职业教育及以上的占据了 1/5，其中有 2% 的农户具有高等教育文化。这与国家近年来鼓励高校毕业生到农村就业、创业的积极政策密不可分。随着城乡统筹发展纵深推进，新型农业经营主体逐渐呈现，必将吸引一批又一批具有高等教育背景的青年到农村大展宏图（见表 8.2）。

表 8.2　样本农户基本特征

指标类型	流转类型	选项	比重（%）
性别	政府主导型流转平台	女性	48
		男性	52
	私下自由流转平台	女性	63
		男性	37
收入类型	政府主导型流转平台	农业或以农业收入为主	22
		兼业	32
		非农业或以非农业为主	46
	私下自由流转平台	农业或以收入为主	23
		兼业	45
		非农业或以非农业为主	32
文化程度及受教育年限	政府主导型流转平台	九年义务教育及以下	34
		中等职业教育或相当教育	42
		高等职业教育或相当教育	24
	私下自由流转平台	九年义务教育及以下	39
		中等职业教育或相当教育	61
		高等职业教育或相当教育	0

数据来源：问卷调查统计所得。

（二）农户选择流转平台类型的特征

为便于数据统计和随后的应用,首先以流转类型为依据对 360 份问卷进行了分类。其中,69％的农户选择了村社组织介绍后私下流转,11％的农户选择直接流转,选择非正规途径流转约占流转总量的 82％,而通过政府搭建的"三级"交易服务平台的较少,入场交易率低,仅为 18％(见表 8.3)。结合其他公布的资料分析,成都 80％以上的耕地和 90％以上的林地是通过农户自发流转的[①]。进一步分析发现,通过政府交易服务平台实现土地承包经营权流转的,行政主导下统一发包的占 56％。另外,通过对 36 位村干部问卷的统计,样本村(社区)干部均不同程度地参与了土地流转,这与调研前的预期是一致的。

这说明,在农地流转平台的过程中,农民更偏向于私下自行流转,少许进入政府主导型流转平台交易的,又多是乡镇政府行政主导推动,甚至是市县政府介入。显然,这与政府改革预期差距较大。其原因应该是多方面的,不仅与"三级"交易服务平台自身运行中制度的不完善有关,也与改革的政策风险有关,农户对进一步改革持观望态度。另外,从调研中得知,部分农户存在对土地的依恋情怀,甚至视自家承包地、宅基地为祖业,轻易不流转农地。

表 8.3　流转平台选择的特征

流转种类	具体流转平台	比重（％）
私下自由流转	村社组织介绍	69
	农户直接流转	11
	其他	2
政府主导型流转	"三级"交易服务平台体系	18

数据来源：问卷调查统计所得。

二、影响农户选择流转平台因素的描述性特征

就选择不同流转平台的影响因素而言,农户主要是基于不同目的而为

---

① 成都市统筹城乡综合配套改革实验区建设领导小组. 成都市统筹城乡发展的探索与实践. 2010

之。本问题为多项选择题,归纳起来,选择私下流转平台的农户主要基于以下几点考虑:

(1)顾虑土地被政府收回或变相收回的较多,超过60%,尤其在流出农户中普遍存在这种认识,比例高达65%。这反映了农户对当前土地承包关系新政策了解不够,还存在传统的认识。也可能是侵害农户土地承包权益事件屡屡发生,导致农户对土地流转存在顾虑。

(2)选择手续简单,流转方便。选此项的农户高达66%。这反映了当前"三级"流转服务平台体系未能深入农户,农户经过政府主导型流转交易成本大,从而阻碍了农户的积极性,尤其是偏远乡村地区,距离乡镇中心路途遥远,且交通不便,选择政府主导型流转的交易成本更高。另外,现行的交易服务平台手续繁杂,确实存在流转过程复杂的现象。

(3)也有部分农户表现出对政府的不信任,主要是县乡政府,有近1/3的农户选择"私下流转有保障",认为通过熟人介绍流转土地,既实现了对土地的占有,也确信熟人会按合约给租金。这种情况的发生,不仅与县乡政府忽视农户利益有关,也与传统的乡情邻里文化有关,农户对契约社会尚有待进一步认知。

另外,部分流出农户认为选择私下流转可得到较高的土地租金,而流入农户选择私下流转却基于支付较低土地租金。大约有1/10的农户出于被迫,而选择了私下自行流转。

选择政府主导型流转平台的农户主要基于以下几点考虑:

(1)安全有保障。百分之百的农户认为,选择正规平台流转土地可以获得稳定契约关系。对于流出农户而言,可以获得稳定的土地收入,降低政策风险;对于流入农户而言,既可以降低政策风险,也可以提高农户履约意识,降低履约风险。这也是政府构建"三级"流转平台体系的初衷。

(2)获得政府信任。有36%的农户认为,通过正规途径流转农地,可以提高政府对其的信任,进一步获得优惠政策。产生这种认知的原因可能在于,"三级"流转平台系政府创建,其工作人员多是原来其他部门借调过来,给农户以政府行为的认知。获得政府信任,并获取优惠支持,是农户一直以来的普遍心理。

(3)也有农户选择是一种被迫所为。18%的农户选择了是被强迫,67%

的农业企业认为是被迫。农户流转土地行为是一种资源的行为,政府是尊重农户自我选择的。但是对于流入农地而言,政府出于给予土地用途管制和确保流出农户利益等考虑,往往对流入土地的行为加以限制,主要是流转手续等约束(见表8.4)。

表 8.4　影响农户选择流转平台的主要因素

流转类型	主要影响因素	比重(%)
私下自由流转	选择手续简单,流转方便	66
	担心土地承包经营权被收回	65
	安全有保障	31
	土地租金	18
	被迫	11
	其他	9
政府主导型流转	安全有保障	100
	被迫	85
	减少纠纷	45
	获得政府信任	38
	其他	11

数据来源:问卷调查统计所得。

三、农户对政府主导型流转平台认知的描述性特征

围绕政府搭建的市县乡"三级"流转服务平台体系,问卷设置了两道选择题和两道开放式问答题。

大部分农户表示并不了解"三级"流转服务平台体系,对其作用缺乏必要的认知。高达68%的农户选择了"不熟悉",22%选择了"了解",10%选择了"熟悉"。调研的结果大大出乎预期。尽管基础政府作了大量的宣传和土地流转知识的普及,但是实际效果并不理想。广大农户,尤其是偏远地区的农户,基本上还停留在20世纪90年代对土地的认识,即土地资源可以在本社区调整、互换等方式流转。认知的不足,直接影响到农户的行为特征。

关于认知"三级"流转服务平台体系功能和流程的途径,大多数农户是通

过乡镇、村组自上而下的传达，也有部分农户是通过自学，或从新闻报道和政府宣传中了解，也有是私下熟人等自行转播了解（见表8.5）。

表8.5　农户对政府主导型流转平台的认知状况

流转类型	主要影响因素	比重（%）
认知状况	不熟悉	68
	了解	22
	熟悉	10
认知途径	乡镇、村组	66
	新闻报道和政府宣传	85
	熟人介绍	45
	其他	11

数据来源：问卷调查统计所得。

围绕农户土地流转平台的认知水平和建议，问卷中设计了两道开放题。经过对所填内容的整理，关于对"政府部门所建立的流转服务中心（交易所）有什么看法"，代表性的回答如下："手续烦琐"、"距离较远，不方便"、"是政府机关，不愿将土地交出"、"不了解"等。从这些回答中可以看出，农户对流转服务中心（交易所）还存在负面认知，对其服务功能认识不足。这也可以解释农户选择政府主导型流转服务平台积极性不高的原因之一。

关于"您认为进一步完善土地流转平台和机制建设，政府最应该做什么"，有如下一些回答："保证租金按时发放给户主"、"简化手续和办理时间"、"加强对业主的监管，加强经营管理"、"多向农户宣传"、"维护承包方合法权益，监督农户履行合同"等。从这些回答中可以看出，农户对流转服务中心（交易所）充满着期待，通过不断提高政府主导型流转服务平台的功能和作用，完善交易制度和减少交易要件，必将会大幅度提高农户选择的积极性。

第三节　研究假设与变量选择

新制度经济学认为，要深入地理解现实世界中的制度，就必须承认人们有限获取和处理信息的能力,用有限理性"社会"人取代完全理性"经济"人,以"有限理性"为基础进行"满意决策"。关于流转主体农户,本研究假设其为"有限理性的社会人",追求的是"满意决策"。主要基于以下考虑:

农户需求除了物质经济利益外,还有追求安全、自尊、情感和社会地位的需求。对流出农户而言,流转土地的目的主要是为了获得较好的收益,但是流出农户往往还要考虑对土地的感情,尤其是以非农收入为主的农户,对通过流转土地获得收益的动机已不足。有的农户视土地为祖业,不愿轻易流转土地。

同时,由于自身认知能力所限,农户对政府主导型流转的潜在利益认识不足,尤其很难预测到不同流转平台的未来收益。因而,现实中农户往往基于流转的显成本、时间成本和手续繁杂等考虑,较多选择私下自行流转。也有部分农户误认为,经过政府主导型流转平台,将会被政府监控,或土地被收回等,亦选择私下自行流转。

因此,这两方面的因素导致农户的选择是在有限理性下的满意决策。

一、研究假设

在"有限理性的社会人"的假设下,农户的选择是满意决策。农户选择流转平台既受自身特征影响,也受流转平台完善情况及农户对平台的认知状况的影响。在一般农户行为研究中,分别选择身份特征、文化程度及受教育年限、户主职业类型、经济状况等农户自身因素。具体假设如下:

(1)被调查者身份特征。在被调查中,有农户、业主、村干部三类,一般说来,农户由于自身教育、社交、经济状况等原因,对政府政策知道较少,不熟悉流转服务平台体系,选择私下流转土地;业主往往是农户经营中的能人,或是从事农业生产的企业,具有较高文化素质和较好的经济条件,社交能力较强,对政府政策比较了解,熟悉流转服务平台体系,选择正规服务平台流转土地;村组负责人由于受乡镇基层政府领导,直接与基层政府接触,熟悉政策,对流转服务平台体系流程和功能比较了解,选择正规服务平台。

(2)文化程度及受教育年限。文化程度及受教育年限能提高个人认知能力和判断力,使决策更加科学。如果农户文化程度高,受教育年限长,那么对土地政策比较了解,能够较高预测未来收益,其选择正规途径流转的可能性就越高。一般假定为：文化程度越高，则越可能选择正规途径流转；反之，则选择非正规途径流转。

（3）户主职业类型。户主如果从事非农行业，更有可能选择正规途径流转。反之，如果户主长期务农，其对外界情况和政策不熟悉，因此更倾向于非正规途径流转。

（4）非农收入比重。非农收入比重能够直接反应农户的经济状况，一般来说，非农收入比重越高，其受教育程度可能越高，根据上述假定，则更有可能选择正规途径流转。反之，农户困于生计，就很难关心信息、教育等，则更有可能选择非正规途径流转。

（5）对服务平台认知程度。对服务平台认知程度对农户选择途径流转的影响是明显的，认知程度越高，就越会选择正规途径流转。提高认知不仅要提高农户自身认知能力，也要宣传服务平台的功能和作用。显然，对于政府主导型流转平台的正确认知，会增加农户选择的可能性。

除了上述基本假设之外，农户选择流转平台行为更会受到诸如政策鼓励、区域经济发展水平、非农收入比重、非农就业水平等经济发展环境的影响，也会受到诸如流转面积、流转期限等行为本身特征，尤其近年来受到构建并不断完善的服务平台功能与运行状况、实施流转的配套措施等交易环境因素的影响。

（1）政策鼓励性。各地推进农地产权流转的重要举措就是给予特定流转农户政策倾斜，如优惠融资、直接补贴等。成都更是于全国建立耕地保护基金，剥离土地保障功能，使农地专职承担生产性功能；贯彻户籍制度改革，实现居民城乡自由迁徙等，极大地促进了农地流转。这些政策的实施，有助于提高农户选择政府主导型流转平台的可能性。

（2）经济发展水平。农地流转的最大动力是获得级差地租收益，而级差地租的产生与经济发展水平高度相关。只有经济发展，农地非农化或适度规模生产才能使土地产生更大的投资收益，产生级差地租，而分割级差地租是农户流转土地的根本动力。因此，经济发展水平越高，农地流转速度越快，流转市场会越发达，农户选择政府主导型流转的可能性就越大。

（3）非农收入比重、非农就业水平。非农收入比重、非农就业水平与经济发展水平密切相关，亦与户籍制度、产权制度改革密切相关。随着经济发展水平提升,二、三产业快速发展,吸纳农村劳动力能力提升,农村剩余人口进城即非农就业机会相应增多,因此要提高非农收入比例,加快土地流出;同时,随着经济发展水平的提升,农业生产效率也得以提高,要适度规范化、产业化、标准化农业生产的有益投资,诱导农地流入需求。随着成都户籍制度改革、耕地保护基金制度的建立,农地流转速度必然加快。流转速度的上升,促使着政府主导型流转平台体系的完善。

(4) 土地流转面积。土地流转面积会影响到流转平台的选择,鉴于正规途径流转要求要件多、繁杂等,小规模土地流转往往选择非正规途径流转,大规模土地流转往往选择正规途径流转。

(5) 流转期限。流转期限越长,越需要约束双方行为,维持公平合理的利益关系,期限长的流转选择正规途径流转,期限短的流转选择非正规途径流转。

(6) 服务平台服务功能与运行状况。从初步统计结果分析,流转服务平台体系给农户的交易行为本身带来诸多不便,如时间、路程、手续等,处于短期利益考虑,流出农户不会选择正规平台;对于流入农户,流转服务平台体系服务功能越健全流转风险越小,促进农户更多地选择正规途径。

(7) 是否有配套服务。经过正规途径流转的农户,若能得到配套的服务,如担保租金按时支付、支农优惠贷款等,农户会选择正规途径流转。反之,农户将选择非正规途径流转。

(8) 契约规范性。农地流转的契约规范性主要体现在流转合同的签订与履约方面。显然,契约规范性对农户短期影响是增加流转环节和程序,增加流转农地的时间成本;但长期无疑会降低农地流转风险,减少纠纷,提高履约可信度。现实中,鉴于农户以"有限理性"为基础进行"满意决策",契约规范性对农户而言,是否促进农地流转具有不确定。

二、解释变量的选取与设置

根据已有的经验研究文献,可以将这些影响农户流转土地行为的解释变量划分为四类,即制度政策变量、经济水平变量、家庭禀赋变量和户主禀赋变量。各种变量的测度指标基本上是一致的(见表8.6)。

关于制度政策变量的测度,主要有"地权的稳定性"、"农地流转政策的激励性"、"农地流转契约的规范性"等。"地权的稳定性"一般设为一定期限内农户所在农村社区调整农地承包经营权的次数和依据面积和人口等大小调整频率,该变量预期结果是正值,即农地调整带来农地承包经营权的不稳定,会影响农户流转农地。"农地流转政策的激励性"即地方政府鼓励推动土地流转的执行意愿,显然,该指标预测结果也应为正值时,鼓励政策有助于促进农地流转。"农地流转契约的规范性"即测度农地流转合同的规范性,合同的规范性在保障了双方利益的同时,也增加了交易成本,复杂的谈判程序将很难让外出打工的农户接收,这个指标预期不显著。

关于经济水平变量的测度,主要有"经济发展水平"、"外资投资水平"、"非农就业水平"。"经济发展水平"指在本县所处的发展水平和人均 GDP 等指标测度,一般选取可获得性强的后者测度该指标,该指标测度结果应为正值。"外资投资水平"指本社区以外进入的投资农业的水平,该指标对于流出农户来说,会增加土地需求而提高流转农地租金,而对于本地流入农户来说,则可能产生挤出效应。"非农就业水平"指测度指标有"离城市中心的距离"和"非农就业人口占总社区人口的比重",一般选取可获得性强的后者测度该指标。

关于家庭禀赋变量的测度,主要有"家庭人口"、"家庭劳动力"、"人均农地面积"、"人均农业收入"、"亩均农业收入"五个变量,一般"家庭人口"和"家庭劳动力"两个变量会高度显现。

关于户主禀赋变量的测度,主要有"户主性别"、"户主年龄"、"户主年龄的平方"以及"户主文化程度"等变量,一般这些变量都很容易观测,且结果显著。但随着成都农地产权制度改革的深入推进,新型农业经营主体的不断呈现,转入农户也呈现多元化趋势,这些变量对流入农户的显著性将减弱。

表 8.6　主要文献中关于解释变量的选取与设置

变量类型	变量名称	参考文献来源
制度政策变量	地权的稳定性	Yao,2000;Brandt 等,2002;张照新,2002;王朋,2010
	农地流转政策的激励性	Huang,1999;钱文荣等,2003;刘克春,2006
	农地流转契约的规范性	叶剑平等,2006

变量类型	变量名称	参考文献来源
经济水平 变量	经济发展水平	Benjamin&Brandt,1997；Brandt 等,2002
	外资投资水平	徐旭等,2002；邓大才,2009；王朋,2010
	非农就业水平	Lohmar,2001；Kung,2002；Deininger&Jin，2002； 王朋,2010
家庭禀赋 变量	家庭人口	Lohmar,2001；Deininger&Jin,2004
	家庭劳动力	Deininger&Jin,2002
	人均农地面积	Lohmar，2001；Benjamin&Jin,2002
	人均农业收入	Lohmar,2001；Carter&Yao,2002
	亩均农业收入	Deininger & Jin,2002；邓大才,2009
户主禀赋 变量	性别	Deininger,2009
	年龄	Yao，2000；Kung，2002；Deininger& &Jin，2002 Kung，2002；Deininger&Jin,2002
	文化程度	Carter&Yao,2002；Vranken&Swinnen,2006

结合本书研究对象,在借鉴已有经验研究成果的基础上,增加"流转服务平台功能和运行状况"、"流转平台是否有配套服务"两个指标。另外,鉴于成都实施"全域成都"城乡一体化改革十年来的成效,城乡统筹中农地产权制度改革五年来的伟大成效,本研究未考虑样本区域差异和土地产权稳定性方面的影响。

针对模型中的自变量的不同类型,在测度中本书与类似研究中的处理方式一样,即连续变量直接录入数据库;分类变量先经过数据转换生成虚拟变量后再纳入模型分析。自变量测量方法以及赋值说明和相关解释变量的描述性统计分别如表 8.7、表 8.8 所示。

解释变量对农地流转影响的预计结论呈现三种结果,即变化方向相同、变化方向相反、和变化无关,为简单表示,下文分别用"＋"、"－"和"×"代替(见表 8.9)。

表8.7　解释变量(自变量)测量变量的定义与描述

变量符号	变量名称	测量方法	变量类型
X_1	政策激励	1＝出台农地流转激励性政策、0＝没有	虚拟变量
X_2	契约规范性	1＝要求使用规范性流转合同、0＝没要求	虚拟变量
X_3	身份特征	农户＝1、业主或村组负责人＝0	虚拟变量
X_4	文化程度及受教育年限	实际受教育年限(单位：年)	连续变量
X_5	职业类型	务农或以农为主＝1、非农或以非农为主＝0	虚拟变量
X_6	非农收入比重	2010 年非农收入/2010 年总收入	连续变量
X_7	非农就业水平	农村人口非农就业比重(％)	连续变量
X_8	经济发展水平	人均 GDP(单位：元/人)	连续变量
X_9	认知程度	服务平台功能和运行、熟悉＝1、不熟悉＝0	虚拟变量
X_{10}	土地流转面积	单位：亩	连续变量
X_{11}	流转期限	单位：年	连续变量
X_{12}	服务平台服务功能与运行状况	良好＝1、欠缺＝0	虚拟变量
X_{13}	是否有配套服务	有＝1、没有＝0	虚拟变量

表8.8　相关解释变量的描述性统计

自变量	政府主导型流转模型		私下自由流转模型		总体样本	
	均值	标准差	均值	标准差	均值	标准差
政策激励	0.93	0.13	0.23	0.48	0.88	0.29
契约规范性	0.07	0.34	0.31	0.47	0.22	0.53
身份特征	0.49	0.50	0.52	0.50	0.38	0.48
文化程度	2.52	1.06	2.39	0.88	2.52	1.07
户主职业类型	0.59	0.49	0.63	0.48	0.60	0.49
非农收入比例	0.90	0.14	0.62	0.31	0.74	0.28

自变量	政府主导型流转模型		私下自由流转模型		总体样本	
	均值	标准差	均值	标准差	均值	标准差
非农就业水平	0.65	0.21	0.66	0.34	0.65	0.20
经济发展水平	0.78	0.22	0.61	0.26	0.75	0.23
政策认知程度	0.94	0.23	0.62	0.31	0.89	0.30
流转面积	4.39	5.19	5.45	7.0	4.23	5.12
流转期限	0.06	0.27	0.22	0.46	0.21	0.51
服务平台功能与运行状况	6.73	11.86	7.02	6.82	5.29	7.93
是否有配套服务	0.29	0.24	0.24	0.20	0.30	0.27

表 8.9　相关解释变量的预测结论与设置

自变量	府主导型流转模型	私下自由流转
政策激励	+	+
契约规范性	−	+
身份特征	+	−
文化程度	+	
户主职业类型	+	+
非农收入比例	+	−
非农就业水平	+	−
经济发展水平	+	−
政策认知程度	+	
流转面积	+	
流转期限	+	
服务平台功能与运行状况	+	+
是否有配套服务	+	−

第四节　模型选择与构建

在农地流转的早期，为了绝对公平的承包土地和农业生产的便利性，对应的流转方式主要是同一社区内的亲戚、邻里之间自行地农地调整和互换（钱文荣，2003）。

根据经验研究，用于表征早期农户农地流转平台的因变量通常设定为二值响应量。将因变量 y 设定为"是否发生农地流转行为"，用 $y=1$ 还是 $y=0$ 分别表示流转农地和未流转农地两种情况。因此，依据这些变量的特征，研究人员多采用"线性概率模型"（LPM，Linear Probality Model）或"对数单位模型"（Logit Model）。

随着农村改革的深入推进，农地流转的经济意义发生了深刻的变化（王鹏，2010），农地流转的形式变得越来越多元化。

在研究领域，用于表征新时期农户农地流转平台的因变量分类内容更加细化，出现了三值、四值的响应变量。如在四值响应变量分析中，$y=1$：流出土地，$y=2$：流入土地，$y=3$：既流出又流入土地，$y=4$：没有流转土地。对应地，研究人员多采用"多分类无序对数单位模型"（Multinomial Logit Model）和"概率单位模型"（Probit Model）为主（钱文荣，2003；杜培华等，2008；詹和平等，2008）。并依据农户流转的行为、面积、比重等分类内容，相应地选取 Probit 模型、Tobit 模型、"双限制"Tobit 模型。（王鹏，2010）

一、农户农地流转行为分析的一般模型

近几年来，研究者在严格对流转主体划分的基础上，认为"流出主体与流入主体显然已成为严格非交叉身份的两个群体"（王鹏，2010），在变量设置和模型选择上，舍弃了"分类因变量"的研究思路。对于农户转出行为，分别设置了"农户是否转出了农地"、"农户转出农地面积"、"农户转出农地比重"三组因变量，对应分别选择 Probit 模型、Tobit 模型以及 Two-Limit Probit 模型进行应用估计。对于农户流入行为，分别设置了"农户是否转入了农地"、"农户转入农地面积"两组因变量，对应选择了分别选择 Probit 模型、Tobit 模型。

(一) 农户是否流转土地：Probit 模型的应用

对于"是否流转"和"流转面积"二值响应变量,应用最多的是 Probit 模型,该模型是一种广义的线性模型,服从正态分布。响应概率为[①]:

$$P(y = 1 \mid x) = G(\beta_0 + \beta_1 x_1 + \beta_2 x_2 + \cdots + \beta_i x_i) = G(\beta + \beta x)$$

此时,G 是标准正态的累积分布函数,可表示为积分:

$$G(z) = \phi(z) \equiv \int_{-\infty}^{z} \phi(v) \mathrm{d}v$$

通过调查获得一个容量为 n 的农地转出(或转入)随机样本后,即可以使用极大似然估计(MLE)的方法获得相应的估计值。先将 y_i 在给定项 x_i 下的密度函数表示为:

$$f(y \mid X_i; \beta) = [G(\beta X_i)]^y [1 - G(\beta X_i)]^{1-y}$$

其中,为叙述起来更加简单,可以将截距项放到向量集合 x_i 中。此时,当 $y = 1$ 时,即农户转出(或转入)了农地,有 $f(y \mid X_i; \beta) = G(\beta X_i)$;当 $y = 0$ 时,没有流转行为,有 $f(y \mid X_i; \beta) = 1 - G(\beta X_i)$。由于随机农户便利样本观测值的独立性,Probit 模型的对数似然函数就可以写成:

$$L = \sum y_i \log \lceil G(\beta X_i) \rceil + \sum (1 - y_i) \log [1 - G(\beta X_i)]$$

将上述式中的 β 和 σ 一阶偏导数,就可以求出 Probit 模型的参数估计值。

(二) 农户流转农地的面积：Tobit 模型的应用

1981 年,诺贝尔经济学奖得主 Tobin 首次提出 Tobit 模型。Tobit 模型实际上是 Probit 模型的一个推广(Tobit 意即 Tobin 的 Probit),也被称为规范删失回归模型(Censoring Regression Model)。

Tobit 模型中,y 是一个删失响应变量,且 y 在正值域上连续,但大部分取值为 0。将 $y =$ 农户流出(或流入)农地面积,设 y 满足线性模型假定,其表达式为:

$$y^* = \beta_0 + \beta X + \mu, \quad \mu \mid x \propto N(0, \sigma^2)$$

---

① J. M. 伍德里奇. 计量经济学导论(第三版). 费剑平(译). 北京：中国人民大学出版社,2007. 564 – 568

其中，$y \in [0, \infty)$。当 $y^* \leqslant 0$ 时，$y = 0$，流转农地面积 $= 0$，农户没有流转农地；当 $y^* > 0$ 时，$y = y^*$，流转了农地。

设调研的样本量为 n，即 n 农户流转行为，也就是说，可得使用极大似然估方法获得相应的估计值。

当 $y_i = 0$ 时，在给定 x_i 下的 y_i 的响应概率为：

$$P(y_i = 0 \mid x_i) = P(y_i^* < 0 \mid x_i) = P(\mu_i < -\beta x_i \mid x_i)$$
$$= P(\mu/\sigma < -\beta x_i/\sigma \mid x_i)$$
$$= \phi(-\beta x_i/\sigma) = 1 - \phi(\beta x_i/\sigma)$$

其中，$\phi(.)$ 是标准正态分布函数。

当 $y_i > 0$，y_i^* 服从正态分布，y_i 连续分布，此时 y_i 的的密度为：

$$(2\pi\sigma^2)^{-1/2} \exp[-(y_i - \beta x_i)^2/(2\sigma^2)] = \left(\frac{1}{\sigma}\right)[y_i - \beta x_i)/\sigma]$$

结合 $y_i = 0$，$y_i > 0$，可得出 Tobit 模型的对数似然函数为：

$$L = \sum_{y_i = 0} \log[1 - \phi(\beta x_i/\sigma)] + \sum_{y_i > 0} \log\left[(\frac{1}{\sigma})\phi((y_i - \beta x_i)/\sigma)\right]$$

上述过程即为 Tobit 模型在删失响应变量 y 在"农户转出（或转入）农地的面积"时的应用。

（三）农户流转农地的比重："双限制"Tobit 模型的应用

一般式的删失回归模型被称为"双限制"（Two-limit Tobit Model）Tobit 模型，显然，上文中的 Tobit 模型仅为"双限制"的一种特殊形式（罗塞特和纳尔逊，1975；中村，1983；格林，1998）。

本书用 y 代表农户流转农地的比重，即"农户转出农地面积占原承包地面的比重"。根据研究内容和模型假设，y 其取值特征比较符合"双限制"Tobit 模型。

为推导一般式的"双限制"Tobit 模型，引入一个满足经典线性模型假定的潜变量 y^*，它的基本形式为：

$$y^* = \beta_0 + x\beta + \mu, \quad \mu \mid x \propto N(0, \sigma^2)$$

当 $y^* \leqslant C_1$ 时，$y = C_1$；当 $C_1 < y^* < C_2$ 时，$y = y^*$；当 $y^* \geqslant C_2$ 时，$y = C_2$。

其中，y 为"农户转出农地面积占原承包地面的比重"，其取值范围为

$[0,1]$，下限 $C_1=0(0\%)$，上限 $C_1=1(100\%)$。

通过调查获得一个容量为 n 的农地转出（或转入）随机样本后，即可以使用极大似然估计（MLE）的方法获得相应的估计值。将该模型需要将 y 划分为三个区间进行响应概率的计算。

当 $y_i^* \leq 0$ 时，$y_i=0$，农户转出农地的面积占原承包地面积的 0.00%，也就是没有发生转出农地的行为；当 $y_i^* \geq 1$ 时，$y_i \geq 1$，农户转出农地的面积占原承包地面积的 100%，也就是该农户将承包地都流转了；当 $0 < y_i^* < 1$ 时，$y_i=y_i^*$，农户转出农地的面积占原承包地面积的比重介于 $(0,1)$。

将这三部分的响应概率或密度合并后取对数并求和，就可以得到"双限制"Tobit 模型的对数似然函数：

$$
\begin{aligned}
L &= \sum_{y=C_1} \log \phi\left(\frac{C_1-\beta X_i}{\sigma}\right) + \sum_{C_1<y<C_2} \log \frac{1}{\sigma}\phi\left(\frac{y-\beta X_i}{\sigma}\right) \\
&\quad + \sum_{y=C_2} \log \phi\left[\left(1-\frac{C_2-\beta X_i}{\sigma}\right)\right] \\
&= \sum_{y=0} \log \phi\left(\frac{-\beta X_i}{\sigma}\right) + \sum_{0<y<1} \log \frac{1}{\sigma}\left[\phi\left(\frac{y_i-\beta X_i}{\sigma}\right)\right] \\
&\quad + \sum_{y=1} \log\left[\phi\left(\frac{1-\beta X_i}{\sigma}\right)\right]
\end{aligned}
$$

二、农户农地流转平台选择的分析模型

在上述关于 probit 模型 $L=\sum y_i \log[G(\beta X_i)] + \sum(1-y_i)\log[1-G(\beta X_i)]$，在 $f(.)$ 是累积分布函数，则其变为 Logistic 模型。本研究着重揭示农户选择正规和私下自由流转平台的影响因素，为完善农地产权流转平台和机制提供现实依据。调研中的数据满足 Logistic 模型变量要求。

Logistic 模型是 Luce(1959)根据 IIA 特性首次导出的，是最早的离散选择模型，也是目前应用最广的模型。随后，经过 Marschark(1960)、Marley(1965)、McFadden(1974)等人的持续努力，Logistic 模型的理论基础不断得以深化和完善，这与最大效用理论是一致的。可以通过极值分布推导出 Logit 形式模型，具有 Logit 形式模型效用的非确定项服从极值分布。

基于 Logistic 模型概率表达式的显性特点，使得求解速度快、方便，

Logistic 模型得到广泛应用,并由二元逻辑回归(Binary Logistic)分析演变为多元逻辑回归(Multinational Logistic)分析,变量选择明显增加。

本书研究影响农户选择不同流转平台的因素,因变量设为"政府型流转平台"或"农户自由型流转平台"。依据一般性研究特点,本书采用二元逻辑回归进行分析。

Logistic 概率函数的形式为:

$$p = \frac{\exp(Z)}{1 + \exp(Z)}$$

式中,Z 是变量 $Z_1, Z_2, \cdots, Z_i$ 的线性组合

$$Z = b_0 + b_1 X_1 + b_2 X_2 + \cdots + b_n X_n = b_0 + \sum_{i=1}^{n} b_i X_i$$

在 Logistic 回归分析时,要进行 P 的 Logistic 变量分析,即

$$\text{logit}P = \ln\left(\frac{p}{1+p}\right) = b_0 + \sum_{i=1}^{n} b_i X_i$$

上式中的"P"的逻辑斯蒂概率单位。

基于上述分析,构建农户选择农地流转平台的分析模型如下:

$$Y_i = \alpha_i + \sum_{j}^{n} \beta_{ij} N_i + \sum_{j}^{n} \delta_{ij} H_j + \varepsilon_i$$

其中,$i=1,2$ 分别表示正规和非正规模型,Y_i 表示因变量:表示农户参与了农地流转行为;N_j 表示一组与非农产业有关的自变量;H_j 表示一组与农户特征有关自变量;α_i 表示常数估计项;ε_i 为误差估计项。

由于 Y 为一个定性的二分变量,因变量赋值规则采用了以下几种方式:

(1) 政府主导型流转模型:当农户通过政府主导型流转时,因变量赋值为1;当农户通过私下自由流转时,因变量赋值为0。

(2) 私下自由流转模型:当农户通过私下自由流转时,因变量赋值为1;当农户通过政府主导型流转时,因变量赋值为0。

第五节　计量模型估计结果及讨论

在数据准备完备的基础上,应用 SPSS11.5 中的 Analyze-Regression-

Binary Logistic，采用以上方式通过 Logistic 回归模型处理后的结果见表 8.10。

表 8.10　Logistic 回归模型分析结果

自变量	政府主导型流转模型			私下自由流转模型		
	B	Wald	$\exp(B)$	B	Wald	$\exp(B)$
政策激励	0.265	1.406***	1.680	2.068	4.521**	0.022
契约规范性	-0.247	0.943	0.791	0.386	0.031	1.434
身份特征	0.185	0.191	1.206	1.180	5.797**	3.254
文化程度	-0.211	0.880	0.812	1.052	11.930***	2.861
户主职业类型	1.009	3.196*	2.744	0.421	0.685	1.523
非农收入比例	2.921	5.765**	18.570	-1.989	5.71**	0.134
非农就业水平	0.391	0.209*	1.545	0.270	0.447*	1.681
经济发展水平	0.917	1.561*	1.462	0.739	1.651*	1.759
政策认知程度	1.021	2.171	2.777	20.068	0	5.194
流转面积	0.041	0.203	1.037	0.171	4.696**	1.188
流转期限	-1.463	9.502***	0.231	0.121	0.785	1.131
服务平台功能与运行状况	0.147	3.41**	1.158	0.007	0.019	1.007
是否有配套服务	0.405	0.246	1.501	-3.962	9.426***	0.021
常数	-5.429	10.122	0.004	-19.804	0	0
卡方(自由度)	62.363(14)			61.36(14)		
对数似然值	153.018			141.828		
Cox & Snell	0.274			0.270		
Nagelkerke	0.409			0.417		
预测正确率	83.1%			84.1%		

注：B 为回归系数；***，**，*，分别代表在 1%，5%，10% 的水平上显著

一、政府主导型流转模型计量结果分析

从运算结果来看，影响因素与政府主导型流转平台呈正相关并且统计上显著的主要指标有非农收入比例（2.921，5.765**）、户主职业类型（1.009，3.196*）、经

济发展水平(0.917,1.561*)、非农就业水平(0.391,0.209*)、政策激励(0.265,1.406***)和服务平台功能与运行状况(0.147,3.41**)等。如果以显著性排序,上述表明则依次为政策激励(0.265,1.406***)、非农收入比例(2.921,5.765**)、服务平台功能与运行状况(0.147,3.41**)、户主职业类型(1.009,3.196*)、经济发展水平(0.917,1.561*)、非农就业水平(0.391,0.209*)。这说明,经济发展水平、政策激励、农户职业类型和服务平台功能与运行状况等是农户选择政府主导型流转平台的积极影响因素。

同时发现,因素与政府主导型流转平台呈负相关并且统计上显著的主要指标是流转期限(−1.463,9.502***),而且非常显著。呈现负相关的还有契约规范性(−0.247,0.943)、文化程度(−0.211,0.880),由于在统计上并不显著,本书暂不讨论这些。另外,身份特征(0.185,0.191)、文化程度(−0.211,0.880)、流转面积等变量(0.041,0.203)、配套服务(0.405,0.246)和政策认知程度(1.021,2.171)等指标不显著。

上述结果说明,与预期一致,积极的鼓励政策会提高农地流转双方的预期收益和现实收益,提高流转主体参与农地流转的积极性。经济发展水平是产生级差地租的条件,一方面要提升二、三产业吸纳农村剩余劳动力的能力,增加流转供给;另一方面也要提高农业资本的投资收益,增加流转需求。农地流转供求双方需求的增加,加快了农地流转。从政府主导型流转模型验证结果来看,鼓励政策、经济发展水平均和农户身份类型等指标与选择政府主导型流转呈现显著的正相关关系。因此,应加快经济发展,培育新型农业经营主体,转移农村劳动力,提高非农业收入比重,提高农户选择政府主导型流转的可能性。

身份特征、文化程度、流转面积等变量,在政府主导型流转模型中不显著,说明家庭特征在政府主导型流转模型中不显著。另外,流转期限与农户选择政府主导型流转平台呈现显著的负相关关系,说明流出农户担心一旦长期流出农地,可能影响到将来要回土地承包权的实现;流入农户担心承包关系政策变化。故而,流转期限越长,农户越不希望通过政府主导型平台流转。这种认知的根源还是在于农户对土地新政策不够理解。另外,流转面积与农户选择政府主导型流转平台关联性不显著。

二、农户自由流转模型计量结果分析

从运算结果来看,影响因素与私下自由平台呈正相关并且统计上显著的主要指标有政策激励(2.068,4.521**)、身份特征(1.180,5.797**)、文化程度(1.052,11.930***)、经济发展水平(0.739,1.651**)和流转面积(0.171,4.696**)等,如果以显著性排序,上述表明则依次为文化程度(1.052,11.930***)、政策激励(2.068,4.521**)、身份特征(1.180,5.797**)、经济发展水平(0.739,1.651**)和流转面积(0.171,4.696**)等。

同时发现,影响因素与私下自由平台呈负相关并且统计上显著的主要指标有是否有配套服务(−3.962,9.426***)和非农收入比例(−1.989,5.71**)。而契约规范性(0.386,0.031)、户主职业类型(0.421,0.685)、非农就业水平(0.270,0.447*)、流转期限(0.121,0.785)、服务平台功能与运行状况(0.007,0.019)与私下自由平台之间相关性不强。

从上述分析说明,积极的鼓励政策、经济发展水平、流转面积等指标与私下自由流转呈现显著的正相关关系。说明了加快地区经济发展,不仅可以促进政府主导型流转,也可以促进私下自由流转。但是,与政府主导型流转模式不同的是,身份特征、文化程度与私下自由流转呈现显著的正相关关系,说明了家庭特征与私下自行流转关联性强。这与现实生活中是一致的,私下自行流转往往都是建立在熟人社会基础上,流转双方彼此信任,促进了土地流转。

非农收入比例和政府主导型流转平台是否具有配套措施与私下自行流转呈现显著的负相关关系。非农收入比例在5%水平上通过显著性检验,政府主导型流转平台是否具有配套措施在1%上通过显著性检验。这与现实也是相符的。说明了随着非农收入增加,农户越来越愿意选择政府主导型流转平台。政府主导型流转平台具有相应的配套服务,无疑会提高农户选择政府主导型流转平台的积极性。

三、估计结果与预期结果的比较分析

(一)政府主导型流转模型

经济发展促进了农户选择正规途径流转农地,预测结论与实际结论是一致的。预测结论认为,农户的不同身份和文化程度,将会影响农户认知水平,文化程度较高的农户较多选择政府主导型流转平台。相对预测结论，从实际预测结果来看，家庭特征在农户选择政府主导型流转模型中并不显著，这与预期结论差之甚远。

农地流转面积与政府主导型流转平台的相关性不显著，与预测结论不一致。农地流转期限与政府主导型流转平台呈现相反的关系，这与预测结论是完全相反的。预测结论认为，流转期限越长，农户越会选择政府主导型流转平台。

（二）私下自由流转模型

身体特征、文化程度等农户家庭特征与私下自由流转平台呈现较强的相关性，这与预测结论恰好相反。契约规范性、户主类型、平台功能与运行状况与私下自由流转平台之间相关性不强，而预测结论是呈正相关关系。

非农收入比重与是否具有配套措施两个变量的实际结论与正规土地流转呈现负相关关系。随着非农收入的增加农户会更多地考虑选择政府主导型流转平台，以降低履约风险。相应的配套措施将吸引农户选择政府主导型流转平台，以获得土地流转较好的收益。这与预测结论是一致的（见表8.11）。

表 8.11　预测结论与实际结果比较

自变量	政府主导型流转模型		私下自由流转模型	
	预测结论	实际结论	预测结论	实际结论
政策激励	+	+	+	+
契约规范性	−	×	+	×
身份特征	+	×	−	+
文化程度	+	×	−	+
户主职业类型	+	+	+	×
非农收入比例	+	+	−	−
非农就业水平	+	+	−	+
经济发展水平	+	+	−	+
政策认知程度	+	+	−	×
流转面积	+	×	−	+
流转期限	+	−	−	×
服务平台功能与运行状况	+	+	+	×
是否有配套服务	+	×	−	−

四、选择土地流转平台影响因素实证分析的启示

由于参考样本点的范围局限,仅仅就成都 20 个区(市)县中的 5 个进行问卷调查,且亦针对 5 个地区的代表性乡镇,在约 335 个乡镇(街道)中,选取 9 个。因此,以样本点的数据和访谈资料,描述整个成都"三大圈层"农地流转中农户对政府主导型流转平台的选择状况,只能是大致反映,很难精确说明。尽管如此,从调研资料的初步统计分析来看,其结果与预期基本是一致的。在农地流转的过程中,农民更偏向于私下自行流转,少许进入政府主导型流转平台交易的,又多是乡镇政府行政主导推动,甚至是市县政府介入。导致这种现状是多因素的共同结果。

从表 8.10 中进一步分析,政策激励(0.265,1.406***;2.068,4.521**)、经济发展水平(0.917,1.561*;0.739,1.651**)、非农就业水平(0.391,0.209*;0.270,0.447*)在政府主导型流转模型和私下自由流转模型均是显著正相关。契约规范性变量(-0.247,0.943;0.386,0.031)在这两个模型的实际结论均是不显著。

从计量模型检验的结果来看,非农产业的发展促进农地流转,如经济发展水平、非农就业两个变量的符号均为正,这与预期的效果是一致的。户主职业类型、政策认知程度、服务平台功能与运行状况四个变量的实际结论都与政府主导型流转平台相一致,与私下自由流转平台的相关性不显著。非农收入比重指标与政府主导型流转平台相一致,而与私下自由流转平台却相反。无论在政府主导型流转模型还是在私下自由流转模型中,积极的政策激励均会促进农地流转。契约规范性变量在这两个模型中的实际结论均不显著,但是现实中,契约规范性可以有效降低流转风险,有利于加强农地监管。

第九章　不同土地流转服务平台绩效的实证分析

成都在进行农地产权制度改革中,通过建立政府主导型流转服务平台,与各种存在的私下自由流转平台并行推进,促进了农地产权流转市场的发展。在不同流转平台下的各种流转模式,其参与主体不尽相同,运行机制也存在较大的差异,所产生的经济绩效和社会绩效亦应有所不同。

比较不同流转平台的各种流转模式的经济绩效和社会绩效,无疑有利于探讨不同流转平台的实现绩效以及对农户的影响,有助于完善农地产权流转平台和机制。本章选取两种平台的三种农地流转模式,进行经济绩效和社会绩效的比较,以阐述不同流转平台的绩效特征以及对农户的影响。

第一节　农地产权流转绩效评价指标体系的设计

绩效评价指标体系的选择是一个不断改进、反复调整与修改的过程。首先要依据农地流转的实际,制定评价指标选取的基本原则,然后再进行经济和社会绩效评价指标的选择,选择之后要进行信度和效度检验,检验都通过后才能进行测评。

一、评价指标选取的基本原则

为比较正确地进行绩效评价,选取评价指标无疑是非常重要的。为此,

首先要确定评价指标选择的基本原则,确保指标设计科学合理。一般而言,选取评价指标要遵循以下基本原则:

一是相关性原则,即所指标目的明确,要求指标确实能够反映有关的内容,与评价内容、评价对象无关的指标决不能选取。

二是可操作性原则,就是说指标可实施,具有操作性。由于农地流转绩效数据的取得比较困难,要求选取的指标不仅要科学客观,更要保证数据可得,或可以测度。

三是代表性原则,即反映评价内容,满足最小可靠原则。要求指标少而精,但又能客观合理地反映农地流转的绩效。

四是全面性原则,要求以反映农村经济发展和居民生活水平状况为主线,尽量做到综合反映农地流转绩效的内涵和基本特征。

五是可比性原则,为提高使用范围,便于横向与纵向的研究分析,要求评价指标应具有普遍的适用性和可行性。

二、经济绩效评价指标的选择

依据经济发展理论,推动经济增长的主要因素有劳动、资本、技术和制度四大要素。其中任何因素的变动,无论是数量上、质量上,还是结构上发生变化,都会对经济发展产生影响。显然,农地流转的经济绩效就是在其他条件不变的情况下,"农地土地流转"因素的变化对农村经济发展结果的影响。在城乡统筹发展的进程中,农地流转的经济绩效理应基于有利于推动城乡经济发展一体化的角度来评价,侧重于对于农民生活水平、农村生产发展、农业现代化等产生的至关重要影响的角度来评价。

因而,本研究对于基于农民生活改善、农村经济发展、农业产业发展三个方面,应选取适当的经济绩效评价指标。在指标选取中,本书通过借鉴国内的一些基本体系,综合考虑上述评价指标选取的基本原则,同时结合了《成都统筹城乡综合配套改革试验总体方案》发展目标所列指标,得出农地流转的经济绩效评价指标选择结果,如表 9.1 所示。

表 9.1　农地流转的经济绩效评价指标及测度方法

目标层	第一层指标	第二层指标	指标的测度
农地流转经济绩效（A）	农村生产发展指标（A_1）	土地利用指数（A_{11}）	（流转后单位土地年均耕作时间－流转前单位土地年均耕作时间）/流转前单位土地年均耕作时间
		土地产出指数（A_{12}）	（流转后单位土地产值－流转前单位土地产值）/流转前单位土地产值
		土地劳动力投入指数（A_{13}）	（流转后单位土地劳动力投入量－流转前单位土地劳动力投入量）/流转前单位土地劳动力投入量
		土地自有资金投入指数（A_{14}）	（流转后单位土地自有资金投入额－流转前单位土地自有资金投入额）/流转前单位土地自有资金投入额
		土地外部资金吸引指数（A_{15}）	流转后单位土地利用外部资金额/单位土地资金投入总额
	农民收入增长指数（A_2）	人均纯收入变化指数（A_{21}）	（流转后人均纯收入－流转前人均纯收入）/流转前人均纯收入
		人均纯收入目标实现指数（A_{22}）	流转后人均纯收入/10000
		农业收入占总收入比重变化指数（A_{22}）	（流转后农业收入占总收入比重－流转前农业收入占总收入比重）/流转前农业收入占总收入比重
	农业现代化水平指数（A_3）	规模经营实现指数（A_{31}）	实现规模经营的农地流转面积/农地流转面积
		单位农地机械使用率指数（A_{32}）	（流转后单位农地机械使用额－流转前单位农地机械使用额）/流转前单位农地机械使用额
		单位农地科技投入变化指数（A_{33}）	（流转后单位农地科技投入额－流转前单位农地科技投入额）/流转前单位农地科技投入额

三、社会绩效评价指标的选择

在我国，农地不仅具有生产功能，还具有社会保障和社会稳定等多种功能。因而，农地流转不仅表现为积极的经济绩效，还具有显著的社会绩效，社会全面进步的绩效。在城乡统筹发展进程中,社会全面进步表现为各个方面。在人们生活方面,不仅表现为生活水平的提高,也表现为生活质量和生活环境的改善。社会制度城乡均等化,公共产品供应城乡均等化;社会治安状况良好,人们安居乐业;社会群体、民族之间和谐共处等均是社会全面进步的体现。

推动农村社会发展的因素固然有很多,其中必然有重要的和关键的因素。在城乡统筹发展进程中,农村经济水平、土地经济收益水平、农民素质、农村民主化、法制化水平等都是推动农村社会发展的最主要因素。

在指标选取中,本研究通过借鉴国内的一些基本体系,综合考虑上述评价指标选取的基本原则,同时结合了《成都统筹城乡综合配套改革试验总体方案》发展目标所列指标,从农村社会和谐发展、农地生态环境两个方面来评价农地流转的社会绩效,选择结果如表 9.2 所示。

表 9.2　农地流转的社会绩效评价指标及测度方法

目标层	第一层指标	第二层指标	指标的测度
农地流转社会绩效（B）	农村收入差距指标（B_1）	农村基尼系数实现指数（B_{11}）	30①－流转后农村基尼系数/30
		农村恩格尔系数实现指数（B_{12}）	40②－流转后农村基尼系数/40
		农民有效就业时间变化指数（B_{13}）	(流转后农民有效就业时间－流转前农民有效就业时间)/流转前农民有效就业时间
	农村生态环境指数（B_2）	单位土地农药使用量指数（B_{21}）	(流转前单位土地农药使用量－流转后单位土地农药使用量)/流转前单位土地农药使用量
		单位土地化肥施用量指数（B_{22}）	(流转前单位土地化肥施用量－流转后单位土地化肥施用量)/流转前单位土地化肥施用量

---

① 30 系根据"成都试验区"城乡一体化发展目标体系,确定农村基尼系数的实现指数 30%。

② 40 系根据"成都试验区"城乡一体化发展目标体系,确定农村恩格尔系数的实现指数 40%。

四、农地产权流转绩效评价指标体系的检验

为实现测量资料尺度之稳定性、可靠性和预测性的测度，对上述农地流转绩效评价指标体系及测度的合理性和科学性，需要进行信度和效度检验，二者均通过才能使用。

（一）信度检验

评价指标体系的信度是专门用来度量评价指标在观测中测量结果的可靠性程度，是指对测量资料的尺度之稳定性、可靠性和预测性的测度，用信度系数来表示可信度的程度。显然，其系数越大，说明指标的可信度就越高。一般而言，判断指标体系可信度高低的主要标志是：各指标之间独立、内部结构良好、关系相一致等。

对 Cronbach·α 信度系数法，设 N 为指标层所包含的指标个数，σ_i^2 是第 i 个指标的方差，σ^2 为总方差，Cronbach·α 信度系数的计算公式为：

$$\alpha = \left(\frac{N}{N-1}\right)\left|1 - \frac{\sum_i^N \sigma_i^2}{\sigma^2}\right|$$

从上述计算公式易得，Cronbach·α 信度系数大小与指标体系可信度的高低之间呈现正相关关系，即系数愈大，可信度愈高；即系数愈小，可信度愈低。如表 9.3 所示。

表 9.3　信度高低与 Cronbach·α 信度系数对照

可信度	Cronbach·α 信度系数
不可信	Cronbach·α < 0.3
基本可信	0.3 ≤ Cronbach·α < 0.4
可信	0.4 ≤ Cronbach·α < 0.5
很可信（最常见）	0.5 ≤ Cronbach·α < 0.7
很可信（次常见）	0.7 ≤ Cronbach·α < 0.9
十分可信	0.9 ≤ Cronbach·α < 1

由前文关于评价指标体系设置来看，整个指标体系是系统整体，体现了多层次性和多指标性的特点，涉及多种数据的计算。根据前文所述的调研数

据,本章计算上述农地流转绩效评价指标体系的 Cronbach·α 信度系数,
如表9.4所示。

表 9.4　农地产权流转绩效评价指标体系的 Cronbach·α 信度系数

指标体系	N	$\sum_{i}^{N}\sigma_i^2$	σ^2	Cronbach·α 信度系数
经济绩效评价体系	11	8013.12	17536.72	59.74%
经济绩效评价体系	5	3051.31	5819.42	59.45%

从表9.4中易知,经济和社会绩效评价指标的信度系数分别为59.74%、
59.45%,均接近60%。对照表9.3可得,属于很可信(最常见)的信度状态。
也就是说,上述指标设计可以与现实相符合,通过了信度检验。

(二) 效度检验

无信度便无效度,但信度高不等于效度也高。因此,对于调查结果除信
度检验外,还必须作效度检验。

为测度评价指标体系评价效果的程度,一般要对指标体系进行效度检
验,即评价指标体系的效度检验。一般用"内容效度比"来进行定量化的测
度,其途径是咨询专家,对设置的指标进行判断,确定其效度大小,用数字大
小来表示效度的高低。效度检验公式为:

$$C.V.R = \left(m - \frac{M}{2}\right) / \left(\frac{M}{2}\right)$$

其中,M、m 分别表示所咨询的专家总人数和专家中认可指标的人数。

与信度评价指标一样,C.V.R 的大小与效度程度是一致的。C.V.R 的
数值在[-1,1]之间,显然,若 $M = m$ 时,表示所咨询专家均认可,指标设置合
理,此时 C.V.R = 1;若 $m = 0$ 时,表示所咨询专家均不认可,指标设置不合
理,此时 C.V.R = -1。

本研究在进行农地流转绩效评价指标体系的效度检验中,先后将设计
的指标体系向浙江大学中国农村发展研究、四川农业大学经济与管理学院、
四川省社科院、成都经济发展研究院和四川省成都统筹城乡工作委员会(简
称"统筹委")经济处等单位的 5 位专家进行咨询,均得到他们的认可,即
C.V.R = 1.0。

第二节　绩效评价指标权重的确定

关于指标的权值确定,一般有主观评价法和客观评价法两种,每种评价方法各有千秋。为克服两种方法的弊端,现实中往往采取将主客观相结合的组合评价法。鉴于对农地产权流转评价的复杂性和数据不易获得等考虑,文中亦采取最常用的评价方法,并组合评价法。

一、确定绩效评价指标权重的方法选择

(一) 主观赋值法

最常用的主观赋值法为网络层次分析法,被广泛地应用于递阶层次因素集的权重确定,它可以通过提高信息过程的可靠性减少预测错误。整个过程将分五步构成。

1. 网络结构的构建

经过初步分析,可以确定评价指标的影响元素,判断各元素之间是否存在共线性问题。进而,可以构建出网络层次结构,如图 9.1。

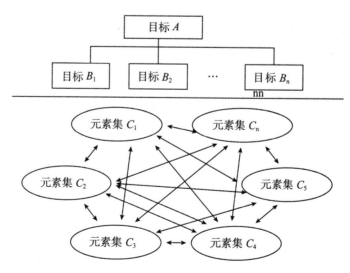

图 9.1　典型网络的层次结构

源自：刘惠萍,基于网络层次分析法(ANP)的政府绩效评估研究(2006)。

由图 9.1 易知,上面部分是层次结构,各目标彼此独立,不具有共线性,既有目标,也有决策准则;下半部分为网络层,反映出各控制层中的元素之间具有一定的相互作用和影响,形成一个网络结构。

2. 归一化权重的排序

归一化权重排序的基准:一是某一准则所对应的同一元素集中各元素的相互关系,二是不同元素集中元素的相互关系(见表 9.5)。

3. 超矩阵的构造

第一步,进行判断矩阵的构造。

设网络结构的控制层中有准则 $B_1, B_2, \cdots, B_m$,网络层中有元素集 $C_1, C_2, \cdots, C_n$,其中以 C_j 中元素 $d_{i1}, d_{i2}, \cdots, d_{in}, i=1,2,\cdots,C_N$。如在准则 $B_S(s=1,2,\cdots,m)$ 下,以 C_j 中元素 $d_{il}(l=1,2,\cdots,n_j)$ 为准侧,按照对元素 d_{jl} 对影响力大小,将 C_j 中的元素进行排序。

若 C_i 与 C_j 比较得 α_{ij},则 C_j 与 C_i 比较的判断评分为 $1/\alpha_{ij}$。根据比较结果,构造判断矩阵,并以此排序向量见表 9.6。

表 9.5　网络层次分析法评分标度的含义

评分标度(α_{ij})	两元素相比的对应含义
1	具有同等重要性
3	一个比另一个稍微重要
5	一个比另一个明显重要
7	一个比另一个强烈重要
9	一个比另一个极端重要
2,4,6,8	为上述判断的中值

表 9.6　判断矩阵

d_{jl}	$d_{i1}, d_{i2}, \cdots, d_{in_j}$	特征向量(排序向量)
d_{i1}		$w_{i1}^{(jl)}$
d_{i2}		$w_{i2}^{(jl)}$
$\vdots$		$\vdots$
d_{in_j}		$w_{inj}^{(jl)}$

第二步，一致性判断。

判断矩阵的维数与一致性呈反向变化，即维数越大，一致性越差。为增强效果，常引入修正值来放宽来对判断矩阵的一致性要求。修正值的平均一致性指标 RI 表 9.7 所示。

这样，一致性比计算公式为：

$$CR = \frac{CI}{RI}$$

其中，CI、RI 分别为相容性指标和平均一致性指标。

表 9.7　平均一致性指标 RI

维数	1	2	3	4	5	6	7	8	9
RI	0	0	0.58	0.96	1.12	1.24	1.32	1.41	1.45

这时，可以进行超矩阵构造。将 C_i 中的 $d_{i1}, \cdots, d_{in_j}$ 对 C_j 中的 $d_{j1}, d_{j2} \cdots,$ d_{jn_j} 的影响排序向量，即归一化特征向量，组成一个新的矩阵 W_{ij}。若 C_i 中元素对 C_j 的元素不产生影响，则 $W_{ij} = 0$。于是，可获得最终准则 B_s 下的超矩阵 W_s。将超矩阵的每一列归一化，便可用于对复杂的系统进行排序。此时，需要引入加权矩阵来实现归一化。

再次，构造加权超矩阵。

由于超矩阵 W 不是列归一化，需要构造加权矩阵将超矩阵进行列归一化处理。在准则 B_s 下，对 B_s 下各元素集对准则 $C_j (j = 1, 2, \cdots, N)$ 的重要性进行比较，如表 9.8 所示。

表 9.8　加权判断矩阵

C_j	$C_1, C_2, \cdots, C_N$	特征向量（排序向量）
C_1		α_{1j}
C_2		α_{2j}
$\vdots$		$\vdots$
C_N		α_{3j}

同理，与 C_j 无关元素集对应排序向量的分量为 0，于是得加权矩阵 A，进

行加权超矩阵 $\overline{W}$ 的构造：

$$\overline{W} = A \times W = (\overline{W}_{ij})$$

其中，$A = (\alpha_{ij})$，$W = (W_{ij})$ 分别为系统的加权矩阵和超矩阵。

最后，便可以计算极限超矩阵及指标体系中各元素的权重。记系统超矩阵 W 的 k 次幂为：$W^k = (W_{ij}^{(k)})$，那么，

$$W_{ij}^{(1)} = W_{ij}$$

$$W_{ij}^{(2)} = \sum_{m=1}^{N} W_{im}^{(1)} W_{mj}^{(1)}$$

一般地，考虑元素 i 对元素 j 的累计 k 步影响为，

$$W_{ij}^{(k)} = \sum_{m=1}^{N} W_{im}^{(1)} W_{mj}^{(k-1)}$$

因此，矩阵 W^k 反映了累计 k 步的相对排序，当 W^k 在 $k \to \infty$ 时的极限存在时，就有，

$$W^{\infty} = \lim_{k \to \infty} W^k$$

其中，W^{∞} 为极限超矩阵，如果该极限收敛且唯一，则 W^{∞} 的第 j 列就是准则 B_s 下网络层中各元素极限相对排序，即指标权重。

（二）客观赋值法

最常用的客观赋值法为熵权法。相对于其他的方法，熵权法中权值更符合客观事实，可以很好地挖掘指标原始数据蕴含的信息量。该法赋权的步骤有标准化处理、计算熵值和计算熵权等三个步骤。

首先进行标准化处理。设对 n 种农地流转模式的绩效进行评价，绩效评价指标体系中包含 m 个评价指标，第 j 种农地流转模式的第 i 个评价指标的原始数据，即特征值，为 x_{ij}，由此可以得到原始数据的特征值矩阵为：

$$X = (x_{ij})_{m \times n}$$

通过对矩阵 X 的标准化处理，可以消除各指标的量纲差异，得到标准化的特征值矩阵 $Y = (y_{ij})_{m \times n}$，其中的 y_{ij} 的计算为：

$$y_{ij} = \frac{x_{ij} - \min_{j} x_{ij}}{\max_{j} x_{ij} - \min_{j} x_{ij}} (y_{ij} \in [0,1])$$

接下来就可以计算熵值。设第 i 个评价指标的熵值为 h_i，熵值的计算为：

$$h_i = -k \sum_{j=1}^{n} q_{ij} \ln q_{ij}, \text{其中}, k = \frac{1}{\ln n}, \ q_{ij} = \frac{y_{ij}}{\sum_{j=1}^{n} y_{ij}}$$

最后计算熵权。设第 i 个评价指标的熵权为 ω_i，熵权的计算为：

$$\omega_i = \frac{1 - h_i}{m - \sum_{i=1}^{m} h_i} \quad (0 \leqslant \omega_i \leqslant 1, \quad \sum_{i=1}^{m} \omega_i = 1)$$

所以，熵权法下评价指标的权向量为，

$$\boldsymbol{\omega} = [\omega_1, \omega_2, \cdots, \omega_m]$$

(三) 主客观的组合赋权

主观评价法中的网络层次分析法被广泛应用于客观评价法中，即熵权法，可以充分挖掘指标原始数据所蕴含的信息量。综合考虑上述两种赋权法的各自优点，为兼顾各自的优点，现在通常将二者结合起来赋权，即主客观的组合赋权。这样，既克服了主观法的随意性，又克服了客观法未能反映专家意见的弊端。本书同样采取这种组合法。

组合法的具体计算如下：

$$\theta_i = -\frac{w_i \omega_i}{\sum_{i=1}^{m} w_i \omega_i} \quad (0 \leqslant \theta_i \leqslant 1, \ \sum_{i=1}^{m} \theta_i = 1)$$

其中，w_i、ω_i 分别是上述主客观各评价指标的权值。

二、农地产权流转绩效评价指标权重的确定

(一) 经济绩效评价指标权重的确定

1. 网络层次分析法赋权

首先，构造网络结构模型。因控制层只有一个目标，因而农地产权流转平台的经济绩效既是评价准则，也是评价目的，所有元素直接进行判断比较的准则就是农地流转的经济绩效。应用 Super Decisions 软件确定判断值输入数据，最终给出赋权结果。

其次，建立两两比较判断矩阵。在专家咨询和软件 Super Decisions2.0.8

计算并通过了矩阵一致性检验之后,便可以建立两两比较判断矩阵。表9.9、表9.10、表9.11分别是一级指标和二级指标的判断矩阵。

表9.9　一级指标经济绩效的判断矩阵

经济绩效目标	A_1	A_2	A_3
A_1	1	1	3
A_2	1	1	2
A_3	1/3	1/2	1

表9.10　二级 A1 指标经济绩效的判断矩阵

A_1	A_{11}	A_{12}	A_{13}	A_{14}	A_{15}
A_{11}	1	1	2	3	2
A_{12}	1	1	4	4	3
A_{13}	1/2	1/4	1	2	2
A_{14}	1/3	1/4	1/2	1	1/2
A_{15}	1/2	1/3	1/2	2	1

表9.11　二级 A2、A3 指标经济绩效的判断矩阵

A_2	A_{21}	A_{22}	A_{23}		A_3	A_{31}	A_{32}	A_{33}
A_{21}	1	3	5		A_{31}	1	3	3
A_{22}	1/3	1	3		A_{32}	1/3	1	1
A_{23}	1/5	1/3	1		A_{33}	1/3	1	1

再次,计算矩阵得出权重。将上述所有的判断矩阵分别输入到 Super Decisions 软件,通过一致性检验后便可得超矩阵 W、加权超矩阵 $\overline{W}$。

最后,计算极限超矩阵 W^∞,即对加权超矩阵进行 k 次幂,这是对加权超矩阵进行稳定性处理。

当 $k \rightarrow \infty$ 时,极限存在时就得到 W^∞,得到一个长期稳定的矩阵,此时各行的非零值均相等。

至此,农地产权流转经济绩效指标评价的各项指标权重为,

$$w_{经济} = (A11, A12, A13, A14, A15, A21, A22, A23, A31, A32, A33)^T$$

$$= (0.1033, 0.1286, 0.0703, 0.0511, 0.0620, 0.1985, 0.1139, 0.0681, \ 0.0796,$$

$$0.0516, 0.0550)^T$$

2. 熵权法赋权

通过对成都的典型案例调研，获得出租、反租倒包、公开竞拍等不同流转类型的调研数据，经过标准化处理，得出特征矩阵 Y。

其中，$m = 11, n = 2, k = 1/\ln 2 = 1.4427$，依据上述有关熵值、熵权的计算公式，可得经济绩效评价指标的熵值、熵权（见表9.12）。

表9.12 农地产权流转经济绩效评价指标的熵值、熵权

A	A_{11}	A_{12}	A_{13}	A_{14}	A_{15}	A_{21}	A_{22}	A_{23}	A_{31}	A_{32}	A_{33}
h_i	0.5794	0.3154	0.1861	0.5119	0.6304	0.5118	0.5118	0.5794	0.6309	0.5794	0.6309
	0.0789	0.1284	0.1526	0.0915	0.0693	0.0915	0.0915	0.0789	0.0692	0.0789	0.0692

3. 组合赋权

根据组合赋权计算公式和网络层次分析法赋权、熵权法赋权得到的数值，可得经济绩效评价指标的组合赋权（见表9.13）。

表9.13 农地产权流转经济绩效评价指标的组合赋权

目标层	第一层指标	权重	第二层指标	权重
农地流转经济绩效（A）	农村生产发展指标(A_1)	0.4682	土地利用指数(A_{11})	0.0860
			土地产出指数(A_{12})	0.1768
			土地劳动力投入指数(A_{13})	0.1122
			土地自有资金投入指数(A_{14})	0.0502
			土地外部资金吸引指数(A_{15})	0.0440
	农民收入增长指数(A_2)	0.3787	人均纯收入变化指数(A_{21})	0.1947
			人均纯收入目标实现指数(A_{22})	0.1112
			农业收入占总收入比重变化指数(A_{23})	0.0728
	农业现代化水平指数(A_3)	0.1531	规模经营实现指数(A_{31})	0.0686
			单位农地机械使用率指数(A_{32})	0.0438
			单位农地科技投入变化指数(A_{33})	0.0407

从表9.13易得,在一级指标中,按权重从大到小,指标依次为:农村生产发展指标、农民收入增长指数、农业现代化水平。这说明,农地产权流转的经济效应首先体现为农村生产发展,只有生产发展了,才能提高农地利用效率和产出效率,增强土地的收益,增加"抛荒"等土地低效的机会成本,提高流转积极性;其次,提高了农户的收入,流出农户不仅获得了租金收入,还可以务工,从事非农生产,提高了人均收入;再次,对农业现代化水平也产生了积极的影响,有利于实现规模经济,提高机械使用率和科技投入。从二级指标来看,影响比较大的有土地产出、土地劳动力投入、人均纯收入变化、人均纯收入目标实现等。

总之,通过经济绩效评价指标权重的确定,可以在一定程度上反映影响经济绩效的重要因素,如能否增加农户收入,能否提高农地产出水平,能否促进农地有效利用等。

(二) 社会绩效评价指标权重的确定

1. 网络层次分析法赋权

首先,构造网络结构模型。同经济评价指标一样,社会评价指标的控制层亦只有一个,农地产权流转社会绩效既是评价准则,也是评价目的,所有元素直接进行判断比较的准则就是农地流转的社会绩效。

其次,建立两两比较判断矩阵。同经济评价指标一样,在专家咨询和软件 Super Decisions2.0.8 计算并通过了矩阵一致性检验之后,便可以建立两两比较判断矩阵。表9.14是一级指标和二级指标的社会绩效判断矩阵。

表9.14　一级指标和二级指标的社会绩效判断矩阵

B	B_1	B_2		B_2	B_{21}	B_{22}
B_1	1	4		B_{21}	1	1/2
B_2	1/4	1		B_{22}	2	1
B_1	B_{11}	B_{12}	B_{13}			
B_{11}	1	2	6			
B_{12}	1/2	1	5			
B_{13}	1/6	1/5	1			

再次，计算矩阵得出权重。将上述所有的判断矩阵分别输入到 Super Decisions 软件，通过一致性检验后可得超矩阵 W、加权超矩阵 $\overline{W}$。最后计算极限超矩阵 W^{∞}，即对加权超矩阵进行 k 次幂，这是对加权超矩阵进行稳定性处理。

$$w_{社会} = (B_{11}, B_{12}, B_{13}, B_{21}, B_{22})^{T}$$
$$= (0.3280, 0.2425, 0.1438, 0.1244, 0.1613)^{T}$$

2. 熵权法赋权

通过对成都的典型案例调研，获得出租、反租倒包、公开竞价等不同类型的调研数据，经过标准化处理，得出特征矩阵 Y。

其中，$m = 5, n = 3, k = 1/\ln 3 = 0.9102$，依据上述有关熵值、熵权的计算公式，可得社会绩效评价指标的熵值、熵权（见表 9.15）。

表 9.15　农地产权流转社会绩效评价指标的熵值、熵权

B	B_{11}	B_{12}	B_{13}	B_{21}	B_{22}
h_i	0.6309	0.5794	0.6309	0.6126	0.5446
ω_i	0.1844	0.2101	0.1844	0.1935	0.2275

3. 组合赋权

根据组合赋权计算公式和网络层次分析法赋权、熵权法赋权得到的数值，可以得到农地产权流转社会绩效评价指标的组合赋权（见表 9.16）。

表 9.16　农地产权流转社会绩效评价指标的组合赋权

目标层	第一层指标	权重	第二层指标	权重
农地流转社会绩效（B）	农村收入差距指标（B_1）	0.6957	农村基尼系数实现指数（B_{11}）	0.3047
			农村恩格尔系数实现指数（B_{12}）	0.2571
			农民有效就业时间变化指数（$B13$）	0.1339
	农村生态环境指数（B_2）	0.3043	单位土地农药使用量指数（B_{21}）	0.1207
			单位土地化肥施用量指数（B_{22}）	0.1836

第三节　不同流转平台农地产权流转绩效的测评

一、数据采集说明

本章所依据的调研资料如在前文中所述,是基于对成都"三圈层"各区市县大量调研的基础上,得到的一手资料。依据本章研究任务及对数据的要求,对调研中的访谈材料进行了深度挖掘,尤其针对几个典型的农地产权流转案例,按照绩效测评各指标的数据要求,对所得资料进行了整合,得到不同流转平台农地产权流转的绩效分析结果。

其中以蒲江县×××猕猴桃种地大户为代表,分析农户出租模式农地产权流转的绩效;以双流县"千亩都市观光草莓园"为代表,分析农户反租倒包模式农地产权流转的绩效;以都江堰市×××公司为代表,分析通过竞拍模式农地产权流转的绩效。显然,前两种模式是私下自由流转平台农地产权流转绩效分析,第三种是通过政府主导型流转平台农地产权流转绩效分析。

出于对农户经营的保护,遵守访谈原则和承诺①,本研究隐去具体访谈农户的姓名和企业名称。

二、经济绩效的测评

(一)出租流转的经济绩效

如前文中阐述,出租主要是农户之间的直接流转,往往比较零散,有些指标项农户并未给出,为集中得出所需要的数据,对样本数据进行了整合,选取了几个比较大宗的出租模式,主要以蒲江县寿安镇×××猕猴桃种地大户访谈资料为基础,进行数据的统计,得到所需数据,如表 9.18 所示。

---

① 由于本文作者带队进行调研是通过成都市自上而下相关部门介绍和引荐展开的,在前期调研乡镇,有些农户并不进行具体问题的回答,存有顾虑。调研小组随后吸取经验,从第二个调研乡镇开始,就首先向农户表明了调研的目的,强调不会泄露经营者的信息,不会向有关部门反映具体农户的情况,并改变农户集中在村办公室的做法,改为上面一对一的独立采访。

表 9.18　农地出租流转模式的经济绩效

第一层指标	第二层指标	权重	流转前	流转后	单位	指标初始值	指标加权值
农村生产发展指数（A_1）	土地利用指数（A_{11}）	0.0860	6	10	月	66.67	5.73
	土地产出指数（A_{12}）	0.1768	750	1180	元	57.33	10.14
	土地劳动力投入指数（A_{13}）	0.1122	10	15	工	50.00	5.61
	土地自有资金投入指数（A_{14}）	0.0502	300	450	元	50.00	2.51
	土地外部资金吸引指数（A_{15}）	0.0440	300	0	元	0.00	0.00
农民收入增长指数（A_2）	人均纯收入变化指数（A_{21}）	0.1947	2000	3000	元	50.00	4.74
	人均纯收入目标实现指数（A_{22}）	0.1112	10000	3000	元	30.00	3.34
	农业收入占总收入比重变化指数（A_{23}）	0.0728	80	20	%	75.00	5.46
农业现代化水平指数（A_3）	规模经营实现指数（A_{31}）	0.0686	5	0	亩	0.00	0.00
	单位农地机械使用率指数（A_{32}）	0.0438	80	160	元	100.00	4.38
	单位农地科技投入变化指数（A_{33}）	0.0407	20	30	元	50.00	2.04
农地产权流转出租模式的经济绩效							43.95

（二）反租倒包流转的经济绩效

如前文中阐述，反租倒包主要是将农户的承包地收归村集体或组（社），村集体或组（社）再集中统一对外出租，村集体或组（社）留一部分租金作为集体公共用途，大部分租金返回原来承包农户。以双流县兴隆镇"千亩都市观光草莓园"为代表，获取相应指标数据，分析农户反租倒包模式流转的经济绩效，如表 9.19 所示。

表 9.19　农户反租倒包模式的经济绩效

第一层指标	第二层指标	权重	流转前	流转后	单位	指标初始值	指标加权值
农村生产发展指数（A_1）	土地利用指数（A_{11}）	0.0860	6	12	月	100.00	5.73
	土地产出指数（A_{12}）	0.1768	750	2560	元	241.33	42.67
	土地劳动力投入指数（A_{13}）	0.1122	10	8	工	20.00	2.24
	土地自有资金投入指数（A_{14}）	0.0502	300	500	元	66.67	3.35
	土地外部资金吸引指数（A_{15}）	0.0440	800	300	元	37.50	1.65

第一层指标	第二层指标	权重	流转前	流转后	单位	指标初始值	指标加权值
农民收入增长指数（A_2）	人均纯收入变化指数（A_{21}）	0.1947	2000	4000	元	100.00	19.47
	人均纯收入目标实现指数（A_{22}）	0.1112	10000	4000	元	40.00	4.45
	农业收入占总收入比重变化指数（A_{23}）	0.0728	80	40	%	50.00	3.64
农业现代化水平指数（A_3）	规模经营实现指数（A_{31}）	0.0686	1046	1046	亩	100.00	6.86
	单位农地机械使用率指数（A_{32}）	0.0438	80	200	元	150.00	6.57
	单位农地科技投入变化指数（A_{33}）	0.0407	20	50	元	150.00	6.11
农地产权流转反租倒包模式的经济绩效							102.74

（三）公开竞拍流转的经济绩效

如前文中阐述,公开竞拍农地产权流转是通过市县乡"三级"农村产权流转服务平台实现的农地流转,农地流转信息在电子屏幕上、网络上公示,在全市范围内公开,以价高者得,实现农地流转。当然,这种模式的实现,是成都作为城乡统筹综合配套改革实验区的试点,在农地整理的过程中,可能由不同的主体参与,主要是以农户为主体,往往结合了建设用地"增建挂钩"政策和"占补平衡"试点等同时进行。以都江堰市柳街镇×××公司为代表,获取相应指标数据,分析通过竞拍模式农地产权流转的绩效,如表9.20所示。

表9.20　公开竞拍模式的经济绩效

第一层指标	第二层指标	权重	流转前	流转后	单位	指标初始值	指标加权值
农村生产发展指数（A_1）	土地利用指数（A_{11}）	0.0860	6	12	月	100.00	8.75
	土地产出指数（A_{12}）	0.1768	750	8000	元	966.7	170.91
	土地劳动力投入指数（A_{13}）	0.1122	10	100	工	900.00	100.98
	土地自有资金投入指数（A_{14}）	0.0502	300	600	元	100.00	5.02
	土地外部资金吸引指数（A_{15}）	0.0440	1500	900	元	60.00	2.64

第一层指标	第二层指标	权重	流转前	流转后	单位	指标初始值	指标加权值
农民收入增长指数（A_2）	人均纯收入变化指数（A_{21}）	0.1947	2000	7000	元	250.00	48.68
	人均纯收入目标实现指数（A_{22}）	0.1112	10000	7000	元	70.00	7.78
	农业收入占总收入比重变化指数（A_{23}）	0.0728	80	50	％	37.50	2.73
农业现代化水平指数（A_3）	规模经营实现指数（A_{31}）	0.0686	1000	1000	亩	100.00	6.86
	单位农地机械使用率指数（A_{32}）	0.0438	80	100	元	25.00	1.10
	单位农地科技投入变化指数（A_{33}）	0.0407	20	100	元	400.00	16.28
农地产权流转公开竞拍模式的经济绩效							371.73

三、社会绩效的测评

（一）出租流转的社会绩效

从初步分析看,出租主要是农户之间的直接流转,流转后虽然对个别农户的收入无疑产生了较大的影响,但很难对普遍农户的收入产生较大的影响,对整体农村恩格尔系数和农村基尼系数的影响不大,所计算的社会绩效如表9.21所示。

表 9.21　农地出租模式流转的社会绩效

第一层指标	第二层指标	权重	流转前	流转后	单位	指标初始值	指标加权值
农村收入差距指标（B_1）	农村基尼系数实现指数（B_{11}）	0.3047	30	35	/	—16.67	—5.08
	农村恩格尔系数实现指数（B_{12}）	0.2571	40	55	/	—37.50	—9.64
	农民有效就业时间变化指数（B_{13}）	0.1339	100	300	天	200.00	26.78

第一层指标	第二层指标	权重	流转前	流转后	单位	指标初始值	指标加权值
农村生态环境指数（B_2）	单位土地农药使用量指数（B_{21}）	0.1207	50	60	元	−20.00	−2.41
	单位土地化肥施用量指数（B_{22}）	0.1836	60	80	元	−33.33	−6.12
农地出租流转模式的社会绩效							3.53

（二）反租倒包流转的社会绩效

就本质上讲，出租与反租倒包流转都是农地从分散到集中到大户手中，流出所获得收益的方式基本相同，不过前者规模相对较小，而后者往往规模较大，农业现代化程度较高。从统计的初步资料来看，反租倒包流转的社会绩效拉大了农村之间的收入差距，农村基尼系数所受影响较大，所计算的社会绩效如表 9.22 所示。

表 9.22　农地反租倒包模式流转的社会绩效

第一层指标	第二层指标	权重	流转前	流转后	单位	指标初始值	指标加权值
农村收入差距指标（B_1）	农村基尼系数实现指数（B_{11}）	0.3047	30	45	/	−50.00	−15.24
	农村恩格尔系数实现指数（B_{12}）	0.2571	40	50	/	−25.00	−6.43
	农民有效就业时间变化指数（B_{13}）	0.1339	100	300	天	200.00	26.78
农村生态环境指数（B_2）	单位土地农药使用量指数（B_{21}）	0.1207	50	70	元	−40.00	−4.83
	单位土地化肥施用量指数（B_{22}）	0.1836	60	95	元	−66.67	−10.77
农地反租倒包流转模式的社会绩效							−10.49

（三）公开竞拍流转的社会绩效

以都江堰市柳街镇×××××公司为代表，公开竞拍流转实现了农户收入的普遍增加，农户获得持续的增值收益，有利于农村收入差距的改善，农业现代化程度有了显著提升，农业生态环境亦有明显改善。分析通过竞拍模式农地产权流转的社会绩效，如表 9.23 所示。

表 9.23　农地公开竞拍模式流转的社会绩效

第一层指标	第二层指标	权重	流转前	流转后	单位	指标初始值	指标加权值
农村收入差距指标（B_1）	农村基尼系数实现指数（B_{11}）	0.3043	30	35	/	−16.67	−5.07
	农村恩格尔系数实现指数（B_{12}）	0.2565	40	40	/	0.00	0.00
	农民有效就业时间变化指数（B_{13}）	0.1334	100	200	天	100.00	13.34
农村生态环境指数（B_2）	单位土地农药使用量指数（B_{21}）	0.1212	40	40	元	0.00	0.00
	单位土地化肥施用量指数（B_{22}）	0.1847	60	45	元	25.00	4.62
农地公开竞拍流转模式的社会绩效							12.89

第四节　不同流转平台农地产权流转绩效的比较

一、不同流转平台的比较

上述实证分析的经济绩效和社会绩效表现出不同的特征。从经济绩效来看，以出租为代表的直接式流转、以反租倒包为代表的村集体参与的间接式流转、以公开竞标为代表的政府主导型流转平台流转三种途径下的经济绩效均产生了正的经济绩效，且依次增大。从社会绩效来看，出租流转和公开竞标流转的社会绩效为正值，公开竞标流转的社会绩效略大于出租流转，而反租倒包流转却为负值。几种流转模式的经济绩效和社会绩效排序如表 9.24 所示。

表 9.24　不同流转模式的经济绩效和社会绩效比较

流转绩效 ＼ 流转模式	出租		反租倒包		公开竞拍	
	绩效	排序	绩效	排序	绩效	排序
经济绩效	43.95	三	102.74	二	371.73	一
社会绩效	3.53	二	−10.49	三	12.89	一

上述实证分析的结果与实地调研的情况基本是一致的。

就经济绩效比较而言,虽然现实中通过政府主导型流转平台的宗数比重较低,但是每宗流转的农地面积和涉及的农户较多,经济绩效的影响程度较大,是目前政府着力倡导的农地流转模式。反租倒包流转模式发生的比重最大,经济绩效优于出租,次于公开竞拍,但各种利益纠纷亦多见于这种模式,主要体现为乡村干部等以行政手段推进,对农户利益重视不够。出租流转发生的频率不高,经济绩效也不高,主要是早期的流转行为,现实中这种模式越来越少。

就社会绩效比较而言,出租流转和公开竞标流转两种方式表现出积极的社会绩效,而反租倒包产生消极的社会绩效。在实地调研中,反租倒包流转农地主要是在乡村干部主导下进行,代为民做主的倾向明显,甚至为促进整块大面积流转,对个别农户是强行流转。同时,通过反租倒包流入农地的往往是农业大户,或涉农龙头企业,这些主体基本上根植于当地,与乡村干部关系密切,农地流转价格一般不高,农地增值收益大部分归属于大户或企业,乡村干部或集体组织获得一部分。这样,无疑会产生负的社会绩效。

二、不同流转平台农地产权流转绩效比较的启示

依据成都推进城乡统筹发展的阶段性目标,借助于广泛使用的绩效评价方法,构建了农地流转模式的经济绩效和社会绩效评价指标体系,运用调研数据,对成都不同流转平台中的农地流转模式进行绩效的计算和比较。

实证研究的结果与实证假设和实地调研的情况基本相符,不同模式农地流转的经济绩效和社会绩效表现出不同的特征。政府主导型流转平台下农地流转的经济绩效和社会绩效均优于私下自由流转平台的绩效,但是,市场化程度较高的模式比市场化低的流转模式绩效较好,乡村干部主导的农地流转,虽然经济绩效较好,但其社会绩效很不理想。

显然,仅仅分析经济绩效和社会绩效并不代表绩效的全部,尤其在城乡统筹发展进程中,构建城乡一元化的新型农村社会,打造成都"世界田园"城

市，还要考虑农地流转的生态环境效应和景观效应等，包括所有绩效在内的综合绩效应是今后研究的重要方向。当然，经济绩效和社会绩效是综合绩效的重要构成部分。

因此，引导农户通过政府主导型流转服务平台流转农地应为完善农地产权流转制度的努力方向，同时，鼓励、引导和支持市场化程度较高的农地流转模式快速发展。

第十章 土地制度安排的基本形态

当前国际上形成了以所有权为基础和以使用权为基础的世界两大土地产权形态。从实践来看,两种土地产权形态并无优劣之分,只是形成基础和路径依赖不同而已,并伴随土地发展权的出现逐渐走向趋同。进入新世纪以来,城乡统筹发展问题一直是决定中国现代化进程和全面建设小康社会的关键性问题,而农村土地制度问题则是其中的核心,各地尤其是经济发达地区和大中城市近郊在推进统筹城乡发展中进行的农村土地产权制度创新实践,正是当前工农城乡关系演变的现实基础。

第一节 土地产权及制度安排

一、土地产权及特征

(一) 产权理论的农地产权

产权理论以交易理论为基础,最早出现在古典经济学中,但是并未形成系统的理论。现代产权理论是新制度经济学的重要组成部分,其代表人物有 Ronald Coase、Williamson、Stigler Demsetz 和 Steven. N. Cheung 等。

产权理论的核心观点认为,产权的界定比产权的所有形式更为重要,产权界定的原则是尽量降低产权界定与实施的成本,并且提高产权的实施效率。其主要内容是围绕产权安排对经济活动的影响以及怎样影响资源的配置效率。Coase 对产权作了全面论述,把产权看作由占有权、使用权、收益权和转让权等组成的一束权利，形成了著名的科斯第一定理、科斯第二定理。简言之，现代产权理论从交易费用出发，通过安排和调整产权关系和产权制度，降低交易费用，在交易中实现资源的优化配置。

依据现代产权理论，农村土地权利的设置和产权界定，就是用法律形式明确农地所有权主体，同时严格界定所有者、经营者和具体土地使用者之间的责任、利益和权利，形成各利益主体之间对农地的利益、责任的相互约束关系。当产权明晰后，由于对自己努力成果的预期较稳定，农户出于增加中长期和短期投入或改进的需求，愿意自己耕种或流转获利，土地资源就能得到优化配置，进而提高土地生产率，因而产权理论对农地承包经营权流转制度创新具有重要意义（见图 10.1）。

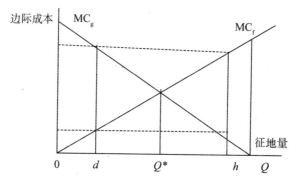

图 10.1　农地产权流转中的委托代理关系

MC_g 代表地方政府征地的边际成本，MC_f 代表农户保护耕地的边际成本，OQ 代表总征地量。该图说明，无论农地产权属于地方政府还是居民，只要产权是明确的，且交易费用较低，那么，征地问题都可以通过谈判自行解决。若农地产权属于农户拥有，地方政府就无法无偿征地，初始征地点为 0 点，即征地量为零。在 d 处点，$MC_g > MC_f$，即地方政府的边际成本大于居民的边际成本，同样征用一定量的农地，前者成本大于后者，双方存在谈判空间。即只要前者支付给后者的费用在 MC_g 到 MC_f 之间，交易对双方均有益。在交易费用较小情况下，交易会从零开始，直到谈判交易空间消失，即图中 $0 \rightarrow Q^*$。

同理，若农地产权属于地方政府，地方政府拥有征地权，征地点 Q 点，即征地量最大。在 h 处点，$MC_f > MC_g$，即农户保护耕地的边际成本大于地方政府征地的边际成本，通过谈判双方均受益，直到谈判双方交易空间消失，即图中$Q{\rightarrow}Q^*$。因此,如果土地产权明晰并加以保护,权利人参与市场交易可以实现权能进而获得收益,通过谈判实现土地资源的配置效率;反之,产权如果不清晰,那么权能的行使就无法有效地进行,利益也就无法实现,其结果是导致无穷尽的土地产权纠纷。

上述分析表明,就我国当前农村土地产权制度而言,应给予土地经营使用者合理利用土地的权利,并促使形成土地所有者、经营者、使用者等多元利益主体,明确各自的责权关系,以促进各种形式流转。

(二) 博弈论兴起与农地权益保护

博弈论(game theory)主要研究公式化了的激励结构间的相互作用,通过分析博弈参与者行为之间存在的相互影响,以及由此所导致的博弈者之间产生的竞争,研究参与者在包含相互依存情况下的理性行为。也就是说,博弈论通过定量模型和假设例子的分析,来模拟和解释人们的冲突与合作行为。博弈论通过研究主体行为决策,探讨行为决策的利益均衡(张维迎,2004;郭鹏和杨晓琴,2006),是描述和分析具有多主体行为决策的冲突共同利益工具(亨德里克斯,2007)。目前,博弈论已经成为经济学的标准分析工具之一,在多种学科中被广泛应用。

20世纪60年代末,博弈论被引入农业经济研究领域。Davis & Palomba(1969)运用了囚徒困境博弈模型,Tiglitz(1974)、Eswaran & Kotwal(1985)等研究了农地租约中的激励、风险分摊问题以及道德风险等问题,并利用合作博弈模型,分析了农地合约方的行为动机。

经过几十年的沉默,进入20世纪90年代以后博弈论迅速兴起,达到前所未有的程度,引起罕见的重视。1994年纳什、海萨尼、泽尔腾(Reinhard Selten)共同获得了诺贝尔经济学奖,随后,有六届诺贝尔经济学奖授予与此理论有关的学者(见表10.1)。由此,博弈论得到权威认可。

进入新世纪以来,学者开始运用博弈论研究我国农地产权制度、农地流转模式等具体问题,博弈论被用来分析国家、地方政府、基层政府、农村集体经济组织、农户、农业企业(业主)等主体之间围绕土地利益展开的行为(张飞、曲福田、孔伟,2009;曲福田、谭荣,2010;李启宇,2010)。就农地流转平台或模式的研究,王颜齐、郭翔宇(2010)进行了"反租倒包"农地流转中农户博弈行为特征分析,汪衍玉(2012)基于动态博弈的视角构建了土地流转的一个

表 10.1　诺贝尔经济学奖与博弈论的研究有关代表人物

时间	代表人物
1994 年	（美）约翰·海萨尼（J. Narsanyi）、（美）约翰·纳什（J. Nash）、（德）赖因哈德·泽尔滕（Reinhard Selten）。
1996 年	（美）乔治·阿克尔洛夫（George A. Akerlof ）、（美）威廉·维克瑞（William Vickrey）
2001 年	（美）乔治·阿克尔洛夫（George A. Akerlof ）、（美）迈克尔·斯宾塞（A. Michael Spence ）、（美）约瑟夫·斯蒂格利茨（Joseph E. Stiglitz）
2005 年	（美）托马斯·克罗姆比·谢林（Thomas Crombie Schelling）、（美）罗伯特·约翰·奥曼（Robert John Aumann）。
2007 年	（美）里奥尼德·赫维茨（Leonid Hurwicz）、（美）埃里克·马斯金（Eric S. askin）、（美）罗杰·迈尔森（Roger B. Myerson）。
2012 年	（美）埃尔文·罗斯（Alvin E. Roth）、（美）罗伊德·沙普利因（Lloyd S. Shapley）

简单的动态博弈模型，比较了平台组织参与前后两种情况下的农户收益，从而论证了平台组织在土地流转过程中起着关键作用。

近十年来，随着农地产权制度改革研究的新兴起，博弈论大量被我国学者用来分析国家、地方政府、基层政府、农村集体经济组织、农户、农业企业（业主）等主体之间围绕土地利益展开的行为（李霄，2003；周滔、杨庆媛、丰雷，2006；黄郭城，2006；张光宏、彭小贵，2006；张飞、曲福田、孔伟，2009；曲福田、谭荣，2010；李启宇，2010；李名峰、曹阳、王春超，2010；肖轶、魏朝富、尹珂，2011；等）。一般研究认为，国家要确保粮食安全，地方政府要土地财税，基层政府和农户要争取土地流转带来的收益。

（三）委托代理理论与农地产权流转服务平台

20 世纪 30 年代，伯利和米恩斯首先提出了委托代理理论（principal－agent theory）。委托代理理论以非对称信息（asymmetric information）博弈论为基础，倡导所有权和经营权分离。所有权和经营权一旦分离，就形成了委托代理关系。由于代理人总比委托人有更多的信息，因而两者所掌握的信息是非对称的。

在委托代理关系，委托人和代理人的追求不同，效用函数亦不同。在缺乏有效制度约束下,由于信息的非对称性,出现了代理人利用拥有较多信息的优势,损害委托人利益的行为。可见,委托代理理论的中心任务,就是基于上述研究的现实。

也就是说,委托代理理论的中心任务是研究在利益相冲突和信息不对称的环境下,委托人如何设计最优契约激励代理人。由于委托代理关系在社会中普遍存在,委托代理理论被普遍地用于解决各种委托代理关系问题。本研究将运用委托代理理论来分析不同农地流转平台的经济绩效和社会绩效问题(见图 10.2)。

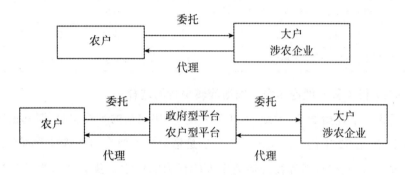

图 10.2　农地产权流转中的委托代理关系

农地产权流转中的委托代理关系有两种基本的形式,即农户与大户或涉农企业之间发生的直接式委托代理关系和经由政府服务平台或各种非正规平台而发生的间接委托代理关系,后者又称双层委托代理关系。也有学者将这种直接和间接发生的农地委托代理称为双边交易方式和集中交易方式(王颜齐、郭翔宇,2011)。

本研究认为,土地流入业主和农地流出农户都是在农地制度所允许的界限内追求效用最大化的利益主体。正规产权交易平台是促进产权交易的有效平台,能够从制度上规避交易风险,保护交易主体的合法权益。为使农地依法、自愿、有偿、有序流动地进行,各地在创新实践中,纷纷建立了农村产权交易所(见表 10.2),在各区(市)县分别成立了农村产权交易分所(服务中心),乡镇相应成立农村产权交易服务站,构建了"三级"农村产权交易平台服务体系。有一些区县还在村(社区)设立农村产权交易服务点,极大地促进了农地产权流转。

表 10.2　全国农村产权交易平台统计

序号	名　　称	业务特点	所在地	成立时间(年月日)
1	成都农村产权交易所	综合性	成都天府新区	2008.10.13
2	重庆农地交易所	专项类	重庆市渝中区	2008.12.04
3	武汉农村综合产权交易所	综合性	武汉市江汉区	2009.04.30
4	广州农村产权交易所	综合性	广州市五羊新城	2009.06.30
5	上海农村产权交易所	综合性	上海市黄浦区	2009.09.18
6	北京农村产权交易所	综合性	北京市东城区	2010.04.15
7	杭州农村综合产权交易所	综合性	杭州市上城区	2010.10.19
8	天津农村产权交易所	综合性	天津市宝坻区	2011.05.24
9	高陵县农村产权交易大厅	综合性	西安市高陵县	2011.07.14

（四）行为科学理论与农户农地流转平台的选择

行为科学开始于 20 世纪 20 年代末至 30 年代初的霍桑实验,而真正发展却在 20 世纪 50 年代。广义的行为科学是指包括类似运用自然科学的实验和观察方法,研究在自然和社会环境中人的行为的科学。狭义的行为科学是指有关对工作环境中个人和群体的行为的一门综合性学科。进入 20 世纪 60 年代,行为科学管理学中出现了组织行为学,被广泛地应用到经济学、管理学和社会科学中。

在行为科学发展中,早期的古典经济学强调作为经济活动主体的完全理性,提出"经济人"假设。新制度经济学形成以来,坚持有限理性行为理论和机会主义假说。

新制度经济学认为,只有承认人们有限获取和处理信息的能力,才能深入地理解现实世界中的制度。于是,该经济学用有限理性"社会人"取代完全理性"经济人",以"有限理性"为基础进行"满意决策"。在有限理性理论的基础上,综合运用行为科学和心理科学的成果,经济学家提出了"社会人模式"和"管理人模式"等新概念。

"社会人模式"理论提出,人的需求是一个上升的动态过程,物质经济利益的需求是最基本的需求,在此基础上还要追求安全、自尊、情感和社会地位的需求。这种分析模式力求通过多种目标以及目标的形成和实现,用"社会人"形象替代追求单一经济利益最大化目标的"经济人"形象。就农户而言，农户选择不同的流转平台，不仅考虑经济利益，也在很大程度上受土地文化、认知心理等因素的影响。因而，农户行为更符合社会人的特点。

"管理人模式"理论认为，人们只能在力所能及的范围内进行选择，追求一种令人"满意的"或"足够好的"行动目标。

依据上述分析，农户动机的产生出于物质需要和精神需要，农户产生动机的诱因是因流转土地与流转平台的选择所带来巨大的收益。农户行为决策的产生，是动机促成的原因，但人的行为会因地、因时、因其所在的环境与个体内部的身心状况而表现出不同的反应。也就是说，农户动机产生后，并不是农户行为立刻就产生了，农户需要衡量自身因素与环境因素后才会有不同类型的行为发生。

农户选择农地流转平台的风险偏好与农户个人条件相关，两者符合倒 U 形的曲线（见图 10.3）。对农户来说，选择私下流转需要付出政策风险和机会成本等代价。自身条件差的农户，一旦遭遇私下流转的政策风险就会造成灾难性损失，因此多选择政府服务平台流转土地；自身条件好的农户，为追求比较好的满足，往往选择私下流转，或者不流转；自身条件中等的农户，即达到一定程度后，在政府服务平台和私下流转土地的收益与机会成本相等，选择偏好也进入了拐点（见图 10.3 中的 P 点）。

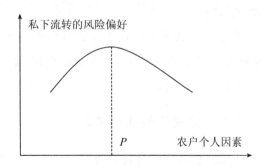

图 10.3　农户个人因素（经济条件）与私下流转风险偏好的关系

二、我国不完整的农村土地产权

根据我国《土地管理法》、《农地承包法》等法律规定，我国土地产权制度的实际情况是，土地是以国家和集体为所有权代表的共有权制度安排，即城市土地归国家所有，农地归集体所有，团体或个人只能获取土地的使用权。并指出，农地承包经营权主要是指经营主体（农民）依据承包合同而依法享有的在指定土地上从事农业生产经营，并因此而获利的权利。可见，我国农地制度最显著的特征是"共有私用"，即农地所有权归为村民集体，使用权归为村民。但是，就《物权法》而言，我国现阶段农地模糊的"集体"所有制导致农地产权主体缺位，土地所有权和使用权缺乏严格的界定和保护，尚未形成明晰的产权关系。现实中地方政府利用行政力量采用"征地"合法的方式实际上占有了农地所有权，独享农地增值收益，而法律意义上的"村集体"和承包农户被排斥在土地增值收益之外。这是一切土地事件的根本原因。

因而，我国农村土地并不具备现代产权理论意义上的完整权利，导致了农地产权流转过程中的种种坑害农民现象、群体事件不断。在现实中，农地产权制度不健全导致城镇化过程中制度缺位和制度冲突等现象时常发生，征地补偿过程中因侵权所致的干群矛盾十分突出，乱占滥用农地现象以及寻租腐败问题屡见不鲜，甚至假借统筹城乡之名行牺牲农村发展空间、损害农业发展和忽视农民土地利益之实的现象屡禁不止。产生这些矛盾和问题的根本原因在于现行农村土地所有者主体缺位，土地产权权能残缺，土地产权缺乏合理的流转机制，农民土地权利缺乏实现途径和保护机制等。农民集体土地产权并不具备与国有土地同等权利。在这种歧视性的制度的安排下，上述这些难题无法得到彻底解决。

解决问题的根本途径就是赋予农户长久不变且受到法律严格保护的土地承包经营权，即在遵循现有法律的基础上，虚化所有权，坐实承包经营权，建立现代意义的农村土地产权制度。

三、农村土地产权制度安排的路径依赖

现阶段我国农村土地产权制度安排具有强烈的路径依赖性，带有显著的计划经济时代特征。新中国成立以来，中国土地产权制度先后经历了完全私有制、集体所有制和公有制下家庭经营的三个不同的变迁历程，逐渐完成从私有到公有、从产权统一到产权分割的基本演变态势，并在法律上确定了城乡二元土地制度，即城市土地国家所有，农村土地集体所有。此后虽然进行了一定的制度完善，但是所有权始终是公有属性。

　　从 1958 年开始,以强迫性土地产权制度变迁的方式,在较短时间内实施从初级社过渡到高级社,实施高级社集体土地所有权,农村集体土地所有制由此确立。直到 1977 年,伴随着"大跃进"和人民公社化运动兴起,农村土地由集体所有、集体经营,土地公有化程度越来越高。20 世纪 70 年代末期,国家实施家庭联产承包责任制以及农村经济体制的伟大改革,此后,中央政府通过历年关于农村工作的 1 号文件、几份强化农民土地承包经营权和自主权的文件,以及《农村土地承包法》和《物权法》,形成了中国农地产权和农地市场发展的基本政策和法律规范。在法律中确定了中国土地制度的城乡二元体制,即城市土地国家所有,农村土地集体所有。

　　然而,时至今日,我国已进入着力破除城乡二元结构、城乡经济社会一体化发展的重要时期,统筹城乡发展成为时代主题。在这一背景下,要求消除阻碍要素在区域之间、产业之间自由流动的各种制度障碍,通过强化统筹城乡的市场力量使资源要素和商品服务在统一的城乡空间维度和可持续发展的时间维度上达到动态均衡配置,实现城乡之间生产要素的合理配置。但是,作为关键性要素的土地资源,在现行农村土地产权制度安排下不仅阻碍了农村经济社会的持续较快发展,而且导致了城镇化发展推力的减弱,甚至在一定程度上羁绊了城镇化的快速发展。当前我国既面临着工业化和城镇化扩展与基础设施建设用地增长需求旺盛、保障经济发展与保护耕地红线的"双保"压力持续加大,也面临着农村空心化加剧发展、农地大量被废弃闲置和低效、无序利用等突出问题。

　　尽管自 20 世纪 90 年代以来,学术界和社会各界对农村土地制度多有疑问,甚至认为是导致"三农"问题的制度根源,但是,农村土地集体所有基本制度不仅没有松动,且表现出不断加强的趋势。进入新世纪以来,围绕承包经营权制度创新、促进农地经营权有效流转问题,各地在推进城乡统筹发展中对农村土地所有权权能进一步划分,初步形成了"三权"制度,即农地所有权归社区"集体",社区居民按户承包农地,经营权依法自由流转。就实质而言,仍是在集体经济组织内部成功地实现了土地所有权与经营权的分离,通过确立农户家庭经营的主体地位,重新还原了农业生产本质特点的微观基础。因此,改革开放以来所有关于农村土地制度创新的指导文件、政策法规,无一例外地坚持农村土地集体所有制度,完善家庭承包经营基本制度不变,表现出强烈的集体所有制依赖性。直至 2008 年 10 月,党的十七届三中全会提出,在自愿和不改变土地用途的原则下,"农民土地承包经营权可以通过转包、出租、互换、转让、股份合作等形式流转","现有土地承包关系要保持稳定并长久不变",才结束了关于农村集体所有制的"私有"与"国有"等改革趋势之争。

上述分析说明,当前我国农地产权制度创新是公有制下的不断深化,土地产权二元所有属性并没有根本性的改变。

第二节　以所有制为基础的土地制度安排

以所有权为基础的土地制度安排,使用权权能相对较小,大部分国家实行的是以土地私有制为基础进行土地资源的使用和运作的制度安排,如美国、日本、印度等。不同国家土地私有化形成路径不同,从而土地产权制度的具体内容亦不同。

一、美国土地产权交易制度改革

20 世纪二三十年代,为了解决城市化迅速发展而导致的大量农地被挤占以及风景资源、公共健康等问题,美国政府开始强化了对土地利用的管理。到 20 世纪 60 年代,政府依然没有有效地控制住农地大量流失和城市对农地大量蚕食的情况。为彻底解决这些问题,政府先后通过了土地发展权转让制度(1968 年设立)和土地发展权征购制度组成(1974 年设立),形成了区别于英国的土地发展权制度。主要思想如图 10.4 所示。

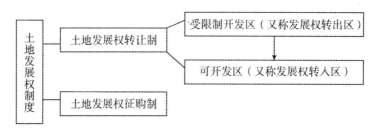

图 10.4　美国的土地发展权制度体系

土地发展权转让制度的思路是将土地分区为受限制开发区（又称发展权转出区）和可开发区（又称发展权转入区），由政府主导建立土地发展权交易市场，即受限制开发区卖出土地发展权，可开发区买入土地发展权。买入方在可开发区原有土地上进行额外开发的权利，从而获取更多的土地增值收益；卖出土地的原有用途就被明确固定下来，土地权利人只能按原用途来利用土地。这样，就在土地受限制开发区和可开发区之间架起了因土地用途管制而产生的利益不平衡的市场协调机制。

土地发展权征购制度的思路是各州及地方政府用公共资金按市场价格向土地所有者征购土地发展权。土地所有者将土地发展权卖出后，仍然保留农地继续耕种，仍可以出售土地所有权，但是土地新的所有者亦必须遵守土地发展权征购协议约定的土地使用限制条件。

显然，美国土地产权交易制度规定土地发展权归原土地所有者所有，土地所有者不仅可以继续按原来用途使用土地，还可获得较高的额外收入，提高了原土地所有者保护农地的积极性。另外，为保证农地尽可能由农户经营，避免出现大资本排挤小农户、农地大规模被兼并的现象，美国土地产权交易制度禁止非家庭性公司拥有农地和经营农业的直接生产领域。

二、日本农地产权交易制度发展

日本政府通过对封建制地主土地强制收买，然后统一卖给佃农，随后通过法律确定了农户永久拥有土地，并对土地流转作出了严格的限定，奠定了以小规模家庭经营为特征的农业经营组织形式。第二次世界大战后，经济的高速发展促进了工业化、城市化、农业国际化快速推进，土地需求矛盾日益突出。面对新形势，日本启动了土地产权交易制度新一轮改革，其核心在于推动土地流转、促进农业规模经营。该轮改革经历了三个不同的发展阶段：一是放宽限制，培育"自立经营农户"阶段（1961—1969年）；二是促进流转，提高农地利用效率阶段（1970—1985年）；三是鼓励集中，提高农业竞争力阶段（1986年至今）。不同阶段出台了相应的土地制度法规（见表10.4）。

表 10.4　日本土地政策法规

时间	法　　规	核心内容
1961 年	制定《农业基本法》	有选择地培育更多"自立经营农户"
20 世纪 70 年代	修改《农地法》、《农振法》，制定《农用地利用增进法》	创设农业人养老金制度，扩大经营规模资金，鼓励农田租赁和作业委托等形式的协作生产
1993 年	修订了《农地法》、《农用地利用增进法》	提高农业生产单位竞争力，培养新型农业人才

日本土地产权交易制度改革除具有显著的阶段性外，在实施过程中还体现了如下几个特点：一是成立专门的土地流转平台机构。成立了由国家、地方政府和农协联合组成的非盈利性农业土地管理公司，专门从事购买或租用农地，然后出租或出让。二是严格法人流转农地。为避免在农业人口大批转移前出现以大资本排挤小农户和土地兼并现象，自二战至 1961 年长达 15 年的时间中，法律禁止法人进入直接的农业生产领域。其后逐渐放松，但是直到现在，法律对股份公司参与农地经营仍有限制。三是实施系列化的辅助政策。鼓励小规模兼业农户退出土地经营，脱离农业；设立农业人养老金制度，实施农业技术和管理经营培训，促进经营者年轻化以扩大经营规模；建立组织严密的农协，促进农业经营合作。

三、韩国农地产权交易制度发展

韩国土地是一种垄断式土地私人占有，但政府运用法律、行政、经济手段对土地行使强有力的管理。韩国有关土地的法律都是由国会制定并颁布实施，国会是国家唯一的立法权力机关。韩国所颁布的法律种类，包括法律、法令和条例，其现行土地法律共有 94 个，其中，于 1972 年 12 月 30 日颁布实施的《国土利用管理法》是所有土地利用管理的法律法规的母法，其效力在其他土地法令之上。

在土地交易管制制度方面，韩国经历了自由买卖和管制地价的土地交易发展阶段。第一个阶段是在 1960 年以前，后一个阶段是在 1978 年以后。

在农地管理制度方面，韩国政府较早地制定了一系列土地法令，通过立法明确了土地收益、流转和农地区域等有关规定，对农地采取了严格的保护措施。如从 20 世纪 50 年代的《农地改革法》和《整顿农地改革事业特别措施法》到 80 年代,采取了严格避免被破坏的措施,以抵制城市开发对农地的侵占及滥开。

在土地开发管理制度方面,韩国政府于 1981 年颁布实施了《宅地开发促进法》,确定了公营开发政策,该法被公认为是一个划时代的转折点,其改革的核心是城市土地开发管理体制,土地发展权由城市政府集中管理,从城市规划开始一直到设计施工和经营管理,实现一元化公营开发,不允许私营企业开发。

其他方面,如住宅政策方面,韩国政府主要考虑面向一般市民修建永久出租住宅,以实现土地发展权流转和交易。在土地所有制方面,土地发展权逐步归国家拥有,实现公有化。

四、中国台湾地区农地产权交易制度改革

台湾地区农用地如果要做非农用地,采取的是涨价归公的办法。首先"台湾土地主管部门"将土地没收一半充公,如果是要转做非农用途,剩下的一半征收高额的土地增值税,通过这种措施来遏制过度的转让。自 20 世纪 60 年代起,为优化土地的使用和经营,并为农业机械化的广泛实施创造条件,台湾地区实施了新一轮的土地改单。改革分为两个阶段,即农地重划阶段(1962—1971 年)和农地改革阶段(1981—1985 年)。前一阶段以改善水利、增加产出、便利机械化、规模化为目的,主要通过农民间互换耕地、鼓励出售土地和提供贷款等,推进耕地转移与合并,扩大耕地面积,达成适当的经营规模。后一阶段以突破土地制度形成的瓶颈使农业得以持续发展为改革目标,主要通过扩大农场经营规模的购地贷款、加速办理农地重划、加强推行农业机械化、修订有关"法令"、推动农业区域规划等方式,提升农业竞争力,增加农民所得。

20 世纪 90 年代以来,台湾地区根据新形势需要,又有二次"立法"活动。1998 年 2 月,颁布"农业发展修正草案",采取差别管理方式,放宽农地承受人资格,订立奖惩办法以防止农地炒作,建立合理的耕地租赁制度等。2000 年 1 月,颁布了"农业发展条例",使上述内容与规定"法制化"相一致。

第三节　以使用权为基础的土地制度安排

以使用权为基础的土地制度安排，通过土地共有，所有权虚置，相应的使用权权能相对扩大，获得土地使用权的团体或个人可以进行土地的继承、买卖、处置，如英国、越南、中国等。不同国家土地使用权形成路径不同，土地产权制度的具体内容亦不同。

一、英国土地产权交易制度改革

英国工业革命以后，并没有专门的土地管理部门和法规。但是随着城市化的发展，出现了两种极为不公正的现象，一是土地收益的"暴利"或"暴损"不公现象，主要是由于城市规划变动导致土地区位的差异变化，这种变化引起地租的显著变化，交易价格差距显著，在土地所有者之间产生了在土地收益方面的巨大差异。二是房价剧涨、建筑密集拥挤、环境污染严重等公共利益的侵害，主要是由于土地权利人的自利行为导致，如过度自主开发、滥用土地私有产权等。上述现象对社会形成了较强的冲击。

面临严重的不公正的现象，英国政府先后出台专门法律对土地市场进行干预。如在1942年，政府统一征收了土地开发权，将土地开发权收归国有。1947年，政府颁布了标志土地发展权的法律，即第一部《城乡规划法》。按新法规定，无论土地用途改变是否符合国家发展计划，土地权利人都必须先获得开发许可，之后必须先向政府交纳100%的开发税，并在一定时间内必须对土地进行开发。

新法还规定，当出现土地预期开发价值丧失或贬值时，国家分情况决定是否给予补偿，由于土地开发者自身原因，如拒绝开发或自身其他原因的，国家不予补偿；由于地方规划机关的原因，如土地使用计划有变或认为需要撤销或修正的，则应给予相应补偿。主要流程如图10.5所示。

显然，英国《城乡规划法》的土地用途管制主要通过是否授予土地发展权来实现，片面强调公众利益而完全剥夺了土地权利人的开发收益，从而造成新法案实施后英国房地产市场交易近乎停滞。在随后的完善中，土地增值部分不再由政府全部独占，而是按一定比例与土地权利人之间进行分配。

英国《城乡规划法》实施以后，一方面在消除"暴利暴损"等不公平现象方面显示了显著的效果,显示了新法的积极作用;另一方面,新法没有处理好土地新增值收益的分配问题,没有理顺国家与民众之间的土地收益关系。因此,《城乡规划法》在有效实现土地管制的同时,如何处理公平与效率之间的关系一直困扰着英国政府。

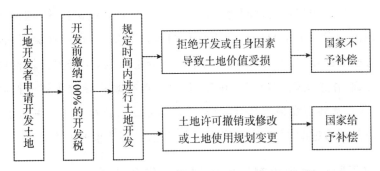

图 10.5 英国《城乡规划法》之土地产权制度流程

二、越南土地产权交易制度改革

与中国类似,越南属于"人多地少"型国家,并且大部分的人口生活在农村,因而土地政策和中国有许多相似之处。但是,近年来随着越南改革的深入,不少土地政策和法规已经走在了中国的前面,尤其是在土地法、土地产权界定和土地使用权市场等问题上。

关于土地立法问题。越南革新始于 1986 年,其中土地制度方面的重要改革始于 1988 年。1993 年,越南颁布了《土地法》,随后经历了 1998 年、2001 年的修改,使之在实践中不断被完善,奠定了土地市场的制度基础。从实践来看,越南在市场化改革中,产生并不断地完善土地法律制度,避免了行政强行进入土地市场行为,特别是关于农民农地保护的有关规定,积累了丰富的经验。

关于土地产权界定问题。根据越南宪法,土地是全体人民共同拥有的财产;个人、家庭和组织可以持有并流转使用土地权利。根据《土地法》,越南农民分配到的土地,可以长期稳定地使用,并且被准予流转权、交易权、出租权、继承权、抵押权、合资权、再出租权和赠予权等多项权利。很显然,越南农民拥有的土地权利具有明显的物权属性。此外,越南对农民土地使用权的限制也有相当具体的规定。就土地使用期限而言,区分了一年生作物、水产业和多年生作物的期限。就承包面积而言，则根据不同地区、不同作物规定了不同的上限。可见，越南农民拥有农地使用权特点显著，一是长期稳定，二是确定性、排他性和流转自由性。越南土地政策对农民拥有土地的产权界定也很值得我们借鉴。

关于土地使用权市场化问题。作为同属于土地管制的国家，越南在土地市场化改革中形成了土地使用权市场化制度，积累了一定的经验，但也存在不足。经验方面，通过法律强化了土地权益分配机制，在有关流转价格和流转程序方面，作了明确的规定。在教训方面，现有政策导致了富人控制土地市场，农民在流转中受损的情况，加剧了贫富差距。就是鉴于这种考虑，我国一直采取谨慎推进的方式，实行实验区先行先试、逐步推开的方式。

三、不同土地产权制度安排的趋同化及启示

（一）趋同化取向

随着城市化进程的迅速发展，无论是以土地所有权为基础的还是以土地使用权为基础形成土地制基本制度的一些主要资本主义国家，都开始重视土地发展问题，土地发展权制度应运而生，并成为当前国际土地产权制度新特征。土地发展权是从土地所有权中派生出来可以独立行使的财产权制度，是土地用途管制机制下的市场化产物，其设置不仅随着社会经济的不断发展而有所变化，更会根据不同的政治体制和经济体制、土地制度规则、土地文化等具体国情而作出多样的安排。

（二）启示

国际上不同土地产权制度安排的实践对构建农村土地产权新形态具有积极的影响，至少可以得到四点启示：

一是土地产权边界清晰是农村土地流转的前提条件。不仅实行土地私有制的美国、日本土地产权边界非常清晰，就是实行土地公有制的越南，新《土地法》对农民土地流转权利亦进行了明确规定。

二是经营权与所有权的分离加速了农村土地流转。经营权与所有权的分离可以有效地解决土地的社会保障、资产增值等功能，克服土地流转阻碍，有力推动土地流转和农业规模经营，最典型的是日本 20 世纪七八十年代农地分散占有、集中经营和作业制度的形成。

　　三是相关配套机制的完善是农村土地流转的重要完成。土地的有序流转和农业适度规模经营的实现,离不开良好的政策环境和法制环境,离不开相关户籍制度、产权制度、社会保障和公共服务等,如日本创设农业人养老金制度、越南启动农户土地权证制度等。

　　四是专门化的中介机构为农村土地流转提供交易平台。降低的信息搜寻和交易成本是促进土地流转的关键之一,而专门化的中介服务是解决这一问题有效途径。如美国市场化的土地中介服务,依托国家、地方政府兴办的日本农民合作组织等。

第十一章 农村土地制度改革的产权取向

依据现代产权理论,产权的界定比产权的所有形式更为重要,产权是一个权力束,可以分割行使。国际经验充分证实,产权所有形态并不影响其配置效率。遵循我国农村土地产权公有制演变的路径依赖和当前利益格局的实际,再借鉴现代产权理论和国际实践经验,构建以承包权为基础的农村土地产权制度是我国的现实选择。

第一节 "长久不变"土地承包关系的深刻影响

一、"长久不变"土地承包关系的现实背景

坚持以家庭承包经营为基础、统分结合的双层经营体制,稳定农村土地承包关系,是党的农村政策的核心。为在新形势下推进农村改革发展,在《农村土地承包法》、《物权法》规定的基础上,党的十七届三中全会强调,要赋予农民包括离乡农民工更加充分而有保障的土地承包经营权,现有土地承包关系要保持稳定并长久不变。

(一)农业生产力发展的客观要求

家庭经营符合农业产业特点和生产力水平,能够容纳不同水平的农业生产力,既适应传统农业也适应现代农业,既适应小规模农业生产也适应大规模农业经营,是适应性很强的农业经营形式。通过合理产权构建,完善农村土地产权制度,并保护产权制度的有效实现,是新时期发展农业生产力的客

观要求。

（二）保持农村稳定和谐的必然要求

土地在当前和今后相当长的时期，不仅是最重要的农业生产资料，也是农民最基本的生活保障。特别是在我国工业化和城镇化加速推进时期，大量农民外出打工，在城乡双向流动，是一个长期的过程，农民有了稳定的土地承包权，才能进退都有一个回旋余地，比较适应农民心有顾虑、注重退路的实际要求。通过建立稳定且有效保障的土地产权制度，使农民分享土地增值收益，是保持农村经营的必然要求。

（三）维护农民土地权益额的紧迫要求

要保持家庭承包经营基本制度的稳定，确保土地承包关系不变是关键。在我国工业化和城镇化发展中，以征地制度、土地管制和农地社会保障为特征的农地制度严重地扭曲了土地资源配置效率，其最大缺陷是农村土地不具有现代产权制度特征，土地市场流转机制无法确立，农户土地利益受损。土地承包关系长久不变，既包括农村土地承包所形成的全部权利义务关系长久不变，也包括承包期限更长、权利更加充分而有保障、义务更加明确，地块也不再动。土地承包关系长久不变，稳定了农民心理，增强了业主、农户农业投入的积极性，加快了适度规模经营的信心，最终为维护农民土地权益额提供制度保障。

（四）促进农村土地承包经营权的紧迫要求

随着农村劳动力大量外出打工和农业集约化发展，通过加快土地承包经营权流转来发展适度规模的种田大户，提高农业竞争能力，已经成为大势所趋。在保障农民土地承包权益上，强调赋予农民更加充分而有保障的土地承包经营权，这说明，要通过完善的法律和制度，赋予农民土地承包经营权的制度保障，完善土地承包权权能，实现土地承包经营权的用益物权。从而剥离土地的社会保障和社会稳定性职能，还原其经济职能，才能促进农村土地承包经营权流转。

二、"长久不变"土地承包关系的重大意义

在农村改革 30 周年之际，在现代农业蓬勃发展之时，党的十七届三中全会强调，要赋予农民更加充分而有保障的土地承包经营权，现有土地承包关

系要保持稳定并长久不变。这是稳定和完善农村基本经营制度的重大政策，被称为新时期农地新政策，是土地集体所有制下农民地权的最大回归，为拓展解决"三农"问题路径和农民地权的完善提供制度创新空间。

明确这一政策要求，有着重大的现实意义和深远的历史意义。一是更好地稳定农民对土地经营的预期。"长久不变"的提出，阐明了 30 年土地承包期到期的政策，消除了群众的疑虑。二是为依法巩固农村基本经营制度奠定了基础。把"长久不变"写入党的全会决定，成为全党的意志，充分反映了全党稳定土地承包关系的坚定决心和巩固农村基本经营制度的强烈意志。三是为土地承包经营权流转创造了更加良好的条件。土地承包关系长久不变并赋予农民更加充分而有保障的土地承包经营权，为农民放心流转土地承包经营权奠定了基础，也为发展农业适度规模经营提供了更大的空间。

三、"长久不变"土地承包关系的时代内涵

中央提出稳定现有土地关系并长久不变，是完善农村土地承包经营制度的重大举措。土地承包关系要保持稳定并长久不变，为确保土地承包经营权长久稳定提供了制度基础和依据。

对"长久不变"的具体理解，主要有三点：一是稳定现有土地承包关系。就是要把现有土地承包所形成的全部权利义务关系按照法律和政策的规定全部落实下来，妥善解决遗留问题。二是实现土地承包关系长久不变。土地承包关系长久不变，既不是耕地承包期 30 年的简单延长，更不是割断现有土地承包关系的重新承包，而是现有土地承包关系在稳定基础上的继续。三是赋予农民更加充分而有保障的土地承包经营权。按照"长久不变"的要求和农村经济发展的需要，土地承包经营权还需要进一步拓展农民入股发展农民合作经济组织等权利，健全土地承包仲裁法律制度，加强对土地承包经营权的物权保护。

另外，依据农民土地承包关系"保持稳定并长久不变"，未来我国农村土地产权制度创新的方向应是在坚持集体所有的前提下，通过强化农民土地承包权利，建立城乡统一的土地产权交易市场，构建以承包权为基础的农村土地产权新形态。

第二节　城乡统一建设用地市场的提出与探索

一、城乡统一建设用地市场的正式提出

农村集体有效经营管理建设用地需要从法律上明确集体建设用地使用权登记、颁证的确权制度，从法律上确认和保护集体建设用地使用权的用益物权地位，并确立农民的成员权和集体经济组织的民主管理制度，然后构建城乡统一的建设用地市场。

（一）"城乡统一用地市场"的提出

2013 年 3 月，李克强总理在江苏省常熟市的一个家庭农场调研时，提出了"土地实现流转后也能产出黄金"的论断。同年 4 月，国土部发布消息称，2013 年将探索建立农村集体经营性建设用地使用权流转制度，促进城乡统一的土地市场建设。前者说的是集体农用地流转，后者谈的是集体建设用地流转。

2013 年 11 月 12 日，十八届三中全会发布的公报里，与集体土地流转直接相关的表述是"建立城乡统一的建设用地市场"。但是，类似"逐步建立城乡统一的建设用地市场"这样的表述，在五年前的十七届三中全会公报里也出现过，其间并无大的政策出台。间接相关的表述是"赋予农民更多财产权利，推进城乡要素平等交换"。

三天后发布的《中共中央关于全面深化改革若干重大问题的决定》（以下简称《决定》）里有了更详细的描述。关于承包经营权，《决定》提出赋予农民"承包经营权抵押、担保权能"，这在中央文件里是第一次提出的。关于集体建设用地方面的改革力度更大，《决定》提出，"保障农户宅基地用益物权，改革完善农村宅基地制度，选择若干试点，慎重稳妥推进农民住房财产权抵押、担保、转让，探索农民增加财产性收入渠道"，虽然是要谨慎试点，但是放开宅基地流转的方向是非常明确的。各界对此作出了积极的判断，认为接下来是集体土地流转快速发展的时期。

以十八届三中全会《决定》为契机，农村集体经济改革首先从集体土地改革入手，构建城乡统一的建设用地市场正迎来新的局面。农村集体建设用地

流转的方向是"直接入市"，核心是突破政府的垄断供地，实现土地供给市场的同地同权流转。

（二）"城乡统一用地市场"的理解

"城乡统一的建设用地市场"的"市场"，有两种基本的解释：一种解释是把市场作为交易场所，比如农贸市场、股票市场、期货市场；另一种解释是对交易行为的总称，它不仅包括交易场所，更偏重于交易的行为特征，可以说所有产权发生转移和交换的关系都可称为市场。所以，当我们说市场经济、市场原则的时候，就不是指场所，更多的是在讲一种平等、自由、互惠的交易行为。《决定》提出，"在符合规划和用途管制前提下，允许农村集体经营性建设用地出让、租赁、入股，实行与国有土地同等入市、同权同价"，其中，把"集体经营性建设用地"和前面的"符合规划"联系起来，对集体经营性建设用地可以有两种理解：一种是按照现状规划来定，当前是集体建设用地，且用于经营性用途的，就是集体经营性建设用地。另一种理解认为，由是否符合未来的规划来定。现状是集体建设用地也好，是集体农用地也好，如果在城市规划圈内，而且被规划用于经营性用途，就是集体经营性建设用地。这样的界定，与《决定》里同一条所说的"缩小征地范围"是相符的。

非农集体建设用地是指农村集体所有的一切用于建设用途的土地，与国有建设用地使用权相对。按照《土地管理法》的规定，集体建设用地可分为三类：乡（镇）企业用地、乡（镇）村公共设施及公益事业用地和农村宅基地，但《物权法》并未将宅基地使用权纳入建设用地使用权的范畴。

从当前各地的实践来看，农地承包权除了不能抵押外，其他流转途径都是完全畅通的，而《决定》对抵押权能的放开，可以说意味着承包权在未来的流转已无障碍。农用地承包权流转在过去发展得不顺利的原因在于地形地貌的复杂以及产权的细碎。那些大力推动承包地流转的地区，制定的政策里无一例外地包括如何通过集体内部集中的方式来减少这种中间成本，包括安徽的土地流转信托，也必须由政府出面来解决这个问题。

实现集体土地流转是大势所趋，十八届三中全会做出的《决定》已经表现出明确的改革意愿，政策制定者更应该从制度设计做起，对于集体农用地流转在考虑如何建立起交易成本的同时又保护农民权益的流转方式，对于集体建设用地流转则需要统筹改革措施，尽快解决地方债务问题，从而放开流转范围,让农民也能切实享受到城镇化带来的收益。

二、城乡统一建设用地市场的实践探索

依据《土地管理法》第六十三条规定,只允许一种集体建设用地流转,即"符合土地利用总体规划并依法取得建设用地的企业,因破产、兼并等情形致使土地使用权依法发生转移的除外"。这就带来很多现实中的困惑:农民因进城以及其他方式闲置的宅基地如何流转,废弃的村庄公共设施和公用事业用地怎么再利用。据统计,中国集体建设用地总量 1700 万公顷,相当于全部城市建设用地 700 万公顷的 2.5 倍。大量农村土地闲在那里,而社会经济发展对用地的需求又大大超过政府按照规划给出的供应量,供应的潜力与需求的压力都在,中间却有政策阻隔。农村集体建设用地流转早已自发存在,甚至在数量、规模及地区覆盖面上有不断扩大之势。面对这一矛盾,在政策层面,国土资源部早在 1999 年开始,就陆续在江苏、广东、浙江、河南等地进行试点,一些地方自发地通过搞试点来实现农村集体建设用地流转,其中,比较成熟的做法是浙江湖州、安徽芜湖、广东南海、江苏昆山、山东德州等地,均出台了实施意见[①]。

(一)浙江省湖州市规范存量集体建设用地的流转

1997 年年底,湖州市乡镇企业产值已占全市工业经济的 80% 以上,随着乡镇企业改制,土地使用权的处置成为焦点。湖州市的做法主要有三点:一是乡镇企业无论以何种方式转制,改制前应具有合法的土地使用权,不具备的,须依法补办用地手续,并取得土地使用证书;二是乡镇企业在进行资产评估时应同时包括土地资产评估;三是企业改制方式不同。

针对不同企业,办理用地手续的原则不同:一是企业整体转让或部分不动产转让时土地使用权随之转让的,由受让者依法办理土地征用、出让手续,补交土地出让金和造地专项基金等国家税费;改制企业以出让方式取得的土地可以转让、出租和抵押。二是集体土地所有者作为出租人将土地使用权随同地上建筑物、其他附着物租赁给改制企业的,集体所有权性质不变,土管部

---

① 资料来源:刘守英"中国的二元土地权利制度与土地市场残缺"(2008 年 9 月 4 日,在中国人民大学法学院的讲座)。

门向出租方颁发《集体土地租赁许可证》，承租企业向出租方支付租金。租赁取得的土地使用权不得擅自转让、转租和抵押。三是乡（镇）、村以土地使用权作价入股，集体土地性质不变，乡（镇）资产经营公司或村经济合作社收取每年红利。作价入股的土地使用权可以抵押。四是以划拨方式取得国有土地使用权的乡（镇）、村集体企业改制时，由乡（镇）资产经营公司或村经济合作社补办出让手续、补交出让金后，可以转让、出租给改制企业，补交的出让金要返回乡镇 80％。

在解决乡镇企业土地资产处置的基础上，湖州市又将这一探索延伸到集体存量建设用地的流转，即保留集体土地所有权不变，允许集体土地在符合一定条件下可以流转。这些流转的情况有：一是已经依法取得的镇、村集体非农建设用地使用权（即办理过使用手续的）；二是符合土地利用总体规划、村镇建设规划和相关流转条件的（一般村镇规划区内的流转，原则上征为国有；规划区外的，实行集体土地内部流转）；三是流转形式包括转（含作价入股或出资）、出租、抵押土地使用权；四是土地收益分配，谁所有谁收益，土管部门按土地流转收益金额收取 5％的手续费。但湖州方案对建城区和规划区范围的建设用地不搞流转和转权返利，严禁集体土地搞商贸和房地产开发。

（二）广东省南海市集体建设用地使用权流转

广东集体建设用地使用权流转首先在南海市试点，然后在全省推广。2005 年，在总结南海实践的基础上，广东以省政府令形式推出的《广东省集体建设用地使用权流转管理办法》对集体建设用地使用权出让、出租、转让、转租、权抵押、收益及法律责任作了全面规范，是全国第一个完整性的地方集体建设用地使用权流转管理办法。

这个办法规定，"集体建设用地使用权出让，是指农民集体土地所有者将一定年期的集体建设用地使用权让与土地使用者，由土地使用者向农民土地所有者一次性支付出让价款的行为。以集体建设用地使用权作价入股（出资）的，与他人合作、联营等形式共同兴办企业的，视同集体建设用地使用权出让"；集体建设用地使用权在出让、出租时，由农民集体土地所有者与土地使用者签订集体建设用地使用权出让、出租合同，农民集体土地所有者和土地使用者应当持该土地的相关权证、集体建设用地使用权出让、出租或作价入股（出资）合同，向市、县人民政府土地行政主管部门申请办理土地登记和领取相关权证。集体建设用地使用权可以转让、转租,且应签订书面合同。当事人双方应当持集体土地使用权证和相关合同,到市、县人民政府土地行政主管部门申请办理土地登记和领取相关权证。

这个办法列举了集体建设用地可以流转的情况:一是兴办各类工商企业,包括国有、集体、私营企业,个体工商户,外资投资企业(包括中外合资、中外合作、外商独资企业、"三来一补"企业),股份制企业,联营企业等;二是兴办公共设施和公益事业;三是兴建农村村民住宅。这个办法也列举了集体建设用地不能流转的情况:一是不符合土地利用总体规划、城市规划或村庄、集镇规划的;二是土地权属有争议的;三是司法机关和行政机关依法裁定、决定查封或以其他形式限制土地权利的;四是村民拥有住宅用地使用权,但因转让、出租和抵押地上建筑物、其他附着物而导致住宅用地使用权转让、出租和抵押的除外,村民出卖和出租住房后,不得再申请新的宅基地。

(三)安徽省芜湖市集体建设用地流转

作为第一个国土资源部批准集体建设用地流转试点,安徽省芜湖市确定了农民集体所有建设用地流转的条件和形式、管理方式和程序,以及土地收益分配制度等,从而建立起农民集体所有建设用地流转的运行机制和管理模式。

芜湖方案的主要内容可归纳如下:一是乡(镇)村办企业、公共设施、公益事业、个体工商户、私营或者联户办企业以及农村民建住宅等可使用集体建设用地。农民集体所有建设用地的取得可以不改变集体所有权性质,只需符合土地利用总体规划、城镇(集镇)建设规划和土地利用年度计划;二是集体建设用地由乡镇人民政府统一开发,采用招标、拍卖等市场方式提供土地使用权;三是集镇根据土地利用总体规划、城镇体系规划及国民经济和社会发展规划编制建设规划,并根据这一规划向县人民政府申报下一年度土地利用年度计划建议,并报市人民政府土地行政主管部门,试点乡镇土地利用年度计划由市人民政府实行计划单列;四是集镇建设使用农村集体经济组织所有土地,在涉及占用农用地时,须按规定办理农用地转用手续;五是农民集体建设用地经批准可以采用转让、租赁、作价入股、联营联建、抵押等多种形式进行流转,在流转时,要征得土地所有者同意,并由土地所有者与使用者签订书面协议;六是农民集体所有建设用地使用权流转分首次流转和再次流转,如发生首次流转,土地所有者和流转双方须持土地所有权和土地使用权证、同意流转协议、土地流转合同、地上建筑物证明等文件，向当地市、县人民政府土地行政主管部门提出书面申请，经批准后，方可领取农民集体所有建设用地使用权流转许可证，办理土地登记，如发生再次流转，流转双方须持土地使用权证、前次流转合同、本次流转合同、地上建筑物证明等文件，向市、县人民政府土地主管部门申请办理土地变更登记或租赁、抵押登记手续；七是农民集体所有建设用地的土地收益，要在土地所有权人与市、县、镇人民政府之间分配；八是允许分属不同农村集体经济组织的农用地和建设用地进行置换，促进建设用地向小城镇集中和进行土地整理。

在确立上述基本原则后，芜湖市又制定了《农民集体所有建设用地使用权流转实施细则》，对农民集体所有建设用地流转进行了细化和延伸：一是集镇建设依法使用农民集体所有的土地，按农用地的土地使用权基准地价，对农用地的承包经营者和建设用地的土地使用者进行补偿。二是农民集体所有建设用地流转的程序为：如发生首次流转：第一步，土地所有者与流转方签订同意流转协议；第二步，流转双方签订流转合同；第三步，土地所有者和流转双方向土地所在地市、县人民政府土地行政主管部门提出书面申请，并填写《流转申请表》；第四步，市、县人民政府土地行政主管部门对申请进行审核，填写《流转呈批表》报市、县人民政府批准，颁发《流转许可证》；第五步，流转双方按合同约定支付转让费等有关费用，及办理土地登记。如发生再次流转，流转双方直接向土地所在地市、县人民政府土地行政主管部门申请办理土地变更登记或租赁、抵押登记手续。三是农民集体所有建设用地使用权流转的土地可用于：居住用地（70年），商业、旅游、娱乐用地（40年），工业、教育、科技、文化、卫生、体育、综合或者其他用地（50年）。四是农民集体所有建设用地使用权流转时，土地使用者向市、县人民政府缴纳的土地流转收益标准为：鸠江区大桥镇、马塘区鲁港镇3元/平方米；芜湖县清水镇、繁昌县三山镇2元/平方米；南陵县三里镇1元/平方米。农民集体所有建设用地再次流转产生的增值收益，在减除前次流转所支付的金额、开发土地的成本费用、新建房及配套设施的成本费用后按一定比例进行分配。土地流转收益和土地增值收益，土地所有者、镇、县（区）、市各按2：5：2：1分配。

（四）成都市集体建设用地使用权流转管理办法

2010年，成都市以全国统筹城乡综合配套改革试验区率先突破、大胆创新的精神,制定了《成都市集体建设用地使用权流转管理办法(试行)》。

按照规定,成都市行政区域内,按照城镇建设用地增加与农村建设用地减少相挂钩方式,通过实施土地整理取得集体建设用地指标后所进行的集体建设用地流转;在符合规划的前提下,集镇、建制镇中原依法取得的集体建设用地流转;远离城镇不实施土地整理的山区、深丘区农村村民将依法取得的宅基地通过房屋联建、出租等方式进行的集体建设用地流转,适用本办法。

该办法界定了产权代表,即农民集体所有的土地依法属于村农民集体所有的,由村集体经济组织或者村民委员会代表集体行使所有权;分别属于村内两个以上农民集体所有的,由村内各该集体经济组织或者村民小组代表集体行使所有权;属于乡镇农民集体所有的,由乡镇集体经济组织代表集体行使所有权。同时规定了流转形式,即集体建设用地使用权流转包括出让、转让、出租、作价(出资)入股、联营、抵押等形式。

规定了集体建设用地不得流转情况,即在城市(中心城区、县城)规划建设用地区范围内的;在土地整理专项规划确定的整理项目区内未实施土地综合整理的;土地权属有争议的;司法机关依法裁定查封或者以其他形式限制土地权利的;初次流转后,土地使用者未按流转合同约定动工建设的。

关于村民宅基地流转,规定要严格执行一户一宅的法律规定,依法取得的宅基地由区(市)县人民政府登记造册,核发集体建设用地使用证或宅基地使用证;远离城镇不实施土地整理的山区、深丘区,农村村民依法取得的宅基地在符合村庄规划、风景名胜区保护等规划的前提下,可以通过房屋联建、出租等方式流转;农村村民出卖、出租住房后,不得再申请新的宅基地。

此外,安徽、河北、江苏、陕西、海南、吉林等省份,以及南京、广州、长沙、大连、东莞等地,都相继出台了本区域范围内的集体建设用地流转办法。

三、十八届三中全会之后土地改革的"破冰"之举

2013 年 12 月 20 日下午,深圳首块"农村集体用地"直接入市流转拍卖,成交价 1.16 亿元,成为土地改革"破冰"之举。①

该宗土地编号为 A217 - 0315,位于宝安区福永街道凤凰社区,是一块尚

---

① 资料来源:中国行业研究网. http://www.chinairn.com/print/3322042. html,2013 - 12 - 20

未开发建设的工业用地。该地块占地面积为 1.45 万平方米,总建筑面积为 6.99 万平方米,挂牌底价为 1.16 亿元。挂牌期为 12 月 11 日起至 12 月 20 日 15 时止,深圳市土地房产交易中心在挂牌期内(工作日)接受已确认竞买资格 的竞买人的电脑报价,电脑报价截止时间为 12 月 20 日 15 时整。竞买申请人 限制为深圳注册、已启动上市筹备工作的企业法人,必须从事新一代信息技 术通信终端设备制造产业的研发、制造和销售,并拥有相应研发专利许可证 的相关授权。

按照事前商定,该地块 70% 的成交价款将作为政府收益,由竞得人支付 至深圳市国土基金账户,30% 的成交价款作为社区收益,由竞得人先支付至 交易中心账户监管,待本次出让宗地签订出让合同手续完善后再划转至凤凰 股份公司账户。

这离十八届三中全会通过《决定》仅仅 38 天,《决定》曾明确指出,允许农 村集体经营性建设用地出让、租赁、入股,实行与国有土地同等入市、同权 同价。

第三节　以承包权为基础的农村土地产权新形态

一、农村土地产权新形态的理论依据

(一) 产权界定与资产交易

现代产权理论从交易费用出发,通过安排、调整产权关系和产权制度, 降低交易费用,在交易中实现资源的优化配置。当农地产权界定明晰后,农 地资源就能得到优化配置,提高土地生产率。因而土地产权理论对农地承 包经营权流转制度创新具有重要意义,构成农村土地产权新形态的理论 依据。

按照新制度经济学原理,只要产权界定是清晰的,无论产权属于资产拥 有者哪一方,都可以实现交易,权利人并从交易中获得收益。现代产权理论 认为,产权是一个权利束,是可以分割行使的。就我国当前的农地产权制度 而言,应给予土地经营使用者一组合理利用土地的权利,并促使形成土地所 有者、经营者、使用者等多元利益主体,明确各自的责权关系,以促进各种形

式流转。因此,农村土地产权也应该是围绕土地的占有、交易、使用、收益及处理等权利的权利束,界定产权属性,明确产权主体,通过市场交易,可以实现土地资源利用效益的最大化。我国基本上形成的"三权"分离,即集体土地所有权、农户承包权、农地经营权的分离,在一定程度上成功地克服了家庭承包经营制度的弊端,实现了土地的适度规划经营。

然而,根据我国《土地管理法》、《农地承包法》等解释,我国土地产权制度的实际情况是,土地是以国家和集体为所有权代表的共有权制度安排,即城市土地归国家所有,农地归集体所有,团体或个人只能获取土地的使用权。并指出,农地承包经营权主要是指经营主体(农民)依据承包合同而依法享有的在指定土地上从事农业生产经营,并因此而获利的权利。可见,我国农地制度最显著的特征是"共有私用",即农地所有权归为村民集体,使用权归为村民。

在这种产权制度安排下,各地根据自身情况进行制度创新,产生了各种具体的制度安排。但是,就《物权法》而言,我国现阶段农地模糊的"集体"所有制导致农地产权主体缺位,关系不明晰,土地所有权和使用权缺乏严格的界定和保护,尚未形成明晰的产权关系。现实中地方政府利用行政力量采用"征地"合法的方式实际上占有了农地所有权,独享农地增值收益,而法律意义上的"村集体"和承包农户被排斥在土地增值收益之外。这是一切土地事件的根本原因。

综上,由于我国农地并不具备现代产权理论意义上的完整权利,导致了农地产权流转过程中的种种坑害农户现象,耕地被侵占屡禁不止。解决问题的根本途径就是赋予农户长久不变且受到法律严格保护的土地承包经营权,即在遵循现有法律的基础上,虚化所有权,坐实承包经营权,出台专门法规政策保护农户承包经营权,建立现代意义的农地产权制度。

(二)土地产权交易的相关研究成果

1. 国际上关于土地产权交易的研究

国外主要从土地交易管理制度、土地租借市场、土地交易政策、土地市场有效性、政府干预土地市场等进行广泛的研究。Claudio Frischtak(1995)比较系统地研究了土地交易管理制度,认为政府干预土地交易会降低市场效率,并导致对穷人的歧视。在此认识的基础上,Claudio Frischtak 提出了一系列新主张,如鼓励土地登记、构建土地估价系统、建立土地信息系统、提供专门土地技术支持、地界纠纷处理系统以及土地征用合理补偿等,以促进土地交易。Jean Olson Lanjouw(1999)为判断农地市场和信息有效性,使用了土地租借均衡模型来分析土地市场。根据 John L. Pender 和 John M. Kerr (1999)的研究,一旦土地交易政策受到限制,那么对农户的生产决策将产生不利的影响。Matthew Gorton (2001)认为,通过鼓励政策,形成农户联合经营,可以有效地减少土地交易的障碍,有利于土地市场发展;土地市场有效发挥其功能的前提和基础是要界定清楚土地产权所有关系,并且要对所有人授予正规的权益证书。为减少土地交易的障碍,应鼓励农业生产的联合经营;同时,只有土地所有关系界定清楚和拥有正规授权的土地证书之后,土地市场的功能才比较有效。从经济学的角度,Douglas C. Macmillan (2000)提出,在公开市场上,虽然土地可以实现自由交易,但会出现市场失灵的情况,因此,为弥补市场缺陷,建议政府财政部门要采取措施干预土地市场。

国际上较多学者研究了土地交易成本问题,研究成果对国内农地平台组织的研究大有借鉴之处。Stiglitz(1974)和 Newberry(1977)将"委托—代理"模型应用于土地租赁合约的研究,认为,平台组织可以降低交易双方的风险和成本。1986 年,Dattaetal 在 Jensen-Meckling 交易成本理论的基础上,界定并说明了不同合约的交易成本,并将土地交易成本归为两类:一类是土地因使用所造成的土地所有人权益损失,如使用者滥用、谎报产出或偷懒等,这些机会主义行为所造成的损失;另一类是土地所有权的成本,是因土地监管和土地租赁者搜寻工作产生的成本。Alston 和 Higgs(1973)将土地交易成本分为两类,即执行成本和监控成本。基于制度变迁理论,Douglass C. North (1983)和 Thomas 指出,由于人口对稀缺的资源赋予的压力增加引致了制度变迁,在研究了欧洲发达国家和发展中国家之后,提出制度变迁是对"劳动力—土地价格"变化率的回应。

2. 国内关于土地产权流转的研究

关于我国农地产权流转制度变迁研究的结果一致表明,我国农地产权流转制度改革具有明显的路径依赖性,其变迁的方式与动力,变迁的特征,变迁的障碍等,都与我国特定时期的改革政策密切相关。这是把握我国土地产权流转制度改革方向和重点的关键。由于农地产权流转市场程度不高,目前我国农地流转市场上提供相关服务的平台机构较少(朱述斌、申云、石成玉，2011)，关于农地产权流转平台组织的研究尚处于起步阶段(汪衍玉，2012)，成果亦不多见。

关于土地制度变迁方式的研究，比较统一的看法，是由强制性变迁为主转变为诱致性变迁为主(林毅夫，1992)，随着改革的进程，我国农地制度变迁具有明显的阶段性特点。就未来发展变迁的方向，学术界认为有三种可能性：一是土地私有化(Yang Xiaokai，1993；李再杨，1999；杨小凯，2001；赵伟鹏，2001；蔡继明，2005；陈志武，2005；文贯中，2006；李健，2008；杨小凯，2008；蔡继明，2010；茅于轼，2011；陈志武，2011；彭真怀，2011)；二是土地国有化(周城，1995；罗晓旭，2007；倪波，2007；温铁军，2008)；三是公有所有制下的继续完善(王西玉，1999；王小映，2000；张德元，2003；刘凤芹，2004；魏衍亮，2004；周天勇，2004；王洪友，2005；刘恒中，2008；樊纲，2008；周天勇，2009；周其仁，2010；郭树清，2011)。其中，第三种主张是主流观点，也是现实中的选择。其理论核心是改革目前土地征地制度，重点关注未来国家将要构建何种能够代替当前农地保障制度的国家社会保障体系；同时，也主张废除土地集体所有制，全部土地国有化，使用权永久归农户所有(张德元，2003；刘凤芹，2004；周天勇，2004；魏衍亮，2004；刘恒中，2008；周天勇，2009；郭树清，2011)。郭树清(2011)还指出了改革实现途径，即先从政策上，再从法律上明确农民对农地和宅基地拥有长久的使用权。另外，也有专家提出农地国家占有基础上的农民个人所有，即土地复合所有制(钱忠好、徐美银，2010)。当前，社会各界普遍认为，我国当前农地流转整体上呈现规模小、短期化、范围小、速度缓慢、不规范等特征。从流转速度来看，土地使用权流转的发生率一直偏低(张红宇，2002)，远未达到实现农业适度规模经营的目标。截至2010年12月，全国农地流转面积1.52亿亩，同比增长39.45%，流转比率12%。从结构上来看，80%以上的土地流转都发生在小规模分散经营的农户之间(黄祖辉，2008)。

农地产权流转制度的演变主要经历了以下过程。新中国成立以来，我国农地产权制度经历了几次重点变革，从所有权与使用权的私有到共同共有到所有权共有而家庭拥有承包经营权。与之严格对应的是，土地流转模式也发生着变化，历经从自由买卖到禁止一切交易到多种形式流转等几个阶段。现代产权理论表明，产权制度是围绕产权结构和产权关系建立的一系列制度性规则，不同经济制度要求决定不同的产权制度安排，规定了人们在产权安排、界定、运行和保护中应该遵循的基本原则。在我国社会主义制度确立和不断发展的过程中，随着经济体制不断演进，产权制度安排也随之发生了演变。学术界将我国农地产权制度变迁的历程随经济社会改革演进的历程相结合，划分了几个不同的阶段。尽管具体分法又有二阶段说、三阶段说和四阶段说之分（李全生，2010），而多数学者坚持四阶段论的说法。在我国不同阶段的土地产权制度的出台，都是当时国家经济政治建设改革的集中体现，而一旦新的土地产权政策颁布，就形成了与之相适应的土地流转模式（见表11.1）。

第一阶段（1949.9—1952年底），土地改革的农民土地所有制。这一时期的政策主张是"分田分地"，实现了几代人"耕者有其田"的夙愿。实施土地私有制度，农民可以将所分到的土地进行买卖、租佃、典当、转让、赠予、出租等①。

第二阶段（1953—1957年），互助合作运动中的集体所有的转变。初级土地合作社主张，农民仍然拥有土地的所有权，但必须交给初级社统一使用，允许社员保留小块自留土地，年终参加土地股份分红；高级社实行土地集体所有，统一经营，但仍允许农业合作社留下总耕地的5%由农户分散自由经营。

第三阶段（1958—1978年），公社体制下的集体所有、统一经营的制度安排。这一时期先后经历了三个发展过程，即人民公社所有、以生产大队为基础的人民公社所有、以生产队为基础的人民公社所有。在生产工具方面，与所有制相对应，以生产队集体所有。在分配核算方面，由所有制形式决定了分配核算以生产队、生产大队为基本单元。

第四阶段（1979至今），"集体土地、家庭承包经营"改革。这一阶段经历了两个大的阶段。第一阶段（1978—1999年），恢复和拓展农业生产责任制，逐步确立"土地集体所有、家庭承包经营、长期稳定承包权、鼓励合法流转"的

---

① 为保护农民土地私有财产权利，当时的县人民政府普遍给农民颁发了《土地房产所有证》，在这份全国基本统一法律文本中规定：农民土地房产"为本户（本人）私有产业，耕种、居住、典当、转让、赠予、出租等完全自由，任何人不得侵犯"。

农地制度,实现了土地所有权与使用权的分离;第二阶段(2000至今),突出两条主线即继续完善并用立法规范承包土地制度和推进土地征用制度及农村建设用地制度的改革,尤其是2008年以后[①],"新土改"允许土地流转,形成了经营权从承包经营权中分离的情况,赋予农民在土地上更多的权利。

表 11.1　我国农地基本制度与农地流转的演变过程

阶段	农地基本制度	农地流转基本模式
1	农民所有,自主经营	可以使用、典当、转让、赠予、出租、买卖等
2	集体所有,联合经营	禁止流转
3	集体所有,统一经营	禁止流转
4	集体所有,家庭经营	可以使用、转包、转让、出租、股份合作、入股等

农地产权流转制度演变的规律主要有以下方面。上述分析表明,我国农地改革经历了个体农民私有向集体所有制转变,变迁具有强烈的政府主导和推动色彩。但是,农民自发的土地流转动态变化始终没有停止过,不断诱发农地产权制度向有利于自由流转的方向变迁。通过上述分析可以得出,农地产权制度是土地使用权流转变迁的基础,是土地使用权流转的重要保证。首先,农地所有权的重新界定是土地使用权流转模式的基础,农地不同所有权形式下的经营形式,直接决定了农地土地使用权流转的具体模式;其次,土地产权结构的逐步完善是土地使用权流转的保证,地方性政策和法规的制定加速了土地使用权的流转。但是,上述演变发展的历程同样表明,农地产权制度不是土地使用权合理有序流转的充分条件,因为土地使用权流转可能还会受到产权制度以外因素的影响,如非农就业、比较利益等。不仅如此,土地使用权流转是土地产权制度变迁的必然要求。首先,土地使用权流转始终是在集体土地所有的基础上的,这种路径依赖性的特点使各方利益能够得到较好的兼顾,有助于降低制度变迁成本;其次,土地使用权流转促进了土地资源的优化配置,提高了社会整体福利,有助于制度的高效率运行,有助于制度的帕

---

① 1978年,十一届三中全会拉开了中国改革开放的序幕,邓小平提出并主张实施家庭联产承包责任制,从1983年开始在全国广大农村全面推行。到1983年年底,98%左右的农户都实行了包干到户,家庭承包经营的土地面积占耕地总面积的97%左右,实现了土地所有权与使用权的分离。

累托改进。上述关于农地产权制度与农地流转模式关系探讨表明，一方面，农地产权制度直接决定了农地流转的模式；另一方面，农地流转的实践创新又推动着农地产权政策不断完善。鉴于此，本研究提出土地产权政策与农地流转模式之间是相互依赖的双向过程，具体关系见图 11.1。首先，农地产权政策决定了农地是否流转及流转模式和程度，通过土地市场机制、流转服务平台(平台)、保障机制三个因素的传导机制，形成了农地流转具体模式，从而可以阐述农地流转平台和机制建设问题；其次，农地流转不断地实践创新为土地新政的出台提供现实基础和依据，推动着土地产权制度不断完善，更能适应新时期发展需要。从具体运行机制来看，通过构建三大机制实现农地的流转；通过农地供求关系、农地流转主体行为及影响因素、农地价格形成三方面，来阐述农地流转的市场机制；通过平台体系、操作流程、运行措施三方面，来阐述完善农地流转的服务平台(平台)机制；通过改革措施、配套政策、农地利用监督体系三方面，来阐述农地流转的保障机制。

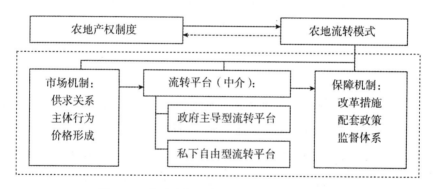

图 11.1　农地产权制度与农地流转模式的关系

(三)土地产权制度的一般形态

既然产权属性并不影响产权交易和资源市场化最优配置，农村土地产权的所有制度与流转没有直接关系。就是说，无论是集体所有制，还是国有制，甚或私有制、复合所有制等，均不影响农村土地的承包使用权流转。正如前文所述，以所有权为基础和以使用权为基础的世界两大土地产权形态，并无优劣之分，只是形成基础和路径依赖不同而已，并伴随土地发展权的出现逐渐走向趋同。

因此，农村集体土地所有制形式并不会影响农村土地使用权流转，加快农村土地产权流转的核心在于在完善现有土地制度的基础上,构建以农村土地承包权为基础的产权新形态。

二、农村土地产权新形态的政策来源

巩固农村基本经营制度,即维护家庭承包经营制度,是建立在农村集体土地所有制基础上的农民家庭承包经营。

(一) 20 世纪 80 年代初期,家庭承包经营制度得到党和国家基本制度的肯定

1983 年,《中共中央关于印发〈当前农村经济政策的若干问题〉的通知》(1983 年 1 号文件)从理论上首次肯定家庭联产承包责任制。1993 年,家庭联产承包责任制首次被写入《宪法》,其中明确指出:"农村中的家庭联产承包为主的责任制和生产、供销、信用、消费等各种形式的合作经济,是社会主义劳动群众集体所有制经济。"1998 年,《中共中央关于农业和农村工作若干重大问题的决定》以家庭承包经营取代了联产承包责任制,并明确提出"长期稳定以家庭承包经营为基础、统分结合的双层经营体制"。1999 年,《宪法修正案》再次明确规定了这一经营体制。

(二) 进入新世纪以来,出台了家庭承包经营制的专项基本法律

2002 年通过、2003 年起实施的《农村土地承包法》则以法律的形式将这一农村基本经营制度再次予以明确,指出:"稳定和完善以家庭承包经营为基础、统分结合的双层经营体制,赋予农民长期而有保障的土地使用权。"2007 年,通过并实施的《物权法》更是以基本法律的形式确立了这一基本经营制度。其中第 124 条第 1 款规定:"农村集体经济组织实行家庭承包经营为基础、统分结合的双层经营体制。"

(三) 在新时期,家庭承包经营制被长久坚持不变

2008 年,党的十七届三中全会强调,赋予农民更加充分而有保障的土地承包经营权,现有土地承包关系要保持稳定并长久不变。保持现有土地承包关系要保持稳定并长久不变,指明未来农村土地集体所有制的不变性,是稳定和完善农村基本经营制度的重大政策,是构建农村土地产权新形态的政策基础。

三、农村土地产权新形态的现实基础

（一）"人地分离"，农地承包关系不再随家庭人口变化而变化

在"人地分离"的湄潭经验中，首创了"增人不增地，减人不减地"土地承包政策，其实质是巩固了家庭承包关系，不再与家庭人口数量直接关联。这与"保障稳定并长久不变"战略是一致的。作为首批国家级的农村改革试验区的湄潭，"增人不增地，减人不减地"土地承包政策表明，农地承包关系不再随家庭人口变化而变化，承包关系仅与特定的农户相连，即"地户一体"，成功实现了"人地分离"，克服了家庭联产承包责任制固有的弊端。同时，湄潭界定并明确了集体土地产权主体，完善了土地所有者与使用者之间的合约制度。

（二）"土地入股"，农地承包经营收益变为土地股权收益

"土地入股"的南海经验，把农民土地承包权改为股权，形成入社分股方案，全面开展农地股份固化分红的新机制。南海模式中，改革主要通过村民股东代表决定改革方案、以户为单位核发股份分红以及"一户一票"表决制这三大制度，农民通过股份分红的方式，获得长久性的收益和福利，土地承包经营权成为股份财产权，土地承包关系固定为股份，不再随家庭人口变化而变化，为解决新成员不断加入，股东急剧膨胀，影响其股值变化和集体福利等问题，推进土地股份固化分红制度改革，确保了村民作为股民的权益，脱离了传统的土地种植收益模式。

（三）"封村封户"，率先开展农地承包经营权"长久不变"改革试点

继安徽小岗村"包产到户"之后，成都市双流县瓦窑村率先实践"长久不变"的做法，实施"封村封户"试点，在农村改革上迈出第一步，成为全国落实农地承包经营权长久不变新政的第一个试点村。十七届三中全会召开后，群众取得长期稳定的农地承包经营权的愿望日益强烈。应群众要求，双流县兴隆镇瓦窑村组织村社干部和议事会经过多次讨论，最终决定在农地承包经营权长久不变方面进行大胆尝试，改革试点工作取得阶段性巨大成效。

总之，新时期围绕巩固农村土地承包关系，结合具体情况，各地进行了卓有成效的创新，其共同的特征就是在不改变集体土地所有制的前提下，稳定农村土地承包关系，脱离与家庭人口的关系，建立与家庭本身或家庭股份相对应的承包关系，从而避免了承包关系的任意变更。

四、农村土地产权新形态的基本含义和主要特征

（一）农村土地产权新形态的基本内涵

在借鉴现代产权理论和国际经验的基础上，构建以承包权为基础的农村土地产权制度是现实选择。农村土地产权新形态就是以家庭承包权为基础的农村土地产权制度，即在坚持农村土地集体所有制的前提下，构建以家庭承包权为基础的权利束。就是说，农村土地所有权属性不变，但长久地保持已经形成的农村土地家庭承包经营关系，其转让权、收益权、经营权、继承权和处置权等一切权利渊源均是目前特定的家庭承包权。

这种新产权形态的制度安排就是在《土地承包法》和《物权法》的基础上，弱化土地集体所有制度的特征，将承包权的权能做实，以承包权为基础完善农村土地产权束，稳定农村基本经营制度。这种新产权形态制度安排的核心是通过严格的法律来强化农民土地承包关系，以保护农民土地承包权权益高于集体土地所有权的方式明确农村土地产权权属问题，形成以承包权为基础的农村土地产权束，拥有承包土地权利的主体实质上占有农村土地的经济所有权。

（二）农村土地产权新形态的主要特征

以承包权为基础的农村土地产权制度安排最大限度地尊重了当前的国情，不仅避免了利益格局的大调整，也为完善农村土地流转市场奠定了产权制度基础。以承包权为基础的农村土地产权制度安排，既满足了农村土地制度改革的急切要求，为建立完善的土地市场奠定了产权基础，也符合完善农村基本经营制度的主流价值取向。

从根本上说，以家庭承包权为基础的农村土地产权制度不是一种新型的产权制度，是在原来产权制度的基础，结合当前土地新政和国家发展战略需要，做实农村土地家庭承包经营权，虚化农村土地的所有权。其特征主要表现在以下方面。

首先，是农村土地产权制度的具体新表述。以家庭承包权为基础的农村土地产权制度突出强调家庭承包权的地位。这与20世纪80年初期的制度安排是一致的。不同之处是农村土地家庭承包关系长久不变的新政，从稳定家庭承包经营农村基本经营制度的目的出发，以新的表述方式强调农村土地家

庭承包责任制。

其次，是落实农村土地家庭承包经营关系长久不变新政的基础制度安排。农村土地家庭承包经营关系长久不变，就是要巩固改革开放以来的农村土地基本制度，探索这一基本经营制度在新形势下的制度基础。

再者，是完善农村土地产权制度的价值取向。农村土地产权是权利束，国际上两大产权基本形态强调稳定的实现路径，结合我国基本国情，不改变土地承包关系，农户所有产权权能实现的唯一途径就是巩固家庭承包权的地位。农村土地产权改革的价值取向就是构建以家庭承包权为基础的农村土地产权制度。

第十二章　提升农业产业体系土地支撑作用的路径选择

　　现农村土地用地主要存在现行土地管理制度不够完善、建设用地外延式扩张、非市场配置、价格扭曲造成土地粗放利用等问题,土地利益分配不公积累了社会问题。改革解决土地领域的深层次问题,推进农村土地制度改革迫在眉睫。

第一节　构建农村土地产权新形态

一、构建农村土地产权新形态的指导思想

　　概括党的十八届三中全会及中央经济工作会议、全国城镇化工作会议、中央农村工作会议等对农村土地使用制度改革的要求,就是要立足国情,农村土地使用制度改革必须严守耕地红线,确保现有耕地基本稳定。承包经营权必须在最严格耕地保护制度下流转;集体建设用地流转必须符合规划和用途管制;城镇化用地必须走节约集约之路。所有改革都必须以维护农民财产权利为核心。简言之,就是公有制必须坚持,用途管制必须坚持,农民利益必须维护。这是构建农村土地产权新形态总出发点。

　　在推进城乡经济社会一体化发展的进程中,迫切需要创新农地产权制度,重构农地产权体系。党和国家领导人多次在重要场合强调,要稳定农村基本经营制度,推进土地管理制度改革,构建土地市场,切实维护农民土地利

益。这不仅为我国农地产权制度改革提出了要求和指明了方向,也充分说明了构建农村土地的现代产权新形态和探索农地新政实施办法是当前亟待解决的重大现实问题。

二、构建农村土地产权新形态的具体措施

(一) 全面推进确权颁证

对农村各类土地和房产资源普遍的确权、登记和颁证是启动土地资源流转的前提与基础。要加快农村集体土地所有权、宅基地使用权、集体建设用地使用权等确权登记颁证工作,把农村集体土地所有权证确认到每个具有所有权的农民集体经济组织,积极推进农村集体土地确权登记发证工作。同时,充分尊重基层的伟大创新,要依靠农民群众完成农村土地的全面确权颁证。

(二) 完善土地股份合作社发展体制机制

土地股份合作社结合家庭承包经营的家庭主体"分"的优势,克服了集体经营"统"的不足,体现了以市场机制为基础、股份合作为手段的现代经营模式,是保障农民土地权益的有效实现形式。要积极探索土地股份合作社运行有效机制,以构建新型农业产业经营体系为目标,着力破除限制其发展和作用发挥的法律制度障碍,大力支持土地股份合作社发展。

(三) 构建城乡一体化土地产权交易市场

构建城乡一体化的要素流动市场是破除城乡二元结构、加快一体化建设的关键,尤其建立土地产权交易市场更为迫切。建立城乡统一的产权交易市场的重点,应是农村产权流转过程中如何更好地实现社会资本和农村资源对接,在推动农村集体产权制度改革、促进农业生产经营组织健康发展中如何发挥市场决定性作用等。

(四) 完善农村土地产权流转服务平台

加快完善农村土地产权流转服务平台及运行机制,是促进、规范农村土地产权流转的重要措施,不仅有利于加快土地流转,实现适度规模经营和农业产业化发展要求,也有利于完善土地使用规划和完善土地监测和管理,也是确保农民土地流转收益的重要措施。

（五）"长久不变"土地承包关系"入宪入律"

虽然十七届三中全会提出要切实保障农民土地承包权益,农民集体土地承包关系长久不变,第一次在党的最高级会议上明确了维护中国农村集体土地承包经营制度的长久不变,但是五年过去了,这被称为土地新政的政策并没有被完整地表述出来,尤其"长久"的确切内涵和有效实现形式等关键内容。因此,迫切需要完善现有法律法规,将这一新政列入《宪法》、《土地承包法》、《物权法》,明确农村土地承包经营权是承包农户合法财产权利,现有土地承包关系要保持稳定并长久不变等内容。为农村土地产权制度创新、土地流转市场完善提供法制保障,为制定保护农民土地承包经营权权益规章制度提供立法依据。

（六）出台《农民集体土地承包经营权益保护法》

以承包权为基础的农村土地产权新形态制度安排的关键是固化家庭成员关系,承包关系与特定家庭对应,而不再以家庭人口对应。为此,可以出台规范和保护农民土地承包权权益的专门法规。依据我国法律制度体系,可以考虑出台《中华人民共和国农民集体土地承包经营权益保护法》。立法宗旨是明确农民集体土地承包经营权的范围、行使、侵权保障及义务等清晰内容,为切实保障农民集体土地承包经营权提供法律依据,为侵害农民集体土地承包经营权提供有效诉求途径。

第二节 全面推进确权颁证

一、全面推进农村土地确权登记颁证工作的指导思想

中共中央国务院《关于加快发展现代农业 进一步增强农村发展活力的若干意见》(2013年1号文件)对全面开展农村土地确权登记颁证工作作了明确说明,即健全农村土地承包经营权登记制度,强化对农村耕地、林地等各类土地承包经营权的物权保护。用五年时间基本完成农村土地承包经营权确权登记颁证工作,妥善解决农户承包地块面积不准、四至不清等问题。

同时提出,要加快包括农村宅基地在内的农村集体土地所有权和建设用地使用权地籍调查,尽快完成确权登记颁证工作。农村土地确权登记颁证工

作经费纳入地方财政预算,中央财政予以补助。各级党委和政府要高度重视,有关部门要密切配合,确保按时完成农村土地确权登记颁证工作。深化集体林权制度改革,提高林权证发证率和到户率。推进国有林场改革试点,探索国有林区改革。加快推进牧区草原承包工作,启动牧区草原承包经营权确权登记颁证试点。

二、全面推进农村土地确权登记颁证工作的具体措施

近年来的实践表明,推进农村土地确权登记颁证工作,有助于促进农村社会和谐稳定,有效解决农村集体土地权属争议,有效维护农民权益。通过农村集体土地确权登记发证,确认农民集体、农民与土地长期稳定的产权关系,将农民与土地物权紧密联系起来,进一步激发了农民发展集体经济、保护耕地、节约集约用地的积极性,有助于在工业化、城镇化和农业现代化推进过程中,切实维护农民权益;进一步夯实农业农村发展基础,促进了城乡统筹发展,夯实了农业农村管理和改革的基础,进而通过深化改革,还权赋能,最终形成产权明晰、权能明确、权益保障、流转顺畅、分配合理的农村集体土地产权制度,有助于城乡统一土地市场的形成,促进农村经济社会发展,实现城乡统筹发展。

因此,要全面加快推进宅基地、集体建设用地使用等农村土地权确权登记发证工作。

(一) 逐步铺开农村地籍调查工作

地籍调查是确权登记发证的基础,对确权登记发证的质量和进度起着重要的保障和支撑作用。依据《地籍调查规程》,按照"统筹谋划,科学组织;需求带动,服务推动;立足基础,节约高效;息纷止争,维权维稳"原则,督促指导地方,充分利用第二次全国土地调查、年度土地变更调查成果以及最新的遥感影像,根据本地实际,制定农村地籍调查实施方案,采用切实可行的调查方法,逐步铺开农村地籍调查工作,保障宅基地、集体建设用地使用权确权登记发证工作加快推进。地籍调查完成地区要重视和加强农村地籍的日常变更工作,对每一宗土地产权变化,以及土地权属纠纷调处及时登记,及时组织开展日常地籍调查,动态更新地籍调查成果。

（二）完善制度加强发证后的管理

针对个别地方所有权登记工作尚未实现全覆盖,登记发证行为不规范等问题,要继续加强督导检查,加大土地权属争议调处力度,深化完善集体土地所有权确权登记成果。同时,以农村集体土地确权登记发证工作为契机,在二次调查的基础上,扎扎实实、持续不断地加强农村地籍管理工作,充分发挥地籍管理的数据优势、产权优势和技术优势,夯实基础。加快农村集体土地确权登记发证成果信息化建设,及时开展变更登记,强化发证成果在国土资源管理"批、供、用、补、查"等各项工作,以及服务政府和社会中的广泛应用,进一步拓展应用范围,搭建好农村工作的基础平台,深化土地产权理论研究,推进集体土地产权实现方式的实践探索,为集体土地产权制度改革做好政策储备。

（三）细化确权政策

2011年,四部门出台的178号文件确实解决了基层很多的政策问题,对工作有很大的促进作用。但是,一些地方仍然反映对有些问题难以确定。事实上,全国的情况特别是土地权属状况千差万别,一个文件不可能指导各地的具体实践。要结合《确定土地所有权和使用权的若干规定》修订,进一步细化完善宅基地和集体建设用地确权登记发证政策。各省(区、市)也要根据当地实际情况,细化制定宅基地和集体建设用地使用权确权登记发证的具体工作程序和政策。

（四）加强信息化建设

地籍是土地管理的基础,产权是地籍管理的核心,包括土地登记在内的地籍信息化建设是经济社会发展的必然。要在二次调查的基础上,以农村集体土地确权登记发证工作为契机,积极推进全国宗地统一代码编制工作,加快推进地籍信息化建设,建设好全国土地登记信息动态监管查询系统。通过信息化手段加快工作的进度,提高确权登记发证的效率,同时巩固确权登记发证的成果,把成果资料长期永久地保存起来并动态更新,实现成果共享、应用,为国土资源管理各项工作乃至社会经济发展提供有力支撑。

第三节　构建城乡一体化土地产权交易市场

一、构建城乡一体化土地产权交易市场的指导思想

构建一体化土地产权交易市场，就要准确把握当前农村改革面临的新形势和新任务，面临的主要矛盾和突出问题，深化对新形势下农村产权改革试验区工作的认识，切实加强对试验区工作的领导，突出试验重点，完善试验方案，加快组织实施；要明晰农村产权内容和主体，突破法律和制度的束缚，从法律角度确认农村产权与城镇产权的"同权同价"；建立城乡统一的产权交易市场，要加强对农村产权流转过程中如何更好地实现社会资本和农村资源对接，农村产权市场发展模式、农村产权交易市场在推动农村集体产权制度改革、促进农业生产经营组织健康发展中如何发挥作用等的深入探索和经验总结。

二、构建城乡一体化土地产权交易市场的具体措施

（一）完善法律法规与管理制度

完善法律法规与管理制度，为农村产权交易市场发展提供良好的政策环境。从各地实践探索来看，具有鲜明特色的地方法规与管理制度，效力层次低，甚至与国家基本政策出入较大，往往成为民众对抗地方改革的依据，也曾引发过突出的社会矛盾。因此，政府需要出台统一的管理政策，促进农村产权交易机构和产权市场长期健康地发展；需要相关部门加强农村产权流转管理和服务，探索相关问题的化解机制；给予农村产权交易服务平台应有的定位与肯定，确保其应有的声誉和权威。

目前亟待建立土地改革中的集体建设用地使用权法律规则体系。一是从法律上确认和保护集体建设用地使用权的用益物权地位；二是依法科学制订土地利用总体规划和乡村规划，明确集体建设用地的规划和设立需遵循的原则和程序；三是确立农民的成员权和集体经济组织的民主管理制度；四是在集体建设用地使用权流转收益分配过程中保证集体享有流转收益分配权；五是强化地方政府对集体建设用地的监管责任，这既是保障集体和成员利益实现的重要手段，也是改革的保证。

（二）构建多方合作机制和行业共享机制

构建多方合作机制和行业共享机制，为农村产权交易市场发展提供良好的市场环境。处于发展初期的农村产权交易市场，缺失农村资产评估以及法律服务机构。地区性的交易服务平台，尚未形成行业交流合作共享机制，行业整合能力不够。因此，要与评估机构以及法律机构等中介机构携手服务进场业务，解决交易过程中所需要的其他相关问题，提高项目交易效率；同时，各地农村产权交易机构彼此之间还需要加强交流与合作，构建经验交流和信息共享机制，扩大项目的受众面，实现城乡要素之间、农村和农业生产要素与资本、技术等社会要素之间在全国范围内的充分自由流动，从而有利于提高交易项目的成交率，共同推动我国农村产权交易市场发展。

（三）培养综合性人才

培养综合性人才，为农村产权交易市场发展提供强有力的智力支持。我国农村产权交易市场处于起步阶段，从事此领域的综合性人才较少，尤其业务种类繁多，涉及多方面的法律法规或者政策条款，需要综合知识齐全的人才。因此，农村产权交易机构要加强引入和培养相关人才，一方面需要从社会上直接引入具有相关经验的业务人员；另一方面加强培养内部员工，较快地熟悉农村产权交易业务所需技巧。

（四）提升服务质量和产品活跃度

提升服务质量和产品活跃度，提高农村产权交易产品的入场率。虽然各大交易服务平台相继建立，但从调研的情况来看，农民参与意识淡薄使得进场业务较少；交易活跃的品种不多使得交易平台的市场化率低。因此，要加强政策的宣传，让农民明白现有政策，鼓励与支持农村资产进场交易，明白进场交易对于农民的益处，使得相关政策能够执行到位；加强与农民的沟通，了解农民的需求，积极主动地为农民出谋划策，全方位地提高服务，实现业务进场交易；积极利用当前有利的政策与市场条件，进一步激活交易品种，提高进场项目数量与成交率。

（五）延伸平台服务体系增强服务功能

拓展交易含义，延伸平台服务体系增强服务功能，提高农村产权交易产品的入场率。从调研实际来看，只有签订合同的产权流转才能进入农村产权交易服务平台，各交易机构仅形成市县乡三级交易服务平台体系，导致大量自行流转的产权未进入服务范围，乡村中大量存在的小量、短期产权流转亦未进入流转服务平台。因此，要拓展交易含义，延伸平台服务体系，增强服务功能。一是尊重农民意愿和选择，即只要有协议的流转均应视为正式流转加以保护；二是不断完善运行机制，简化流转程序和要件，强化服务功能；三是构建市县乡村四级流转服务平台，在原来三级服务体系基础上，在中心村建立农村产权流转服务点。

第四节　促进农村土地股份合作社发展

一、促进农村土地股份合作社发展的指导思想

促进农村土地股份合作社发展，在坚持农民自愿和维护农民土地权益的前提下，以科学规划为引领，股份合作为手段，土地整理为突破，产业培育为支撑，群众受惠为根本，持续发展为目的，引入市场机制，着重突破土地股份合作社发展的法律制度障碍，建立完善的农村社会保障体系。

二、促进农村土地股份合作社发展的具体措施

（一）规范土地股份合作社运行机制

一是完善各地土地合作社决策机制。目前多采取"一户一票"决策方式，即通过合作社成员的民主投票选出合作社的理事会，理事会代表全体合作社成员来行使合作社经营管理权，采取"一户一票"的简单多数规则。为有效地代表合作社的最大利益，保证理事会以合作社的利益行事，在坚持这种民主化决策机制的基础上，可以以资本股为依据探索多种有效的决策机制。二是完善利益分享机制。完善合作社利益分享机制，确保农户土地权益，避免个别负责人谋取不合理收益。三是建议通过村民集体决议，探索解决土地合作社的股权分配和继承、转让等制度问题。

（二）创新金融机构对土地合作社金融支持模式

当前土地合作社遇到的最大问题之一就是融资困难。由于金融机构对抵押物和信誉等要求，土地合作社的土地权益受相关法制制度障碍，不符合金融这些要求，很难获得金融支持。一是切实赋予农民土地承包经营权的财

产性权利,使其能获抵押。二是建立土地合作社信誉制度,构建资本市场基础。三是金融机构创新贷款发放的程序,给予土地合作社金融支持。

(三) 改善土地股份合作社发展的法制环境

鉴于土地合作社诸多优势,各地纷纷出台鼓励政策和管理办法,把这种土地流转方式作为主要经验加以推广。但是现实中,土地合作社发展还面临诸多法律问题,主要体现为《物权法》和《农村土地承包法》中涉及的土地承包经营权流转法律制度及《农村土地承包经营权流转管理办法》。要完善上述法律中的相关内容:一是承认家庭承包经营权出资土地合作社是物权性的土地承包经营权转移,使土地承包经营权可以自由转入、抵押、继承等;二是消除土地承包经营权转移受让主体的限制,修改《农村土地承包法》对以家庭承包方式取得的土地承包经营权转让的限制,删除"转让人有稳定的非农职业或者有稳定的收入来源"以及"经发包方同意"这两个条件,将"受让人为其他从事农业生产经营的农户"改为"受让人为其他农业生产经营者"。

(四) 构建并完善社区(土地)股份合作社制度

社区型土地股份合作组织作为集体统一经营的重要载体,是集体土地统一经营的重要主体,在实践中已有运作尝试,其在壮大集体经济、发展农业生产、富裕农民等方面发挥了积极的作用。立法应当明确其私法性质,遵循私权保护、民主自愿互利、稳定性、因地制宜和政府扶持原则,赋予其法人地位,赋予社员股东基于农村集体所有权而享有集体土地财产及其他财产权利等。应当从立法模式、股权设置、组织机构、表决机制、风险承担、破产能力等方面对社区(土地)股份合作社进行有别于企业股份制的制度构建。

(五) 健全农村社会保障制度

新的土地改革困难并不仅仅在于土地流转本身,很大程度上还有赖于与之相关的配套制度是否完善。因为只有当土地承包经营权上所负载的社会保障功能弱化了,土地承包经营权的流转才可能真正通过相关农村社会保障法律制度的建立,弱化或者减轻长期以来承载于农村土地承包经营权上的社会保障功能,使其经济功能凸显,以减少农户流转农村土地承包经营权后所担心的失去生存权基础的后顾之忧。所以完善的农村社会保障体系是土地承包经营权入股农民专业合作社的制度保证。

第五节　完善农村土地产权流转服务平台

一、完善农村土地产权流转服务平台的指导思想

进一步推进农地产权流转制度的改革与创新,需要以"非禁即试"的积极态度,先行先试,大胆探索。首要进一步正确引导农户流转农地,加大宣传力度,提高公众认知水平。从调研中得到,农户流出土地的意愿较高,但是农地需求不足。因此,农地流入意愿低于农地流出意愿是导致农地流转难以大规模形成的主要原因,即农地流转双方意愿不匹配,也是导致私下自行流转的主要愿意。定量研究亦说明,农地流转程度及价格与区位条件、经济发展状况呈密切正相关关系。因此,要根据区位条件、经济发展状况,全面加快不同区域的经济发展水平,培育土地需求市场。

二、完善农村土地产权流转服务平台的具体措施

(一) 加大宣传力度,提高公众认知水平

一是加强土地适度集中利用的意义、实现途径等宣传,提高土地流转必要性认识,消除农户对平台不正确的认知,引导农户进入正规途径流转平台;二是紧扣正规途径流转平台与农户关系,大力宣传正规途径流转服务平台所提供的综合服务、选择正规途径流转平台给农户带来的益处、私下自行流转潜在的风险,引导农户选择正规途径流转平台;三是创新宣传形式与手段,提高群众参与的积极性,围绕提高群众接受程度,创新宣传方式,对不同农户、业主等流转主体采取不同宣传,开设民间特色节日,举办喜闻乐见的庆典活动。

(二) 加快经济发展,培育土地需求市场

一是打造现代经营主体,大力扶持种植大户,发展农民专业合作社,培育家庭农场;二是实施现代农业产业园区建设,实施规模化经营;三是加快发展高效生态农业,生态旅游业,在农业中发展二、三产业。如蒲江县打造"成都花园 绿色蒲江"的品牌,实施"三基地一轴心"建设,极大地推动了县域经济发展,就是比较成功的案例。

（三）简化交易流程要件，实现流转便利化

在调研中发现，各地交易流程和要件不是很统一，一般需要农户提供的交易要件达十余种之多。农户往往很难一次性凑齐整理，其中有些要件是集体所具有，需要农户自行获取（复印件）。农户流转农地入场交易的非经济成本较高，影响了农户入场交易的积极性。为此，有必要简化操作流程，减少交易要件，既保证交易的合法性，又提高了交易效率，方便了群众。我们认为，只要农户提供居民证和承包证这两个证件，即可实现土地流转。

（四）构建四级平台体系，实现服务上门化

农户对政府主导型流转平台缺乏必要的认知能力，既有主观影响因素，更与平台体系本身服务功能不完善有关。对于广大农村地区来说，尤其是偏远地区和山区的农户来说，"三级"流转服务平台体系犹如天外来物。因此在实际流转土地中，农户自然地选择了通过村集体介绍、熟人关系等途径。

提高服务农户水平，促进农地加速流转，应该双管齐下，一方面规范合理的私下自由流转，另一方面加强政府主导型流转平台自身建设，引导农户更多地选择政府主导型流转平台体系。

一是尊重农民意愿和选择，拓展对交易平台含义的认识，即只要有协议的流转均应视为正规途径流转，纳入登记范围。重视对村委会组织的新型集体经济组织、村庄土地流转、农民自发组织的土地流转合作社等私下流转的引导与保护[1]。

二是构建四级流转平台体系。在机构设置上，在市县乡三级交易平台的基础上，构建第四级交易服务点，即在村（社）一级设立村级农地流转服务点，形成市县乡村四级交易平台体系，服务点可依托村民委员会设立，明确1—2名兼职工作人员；在制度建设上，各村建立健全了土地承包档案和土地流转档案，建立健全农村承包土地流转收益分配兑付进度季报制度；在工作方式上，鼓励服务点采取流动办公、上门服务的方法，以方便农民流转土地。可考虑每村每周派出流转服务专员，上门为流转双方免费服务，即流动服务点；或电话预约上门服务等方式，将大量私下自行流转纳入正规途径流转平台体系中来。

---

① 黄祖辉、黄宝连、顾益康、王丽娟. 成都市城乡统筹发展中的农村土地产权流转制度创新研究. 中国土地科学，2012（1）：15

三是做实乡镇产权交易服务站。由于现阶段大量土地流转业务为发生在乡镇及以下地区的非正规自行流转,做实乡镇产权交易服务站是现实选择。关于做实乡镇产权交易服务站,主要在相关机构建设的基础上,增加专职人员,设立专项经费以及加强相关基础设施投入,使乡镇这一级的流转平台成为下联广大农户,上接市县(区)流转平台的中心枢纽。

(五)拓展平台服务功能,打造一站式服务

一是完善农村产权交易信息体系。加快市县乡村四级交易信息体系建设,特别是电子信息平台建设,真正实现信息资源的透明化、共享化和高效化利用。要整合各类产权交易数据,打造统一的产权登记信息查询平台(IPPS),建设一站式产权交易的信息服务平台。

二是建立农村产权交易网络联动机制。促使信息平台和产权登记备案平台联动和一体化,实现信息收集、发布、交易、变更登记、过户等一站式服务,在更大范围内实现供求双方的信息对称和价值的最大化,最大限度地降低流转交易成本。

三是构建交易诚信体系。进行诚信数据管理和运用,通过对数据加工、整理、审查等,形成农村信用数据库。与违约纠纷查处的法律强约束相对应,提高流转双方履约率。

四是提供流转行为信誉担保服务。一方面,对于大量农户的农地流转,目前农村产权流转担保股份有限公司未将其作为业务对象。农户土地租金被延误、打折等现象时有发生,尤其不能按时领取,解决方式只能是村组干部协调。正规途径流转服务平台应将其纳入流转服务范围,消除农户后顾之忧。另一方面,业主普遍担心农户违约,尤其担心提高租金的要求。建议在乡镇流转服务站开设信誉担保业务,即担保流出农户按合同及时足额领取租金;流入主体按合同获取稳定的土地使用权。

五是增设大业主服务窗口。针对流入土地量较大的业主,开设一个专门服务窗口,首先将业主流转信息整合后,由服务平台组织大而散的农户,形成统一的转出协议,满足大业主,尤其外来业主流入土地需要。对外来业主,还可提供更全面具体的流转信息服务。

六是开设流转农户就业指导与培训业务。对于就业困难的流转农户,服务平台可考虑开设流转农户就业指导与培训业务,提高农户流转土地的积极性和消除农户流转土地的后顾之忧。建议在乡镇服务站增设土地流转农户就业指导与培训功能。

(六) 完善流转服务体系,构建运行新机制

流转服务平台功能的发挥,与良好的运行机制密不可分。一是完善交易服务体系。不仅要完善或增强交易体系中的信息登记、信息发布、法规咨询、价格评估、交割结算、变更登记等服务和功能,而且要增设诉求、纠纷调解等服务功能。

二是完善交易服务平台体系的运行机制。尽快出台统一的农村产权交易管理办法和交易规则,加大对区市县分所的业务指导和培训,提高交易服务人员的专业素质。

三是设置专职人员,建立专项经费。对各县市区交易所性质、人员编制及权责进行统一界定,设置专职人员,同时加强业务指导和培训,提升专业化水平,提高服务质量;建立专项经费制度,保障机构正常高效运作。

四是注重不同类型土地流转差异化服务。对农地、集体建设用、林地等不同土地流转,要依据土地流转过程特点、流转主体特征、土地用途等,制定不同的服务制度,增强平台的实践性和可操作性。

参考文献

[1] Abhijit Banerjee. Land Reforms: Prospects and Strategies. Working Paper, April 1999, *Annual World Bank Conference on Development Economics*, Washington D. C. ; and MIT Department of Economics Working Paper No: 99 - 24.

[2] Anka Lisec, Miran Ferlan, Franc Lobnik, etal. Modelling the rural land transaction procedure. *Land Use Policy*, 2008, 25(2): 286 - 297.

[3] Basu A. K. Oligopsonistic Landlords, Segmented labour markets and the persistence of tier-labour contracts. *American Agricultural Economics Association*, 2002(2): 438 - 453.

[4] Binswanger, H. P. & Deininger, G E. Power, Distortions revolt and reforming agricultural land relations. Handbook of Development Economics, 1993, 3(2):2661 - 2772.

[5] Bogaerts T. , Willianmson LP. & Fendel E. M. The roles of land adminietration in the accession of central european countries to the European Union. *Land Use Policy*, 2002, 19(1): 29 - 46.

[6] Burger, A. Land valuation and land rents in Hungary. *Land Use Policy*, 1998, 15(3): 191 - 201.

[7] Chengri Ding. Policy and praxis. Lobnik, et al. Modelling the rural land transaction procedure. Land of land acquisition in China. *Land Use Policy*, Volume 24, Issue, 2007(1): 1 - 13.

[8] Dennis Wichelns and Jeffrey D. Kline. The lmpact of parcel characteristics on the cost of development rights to farmland. *Agricultural and Resource Economics Review*, 1993(10): 150 – 158.

[9] Elizabeth Kopits, Virginia McConnel and Marharet Walls. A market approach to land preservation. Resources for Future, 2003(3): 151 – 155.

[10] Gary Wolfral. The sale of development rights and zoning in the preservation of open space. Hardin. G: The Tragedy of the Commons, *Science*, 1968, 162: 1243 – 1248.

[11] Justin Yifu Lin. Rural reforms and agricultural growth in China. *American Economic Review*, 1992, 82(1): 34 – 51.

[12] Kung J. K. S. Off-farm labor markets and the emergence of land rental market in rural China. *Joural of Comparative Economics*, 2002(30): 395 – 414.

[13] Kung, J. K., Liu, S. Land Tenure Systems in Post-Reform Rural China: A Tal of Six Counties. Working Paper. Division of Social Sciences. Hong Kong University of Science and Technology, 1996.

[14] Li, G., Scott R., Loren B. Tenure, Land rights and farmer lnvestment lncentives in China. *Agricultural Economics*, 1998(19): 63 – 71.

[15] Lewis, w. A. Economic development with unlimited supplies of labor. *Manchester School Studies*, 1954(42).

[16] Macmillan, D. C. An economic case for land reform. *Land Use Policy*, 2000, 17(1): 49 – 57.

[17] Michael P. Todaro A. Model of labor migration and urban unemployment in less developed countries. *The American Economic Review*, 1969, 159(1): 138 – 148.

[18] Ronald H. Coase. The new institutional economics. *The Economic Review*, 1998(88): 72 – 74.

[19] Terry V D. Scenarios of central european land fragmentation. *Land Use Policy*, 2003(20): 149 – 158.

[20] Wegeren, S. K. Why Socio-economic factors rural russians participate in the post communist economics. *Market Land*，2003,15(4)：483 - 501.

[21] William Alonso. *Location and Use*：*Toward a General Theory of Land Rent*. Harvard University Press，1964.

[22] Williamson O. E. Allocative efficiency and the limits of antitrust. *The American Economic Review*，1969(59)：105 - 118.

[23] Worth Douglass C. Institutional and economic theory，The *Americium Economist*，1992,VI：3 - 6.

[24] [美]道格拉斯.C.诺思. 制度、制度变迁与经济绩效.上海：上海三联书店,上海人民出版社,2008.

[25] [美]马尔科姆·吉利斯等.发展经济学([美]马尔科姆·吉利斯等著),北京：经济科学出版社,1989.

[26] 北京大学研究院综合课题组.还权赋能：奠定长期发展的可靠基础.北京：北京大学出版社,2010.1

[27] 北京大学国家发展研究院综合课题组.再看"成都经验".财经，http：//wenku. baidu. com/view/b51278fdaef8941ea76e051d. html,2011-01-06.

[28] 北京大学国家发展研究院综合课题组"新土改"成都实践.西部大开发,2011(3)：77—81.

[29] 鲍海君.吴次芳.论失地农民社会保障体系建设.管理世界,2002(10)：37—42.

[30] 蔡昉,王德文,都阳著.农村发展与增加农民收入. 北京：中国劳动保障出版社,2005.

[31] 蔡昉.城乡收入差距与制度变革的临界点.中国社会科学,2003(5)：16—25.

[32] 蔡继明.论中国农地制度改革.山东农业大学学报(社会科学版)2005(3)：1—8.

[33] 蔡继明.中国土地制度改革论纲. http：//blog. sina. com. cn/s/blog_63edfae30100ms4f. html, 2010 - 10 - 28

[34] 蔡继明.改革城乡二元土地制度.土地科学动态,2012(1)：31—32.

[35] 蔡雪雄.我国城乡二元经济结构的演变历程及趋势分析.经济学动

态,2009(2):37—40.

[36] 蔡雪雄.福建城乡二元经济结构的演变历程分析.农业经济问题,
2008(11):106—109.

[37] 柴涛修,刘向南等.新中国征地制度变迁的评述与展望.中国土地科
学,2008.22(2):69—740.

[38] 程昊.浅析马克思地租理论对"三农"问题的指导意义,农村金融,
2005(7):37—40.

[39] 曹振良.改革和完善中国土地制度论纲.南开经济研究,1994(1):
48—58.

[40] 常卷利.越南革新开放以来的农地制度探析.博士学位论文,中山大
学,2008.

[41] 陈锡文.农地流转与改革试验.农村工作通讯,2009(9):9—10.

[42] 崔丽娟.统筹城乡背景下农地使用权流转问题研究.博士学位论文,
天津师范大学,2010.

[43] 戴伟娟.城市化进程中农地流转问题研究——基于制度分析的视
角.博士学位论文,上海社会科学院,2010.

[44] 党国英.以市场化为目标改造农村社会经济制度.中国农村观察,
2002(4):72—79.

[45] 党国英.深化土地制度改革不可久拖不决.国土资源,2008(1):4—5.

[46] 党国英.土地制度对农民的剥夺.中国改革,2005(7):31—35.

[47] 党国英.中国农村改革与发展模式的转变——中国农村改革 30 年
回顾与展望.社会科学战线,2008(2):8—24.

[48] 党艳.中国二元经济结构的转换对区域经济差异的影响研究.博士
学位论文,西北大学,2010.

[49] 杜争辉.中国土地发展权研究.博士学位论文,同济大学,2007.

[50] 高圣平,严之."从长期稳定"到"长久不变":土地承包经营权性质
的再认识.云南大学学报法学版,2009(7),22:4—5.

[51] 高承江.新形势下农民增收难的症结及其突破对策.山东农业大学
学报(社会科学版),2005(6):55—58.

[52] 樊志全.中国共产党历史上的土地确权理论与实践,中国国土资源

报,2012－11－19

[53] 方中友.农地流转机制研究—以南京市为例.博士学位论文,南京农业大学,2008.

[54] 高圣平,刘守英.宅基地使用权初始取得制度研究.中国土地科学,2007(4)：31—37.

[55] 龚继红,钟涨宝.近现代中日农地流转政策比较及启示.农业经济,2005(11)：19—20.

[56] 郭熙保.王万珺.土地发展权、农地征用及征地补偿制度.河北社会科学,2006(4)：18—21.

[57] 韩冬,韩立达.农地承包经营权流转中的农民意愿及对策研究.农村经济,2012(1)：31—39.

[58] 韩俊.赋予农民物权性质的土地承包权.光明日报,2004-7-27.

[59] 胡瑞卿.农地制度变迁模式的比较与选择.农业经济问题,2002(3)：24—27.

[60] 胡昕宇.农民视角下的土地承包关系"长久不变"研究.博士学位论文,华中农业大学,2010.6.

[61] 华彦玲,施国庆,刘爱文.国外农地流转理论与实践研究综述.世界农业,2006(9)：10—12.

[62] 黄斐玫.土地制度创新路径探讨—基于土地发展权的视角.博士学位论文,北京大学,2009.

[63] 黄国洋.规划过程中城市规划与私人财产权的权利冲突研究.博士学位论文,同济大学,2009.

[64] 黄丽萍.中国农地使用权流转研究.博士学位论文,厦门大学,2006.

[65] 嘉兴市统计局课题组.统筹城乡发展中"嘉兴模式"研究,调研世界,2010(7)：31—35.

[66] 蒋省三,刘守英等.土地制度改革与国民经济成长.管理世界,2007(9)：1—90.

[67] 李国才.宅基地置换法律问题研究.博士学位论文,华中师范大学,2011.

[68] 李辉.中国二元经济结构转换研究.博士学位论文,山西北师范大学,2005.

[69] 李立彦.农村宅基地使用权流转制度研究.博士学位论文,南京农业大学,2010.

[70] 李启宇.基于城乡统筹的农地承包经营权流转制度创新研究.博士学位论文,四川农业大学,2010.

[71] 李晓妹.美国的土地发展权.国土资源,2003(7):48—49.

[72] 李彦芳.中国农地发展权研究.博士学位论文,北京师范大学,2008.

[73] 李岳云.新中国农地政策的历史嬗变及逻辑启示.南京农业大学学报(社会科学版)2004(1):1—5.

[74] 李再杨.土地制度变迁的比较研究.当代经济科学,1999(5):83 –89.

[75] 李正彪.动态拟和激励模型及其静态博弈分析.经济问题探索.2007(8):137—141.

[76] 李忠民.马克思地租理论的现代经济学意义.陕西省《资本论》研究会 2008 年学术年会论文集,2008.

[77] 李竹转.我国农地产权制度改革的思路探析.经济师,2003(2):180—181.

[78] 梁巧.合作社刘农户生产效益和规模效率的影响—基于理论模型和经验研究.博士学位论文,浙江大学 2010.

[79] 林毅夫.制度、技术与中国农业发展.上海:上海三联书店,上海人民出版社,1994:65—80,93—94.

[80] 林善浪.中国农业土地制度与效率研究.北京:经济科学出版社,1999.

[81] 刘凤芹.农地制度改革的方案设计.经济研究参考,2004(1):18—19.

[82] 刘恒中.论中国大发展:八亿农民变市民.北京:中国财政经济出版社,2008.

[83] 刘国臻.论我国土地利用管制制度要解决的主要问题.暨南学报(哲学社会科学版),2003(5):1—6.

[84] 刘国臻.论美国的土地发展权制度及其对我国的启示.法学评论

2007(3)：140—146.

[85] 刘国臻.论我国地方土地权力配置体制创新—以土地发展权配置为视角.学术研究.2011(9)：46—50.

[86] 刘惠萍.基于网络层次分析法(ANP)的政府绩效评估研究.科学学与科学技术管理,2006(6)：111—115.

[87] 刘克春.农户农地流转决策行为研究.博士学位论文.浙江大学,2006.

[88] 刘莉君.农地流转模式的绩效比较研究.博士学位论文,中南大学,2010.

[89] 刘守英.中国的二元土地权利制度与土地市场残缺一对现行政策、法律与地方创新的回顾与评论.经济研究参考,2008(31)：2—12.

[90] 刘守英.政府垄断土地一级市场真的一本万利吗.中国改革,2005(7)：2—25.

[91] 刘艳.农地使用权流转研究.博士学位论文,东北财经大学,2007.

[92] 刘永湘.中国农地产权制度创新论.博士学位论文,四川大学,2003.11.

[93] 吕翾.我国土地发展权法律问题研究.博士学位论文,中山大学,2010.

[94] 马晓河.当前三农问题的症结与解决途径,中国农业在线,2003 -09 -05.

[95] 马晓勇.理性农民所面临的制度约束及其改革.中国软科学,2003(7)：26—32.

[96] 宁德斌.交易成本,土地质量管理和土地租赁最优激励合约设计——国外研究综述,华东经济管理,2010(2)：149—153.

[97] 农业部.中国农业发展报告1996.北京：中国农业出版社,1996：178—179.

[98] 诺思.制度、制度变迁与经济绩效.上海：上海三联书店1994：12—13.

[99] 潘艾琳."保田钱"大不易——对成都耕地保护基金制度的思考.2008年度江苏省土地学会学术年会,2008.

[100] 彭代彦.取消农业税与农地制度改革.江苏社会科学,2004(4):73—76.

[101] 钱忠好,曲福田.政府行为土地征用行为切实保障农民土地权益.中国农村经济,2004(12):4—9.

[102] 钱忠好.制度变迁理论与中国农地所有制创新的理论探索.江海学刊,1999(5):3—10.

[103] 钱忠好.中国农地保护:理论与政策分析.管理世界,2003(10):60—70.

[104] 钱忠好.中国农地制度历史变迁的经济学分析.江苏社会科学,2000(3):74—85.

[105] 钱忠好.农地承包经营权产权残缺与市场流转困境:理论与政策分析.管理世界,2002(6):35—45.

[106] 钱忠好.农地制度变革农户心态的实证分析及其政策启示—对江苏无锡、泰兴、连云港三市(县)部分农户有关土地制度问题的问卷调查.中国农村经济,1997(4):66—70.

[107] 钱忠好.农地承包经营权市场流转:理论与实证分析—基于农户层面的经济分析.经济研究,2003(2):83—91.

[108] 钱忠好,肖屹,曲福田.农民土地产权认知、土地征用意愿与征地制度改革—即于江西省鹰潭市的实证,中国农村经济,2007(1):28—35.

[109] 曲昊月,肖金波.政治效率、经济效率与农村土地产权制度变迁,河南城建学院 学报,2013(5):68—72.

[110] 沈港.二元经济结构的实证分析及转换思路——以重庆为例,生产力研究,2010(1):112—113.

[111] 史卫民.国外农地流转的经验与借鉴.经济纵横,2009(7):108—110.

[112] 沈仁贵.我国农地流转模式选择的研究.博士学位论文,上海交通大学,2010.

[113] 隋海鹏.农村集体建设用地使用权流转法律制度研究.博士学位论文,南京农业大学,2010.

[114] 宋洪远,庞丽华,赵长保等.统筹城乡,加快农村经济社会发展—当

前的农村问题和未来的政策选择.管理世界,2003(11)：71—110.

[115] 唐文金.农户土地流转意愿与行为研究.北京：中国经济出版社,2008.

[116] 唐炜.中国二元经济结构的转化机制分析.博士学位论文,西北大学,2007.

[117] 田传浩,贾生华.农地市场对土地使用权配置影响的实证研究—基于苏、浙、鲁1083个农户的调查.中国农村经济,2003(10)：24—30.

[118] 田传浩,贾生华.农地制度、地权稳定性与农地使用权市场发育：理论与来自苏浙鲁的经验,经济研究2004(1)：112—119.

[119] 田光明.城乡统筹视角下农地制度改革研究——以宅基地为例.博士学位论文,南京农业大学,2011.

[120] 吴次芳.谭永忠.制度缺陷与耕地保护,中国农村经,2002(7)：69—73.

[121] 万振凡,肖建文.建国以来中国农村制度创新的路径研究,江西社会科学,2003(9)：1—6.

[122] 王利敏等.长春市土地征用补偿区片综合价格的测算及应用分析.国土资源科技管理,2007(2)：17—21.

[123] 王景新等.长江三角洲村域集体经济转型发展研究.现代经济探讨2009(11)：30—34.

[124] 王景新.中国农地制度变迁30年：回眸与瞻望.现代经济探索,2008(6)：5—11.

[125] 王琢,许滨.中国农地产权制度论.北京：经济管理出版社,1996.

[126] 王婷山,集体土地征收补偿标准的法律问题研究.博士学位论文,山东建筑大学,2012.

[127] 王万茂.土地用途管制的实施及其效益的理性分析.中国土地科学,1999(5)：10—11.

[128] 王小映.土地制度变迁与土地承包制.中国土地科学,1999(7)：5—7.

[129] 王小映.全面保护农民的土地财产权益.中国农村经济,2003(10)：9—16.

[130] 汪秀莲.韩国土地管理法律制度.中国土地科学,2003(6):57—62.

[131] 温铁军.三农问题的症结在于两个基本矛盾.http://www.companyfaq.com/zhuanjia/200210/OS.htm,2004-10-11.

[132] 温铁军.我国为什么不能实行农地私有化.理论导报,2004:5—6.

[133] 文贯中,解决三农问题不能回避农地私有化,中国经济学教育科研网http://www.cenet.org.cn/article.asp? articleid=21093,2006.

[134] 解安.农村土地股份合作制的市场化进程中的制度创新.甘肃社会科学,2002(2):53—55.

[135] 吴晨.农地流转的交易成本经济学分析.博士学位论文,华南农业大学,2008.

[136] 吴次芳,靳相木.中国土地制度改革三十年.科学出版社,2009.

[137] 吴郁玲,曲福田.土地流转的制度经济学分析.农村经济.2006(1):24—26.

[138] 薛鹏雕.公共财政框架下城乡协调发展的对策研究.博士学位论文,西北大学,2009.

[139] 彭凌.城乡统一的建设用地市场研究——以重庆市为例.博士学位论文,西南大学,2011.

[140] 徐怡.我国农地制度改革的新思考.内蒙古农业大学学报(社会科学版),2010(10):54—56.

[141] 杨德才.我国农地制度变迁的历史考察及绩效分析.南京大学学报(哲学·人文科学·社会科学),2002(4):60—67.

[142] 杨松坤.农户林地流转行为实证研究.硕士学位论文,浙江农林大学,2010.

[143] 严栋.征地补偿与土地发展权分配:基于农户意愿的实证分析.博士学位论文,浙江大学,2008.

[144] 姚洋.农地制度与农业绩效的实证研究.中国农村观察,1998(6):1—10.

[145] 姚洋.土地、制度与农业发展.北京:北京大学出版社,2004.

[146] 杨遴杰.土地承包经营权退出的物权化选择.土地科学动态,2012(1):6—9.

[147] 杨小凯.中国土地所有权私有化的意义.http：//www.china-review. com/sao.asp? id=18760,2007-7-20.

[148] 杨守玉."三农"视角下的土地流转制度创新.农业经济问题,2009 (2)：73—76.

[149] 叶剑平.城乡统筹发展与土地利用.现代城市研究,2009(2)：17—19.

[150] 叶剑平,罗伊·普罗斯特曼,徐孝白,杨学成.中国农地农户30年使用权调查研究—17省调查结果及政策建议.管理世界,2000(2)：163—172.

[151] 易小燕.典型地区耕地流转的模式与农户行为研究.北京：中国农业科学技术出版社,2010.

[152] 尹正锡.湖南津市农地流转机制创新研究.博士学位论文,湖南大学,2010.

[153] 徐辑方.城乡经济一体化进程实证研究与战略对策——以山东省济宁市为例.山东省农业管理干部学院学报,2010(6)：76—80.

[154] 俞海,黄季焜,Scott Rozelle 等.地权稳定性、土地流转与农地资源持续利用.经济研究,2003(9)：82—95.

[155] 余星.委托代理的激励和监督.博士学位论文,华中科技大学,2006.

[156] 张朝尊.中国社会主义土地经济问题.北京：中国人民大学出版社,1991.

[157] 张德元.新型土地租佃制度刍议.经济前沿,2003(4)：36—38.

[158] 张红宇.中国农村的土地制度变迁.北京：中国农业出版社,2002.

[159] 张克俊.现代农业产业体系的主要特征、根本动力与构建思路,华中农业大学学报(社会科学版),2011(5)：22—28.

[160] 章伟坤.中国二元经济结构的转换趋势与特征分析—基于经济体制变迁的分析.博士学位论文,华中师范大学,2006.

[161] 张遂等.农业家庭承包经营责任制亟待改进与创新.北京工商大学学报(社会科学版),2003(2)：73—75.

[162] 张毅.农地经营权流转市场建设路径研究.农业经济,2012(6)：40—41.

[163] 张曙光.论制度均衡和制度变革.经济研究,1992(6)：6—7.

[164] 张曙光等.土地流转与农业现代化.管理世界,2010(7)：66—97.

[165] 张照新.中国农村土地流转市场发展及其方式.中国农村经济,2002(2):19—24.

[166] 章政.农村土地产权制度创新模式的探讨——北京郊区"郑各庄现象"实证分析.中国农村经济,2005(2):73—77.

[167] 赵旦.长江三角洲村域集体经济转型发展研究.博士学位论文,浙江师范大学,2011.

[168] 赵峰.农地产权制度与农业可持续发展.农村经济,2001(11):2—5.

[169] 赵宁,张健.中国农村土地制度变迁的经济绩效评价,商业时代,2012(9):106

[170] 赵阳.城镇化背景下的农地产权制度及相关问题.经济社会体制比较,2011(2):20—25.

[171] 郑伟元.统筹城乡土地利用的初步研究.中国土地科学,2008(6):4—10.

[172] 周飞.我国农地流转的现状、问题及对策研究.经济师,2006(5):11—12.

[173] 周其仁.成都经验:土地级差收入向农村倾斜.中国财经报,第004版,2009-6-23.

[174] 周其仁.还权赋能—成都土地制度改革的启示.经济观察报,第004版,2009-6-29.

[175] 周其仁.成都经验:成都经验找寻征地平衡点.中国财经报,第004版,2009-6-30.

[176] 周其仁,刘守英.湄潭:一个传统农区的土地制度变迁.长沙:湖南出科技版社,1988.

[177] 周其仁.确权:成都城镇化的亮点.社会科学报,第002版,2010-3-11.

[178] 周其仁.重视成都经验探索城乡统筹,中国国土资源报,第005版,2009-7-3.

[179] 周其仁.中国农村改革:国家与土地所有权关系的变化,中国社会科学季刊(香港),1995(6).

[180] 周天勇.农地制度改革的模式比较和方案选择.中国经济时报，2004-2-26.

[181] 周天勇.土地制度的供求冲突与其改革的框架性安排.管理世界，2003(10)：40—49.

[182] 邹伟,何孟飞.简论农地流转的平台组织建设.光明日报,理论周刊,第 010 版,2009-2-10.

[183]《成都市耕地保护基金使用管理办法(试行)》(成府发〔2008〕8 号).

[184]《成都市集体建设用地使用权流转管理暂行办法(试行)》(成国土资发〔2008〕124 号).

[185]《成都市农村土地承包经营权流转管理办法(试行)》(成农办〔2008〕8 号).

[186]《中共成都市委 成都市人民政府关于全域成都城乡统一户籍实现居民自由迁徙的意见》(成委发〔2010〕23 号).

[187]《成都市人民政府关于鼓励非农资金投资农业领域的若干意见》(成府发〔2010〕23 号).

[188]《成都市人民政府关于完善土地交易制度促进农村土地综合整治的意见(试行)》(成府发〔2010〕27 号).

[189]《成都市人民办公厅转发市国土局等部门关于完善土地交易制度促进农村土地综合整治和农房建设工作实施意见(试行)通知》(成办发〔2010〕59 号).

[190]《成都市集体建设用地使用权抵押融资管理办法(试行)》、《成都市农村房屋抵押融资管理办法(试行)》和《成都市农村土地承包经营权抵押融资管理办法(试行)》(成办发〔2009〕59 号).

[191] 成都市统筹城乡综合配套改革 办公室.《成都统筹城乡发展》总结报告,2010.12.

索　引

后　记

　　农村土地产权制度是农业产业体系微观基础。当前以家庭承包经营制度为基础的农村产权制度安排,与新型农业产业经营体系的要求还不相适应,农村土地产权流转尚不能满足现实需要,存在内在性制度缺陷。尽管各地围绕农村土地产权制度进行了多种形式创新,但均不能从根本上消除土地制度存在的深层次问题。构建以承包权为基础农村土地产权新形态,是在借鉴国际上土地产权制度安排经验,概括国内大量创新实践经验基础上提出的,是落实维护农民土地承包关心长久不变、形成新型工农城乡关心的产权基础。

　　本书在作者的博士论文基础上,结合十八大和十八届三中全会新提出的加快农村土地产权流转制度改革等重要精神,融入作者自 2012 年 12 月博士论文完成以后的新作内容,以更开阔的视野和更系统的手法,阐述了我国农村土地制度改革的产权取向,其构建以承包权为基础农村土地产权新形态的主张,是作者思考的集中体现。以巩固我国农村基本经营制度、切实维护农民土地财产权益为最高行动准则,主张坚持农村土地集体所有制度不变、坐实农民土地承包权,既基于中国有久以来形成的现状,又遵循新制度经济学的现代产权理论,尤以国际两大产权形态和国内翔实的改革实践为佐证,言之确凿。

　　本书大量实证资料渊源系在博士期间调研所得,在调研过程中,得到四川省成都市统筹城乡工作委员会的大力支持,得到世界银行中国经济改革实施技术援助项目"四川省成都市城乡统筹发展中的农村土地产权制度改革研究"（D7—10）子项目"完善农村土地产权流转平台和机制研究"的大力资助。成书前后得到浙江大学中国农村发展研究院黄祖辉院长的悉心指导及其项目"国家自然科学基金农林经济管理学科群重点项目"农业产业组织体系与农民合作社发展：以农民合作组织发展为中心的农业产业组织体系创新与优化研究"（项目批准号：71333011）的鼎力相助。亦得到国家社科基金青年项目"农村土地产权制度改革进程中的土地流转平台建设及运行机制研究"（项目批准号：BCGL090）资助，以及浙江大学中国农村发展研究院梁巧老师的支持和指导。

采得百花成蜜后，为谁辛苦为谁甜。知遇之情、再造之恩无以回报，作者谨以更认真之态度，竭力臻于至善。

初心不忘，始终方得。

黄宝连

2013 年 12 月 31 日

图书在版编目(CIP)数据

农业产业体系的微观基础：我国农村土地制度建构

研究/黄宝连著. —杭州：浙江大学出版社,2014.6

ISBN 978-7-308-13263-3

Ⅰ. ①农… Ⅱ. ①黄… Ⅲ. ①农村—土地制度—研

究—中国 Ⅳ. ①F321.1

中国版本图书馆 CIP 数据核字（2014）第 101832 号

农业产业体系的微观基础：我国农村土地制度建构研究
黄宝连　著

责任编辑	陈丽霞
文字编辑	卢　川
封面设计	春天·书装工作室
出版发行	浙江大学出版社
	（杭州市天目山路 148 号　邮政编码 310007）
	（网址：http://www.zjupress.com）
排　　版	杭州林智广告有限公司
印　　刷	富阳市育才印刷有限公司
开　　本	710mm×1000mm　1/16
印　　张	15.75
字　　数	242 千
版印次	2014 年 6 月第 1 版　2014 年 6 月第 1 次印刷
书　　号	ISBN 978-7-308-13263-3
定　　价	42.00 元

浙江大学出版社发行部联系方式：(0571) 88925591；http://zjdxcbs.tmall.com